INDEX

ANLEITUNG

Teil 1 der Ausstellung versammelt skulpturale, „stehende" Arbeiten. Die folgenden Installationsansichten gruppieren sich zu neun Positionen, die einem von Axel Haubrok aufgenommenen Audioguide entsprechen. Die Fotos wurden strikt von den Standorten aus aufgenommen, von denen aus Axel Haubrok den Audioguide eingesprochen hat. In der fotografischen Wiedergabe sind nicht immer alle genannten Arbeiten zu sehen, mitunter sind sie auch angeschnitten; neben der Transkription des Audioguide finden sich deshalb die Werklistennummern der jeweils genannten Arbeiten, unter denen diese einzeln abgebildet sind. Die neun Positionen werden auf den folgenden Seiten mit je vier Ansichten repräsentiert, deren Blickrichtungen aus dem Lageplan hervorgehen.

MANUAL

Part 1 of the exhibition brings together sculptural, "standing" works. The following installation views are grouped into nine positions corresponding to an audio guide recorded by Axel Haubrok. The photographs were taken strictly from the positions from which Axel Haubrok made his recordings. The photographic reproductions do not always show all of the works mentioned, sometimes they may be cropped; therefore, the transcript of the audio guide is accompanied by references to the work list where all the mentioned works can be found. The nine positions are represented on the following pages with four installation views each, whose sightlines are detailed in the site plan.

POSITION 1–9
BLICKRICHTUNGEN ↑ ← ↓ →

POSITION 1–9
SIGHTLINES ↑ ← ↓ →

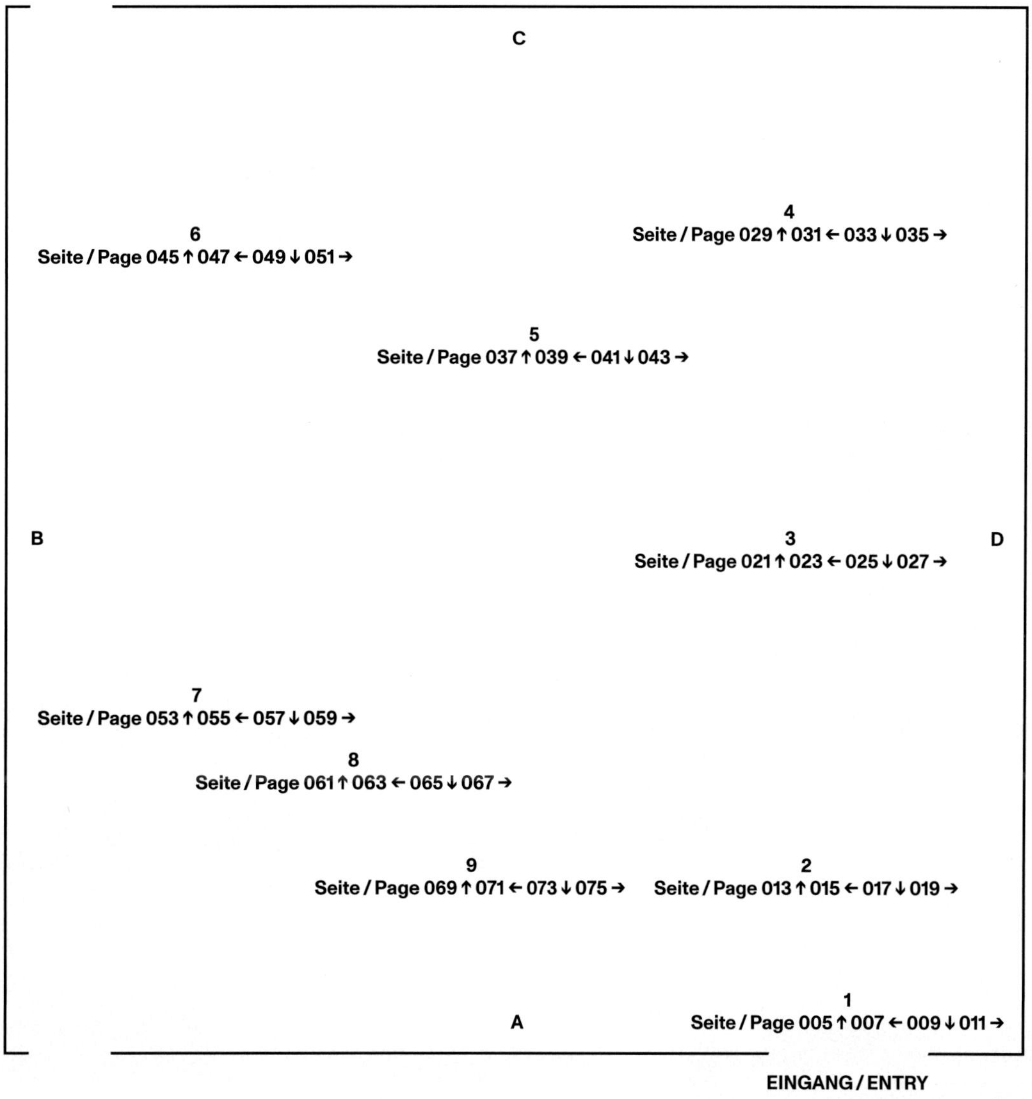

C

4
Seite / Page 029 ↑ 031 ← 033 ↓ 035 →

6
Seite / Page 045 ↑ 047 ← 049 ↓ 051 →

5
Seite / Page 037 ↑ 039 ← 041 ↓ 043 →

B

3
Seite / Page 021 ↑ 023 ← 025 ↓ 027 →

D

7
Seite / Page 053 ↑ 055 ← 057 ↓ 059 →

8
Seite / Page 061 ↑ 063 ← 065 ↓ 067 →

9
Seite / Page 069 ↑ 071 ← 073 ↓ 075 →

2
Seite / Page 013 ↑ 015 ← 017 ↓ 019 →

1
Seite / Page 005 ↑ 007 ← 009 ↓ 011 →

A

EINGANG / ENTRY

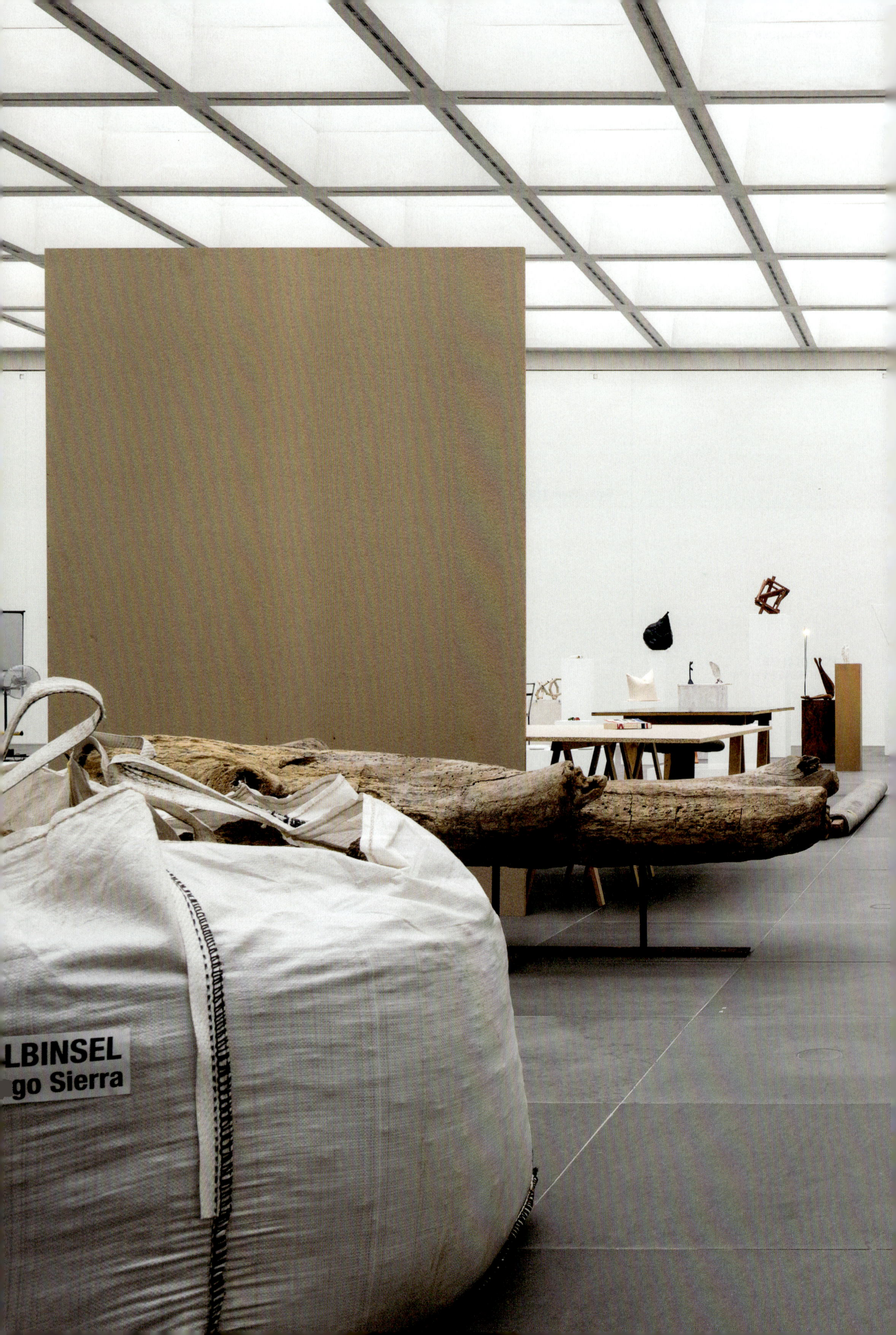
LBINSEL
go Sierra

POSITION 1

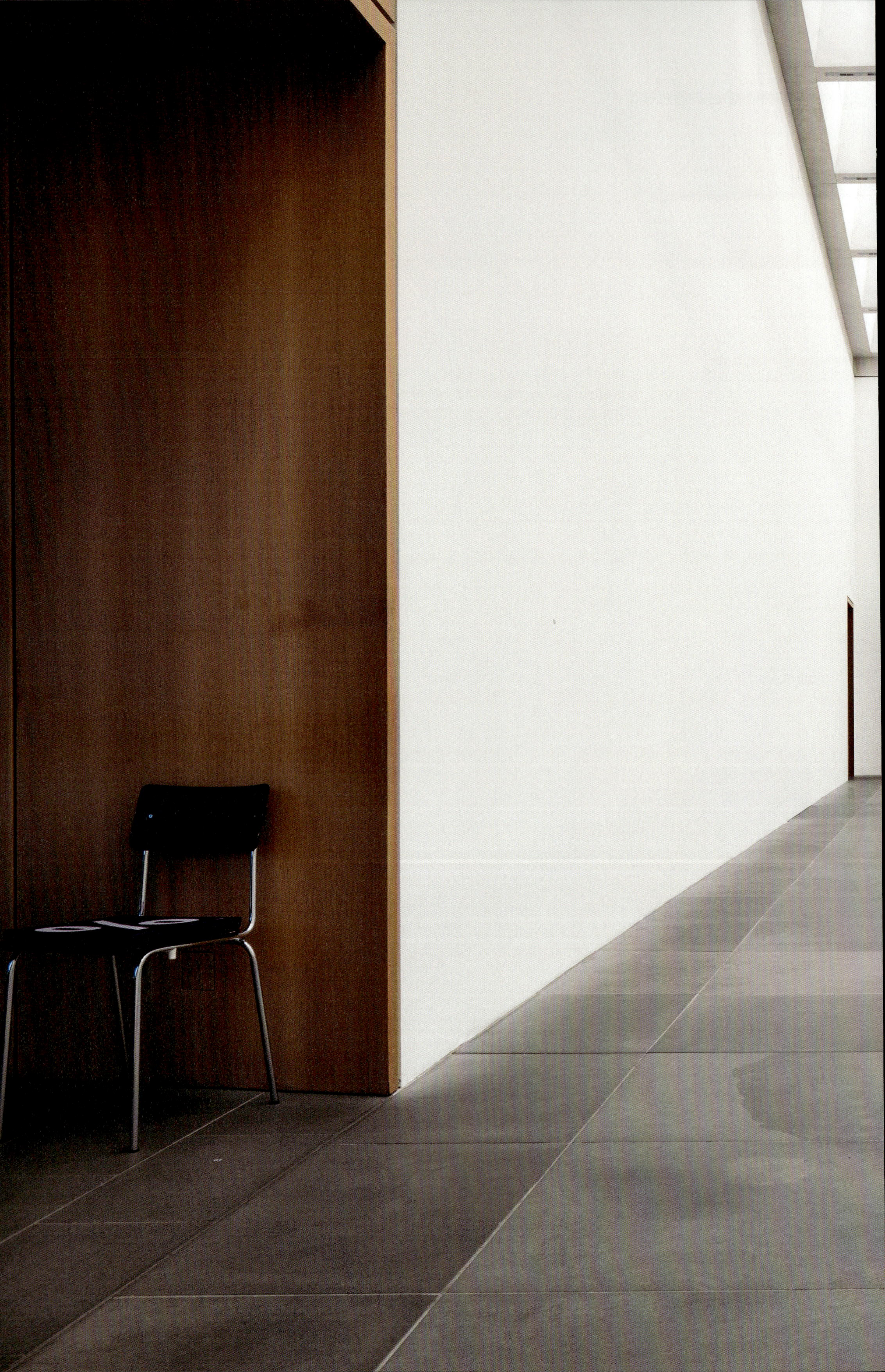

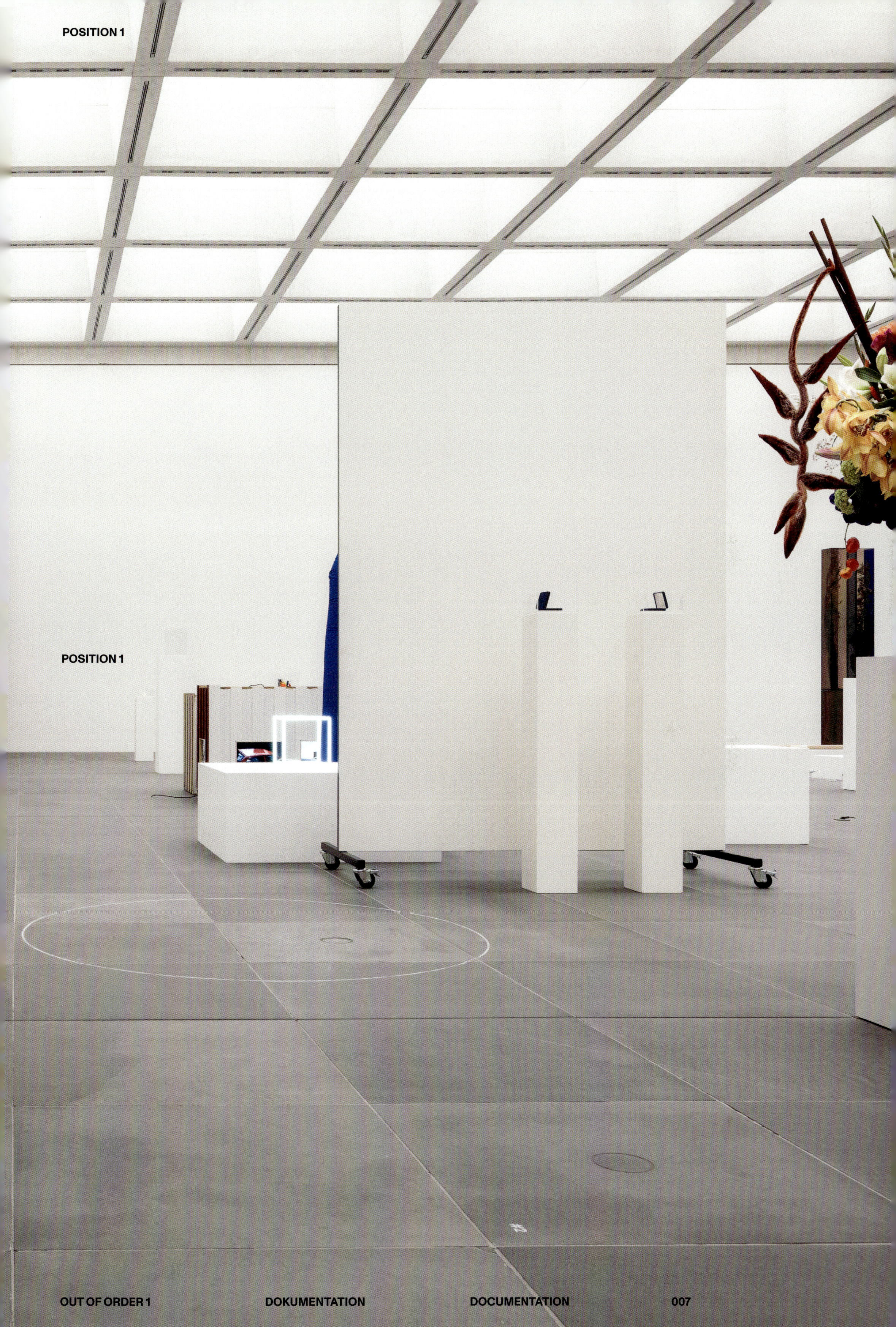
POSITION 1
POSITION 1

POSITION 1

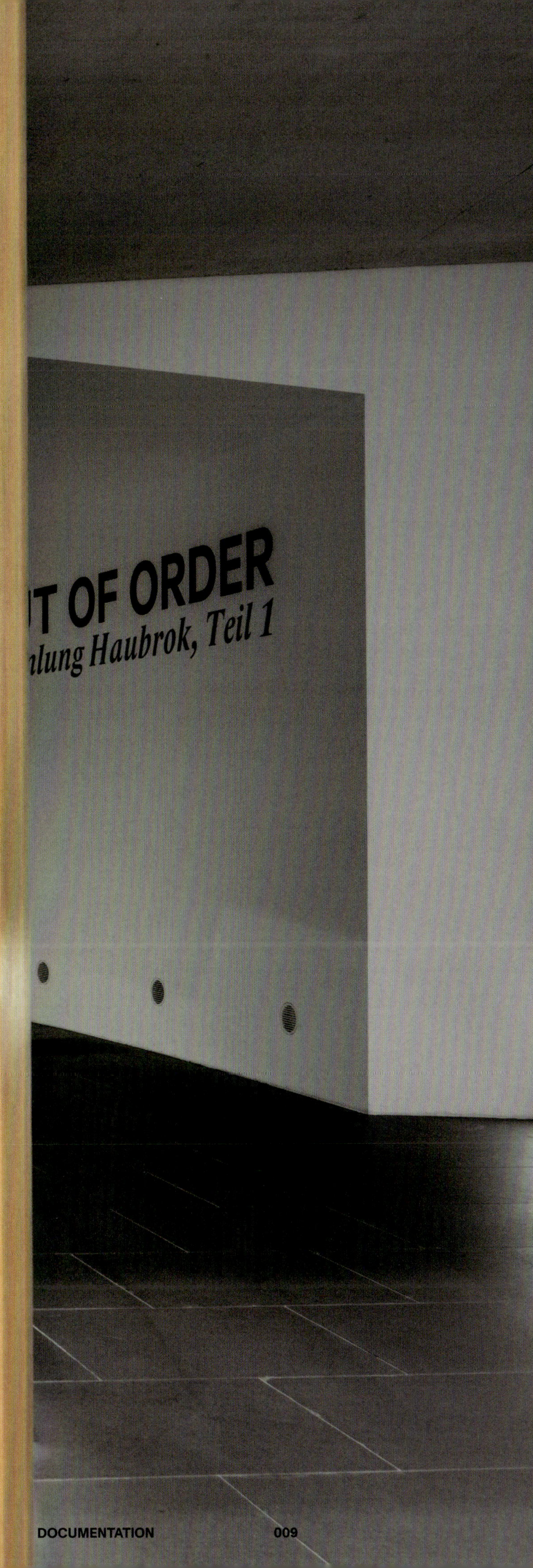

POSITION 1

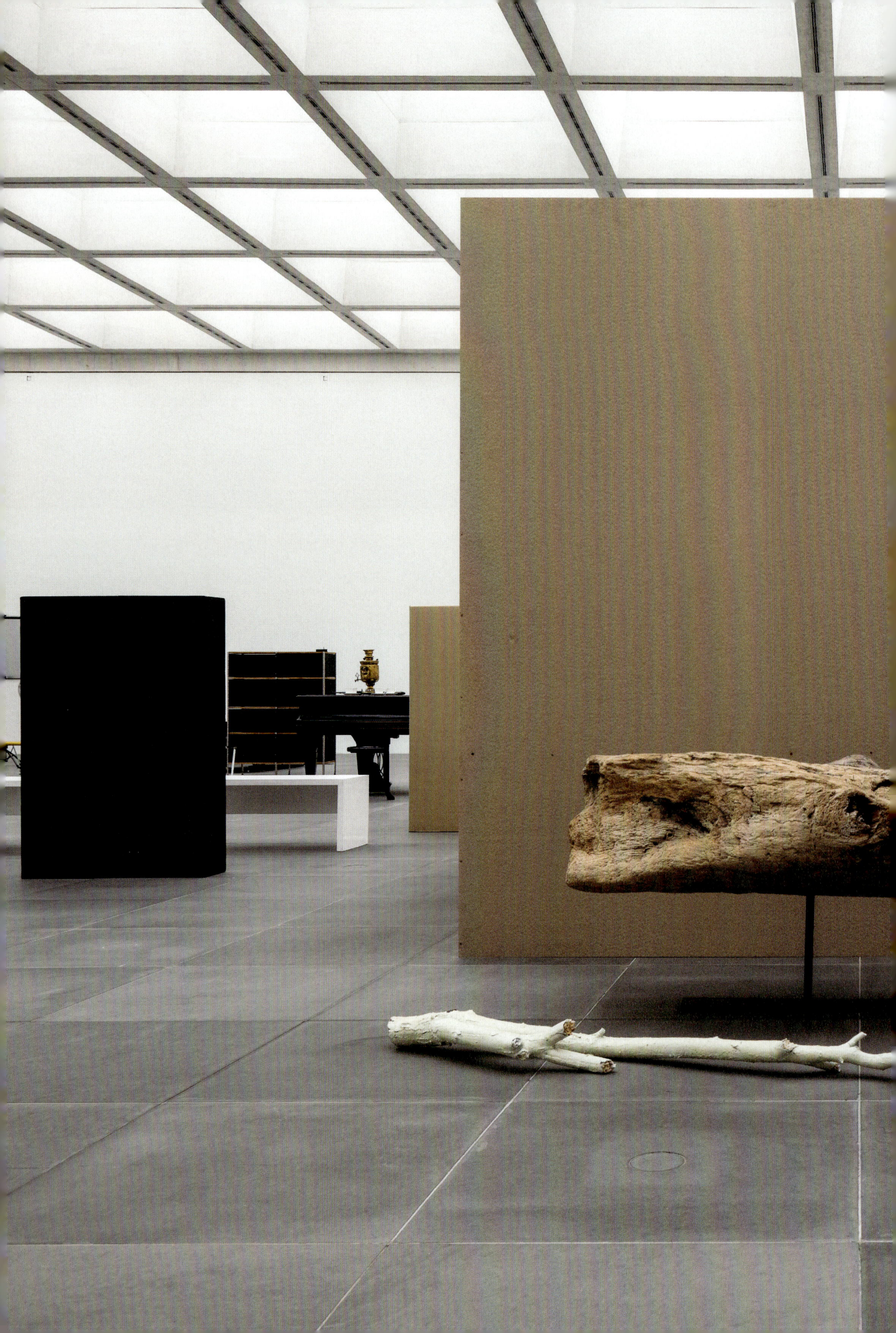

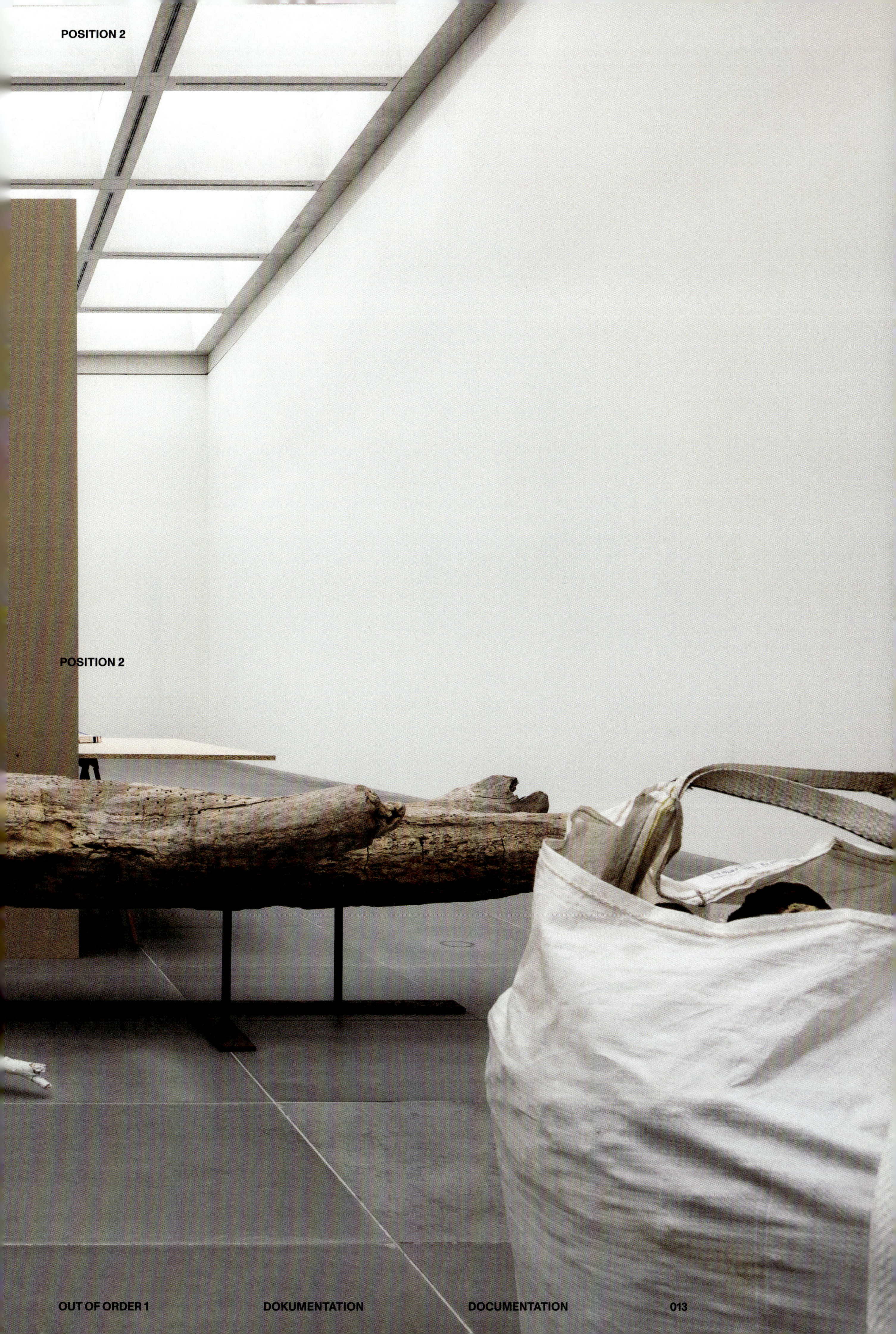
POSITION 2
POSITION 2

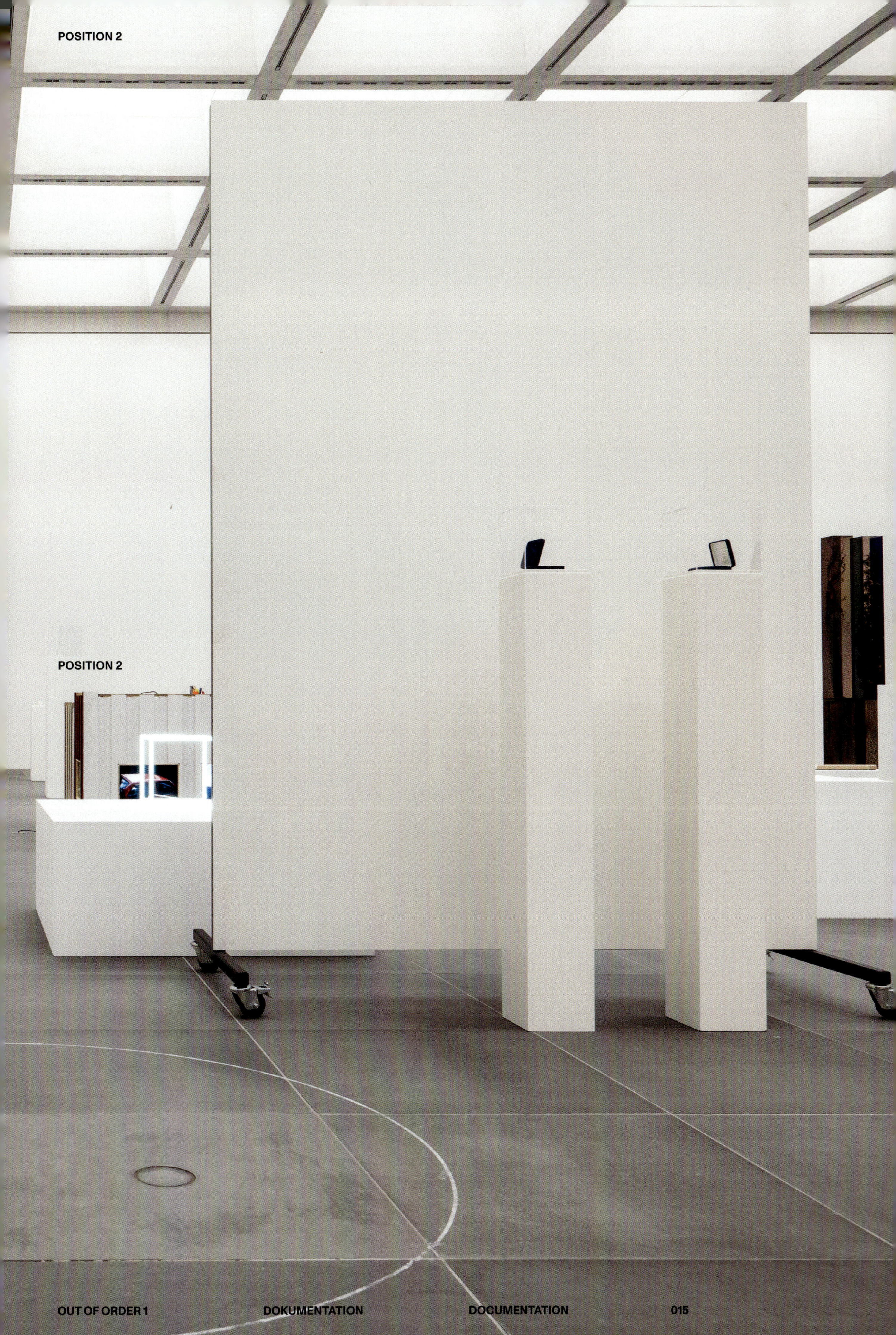

POSITION 2

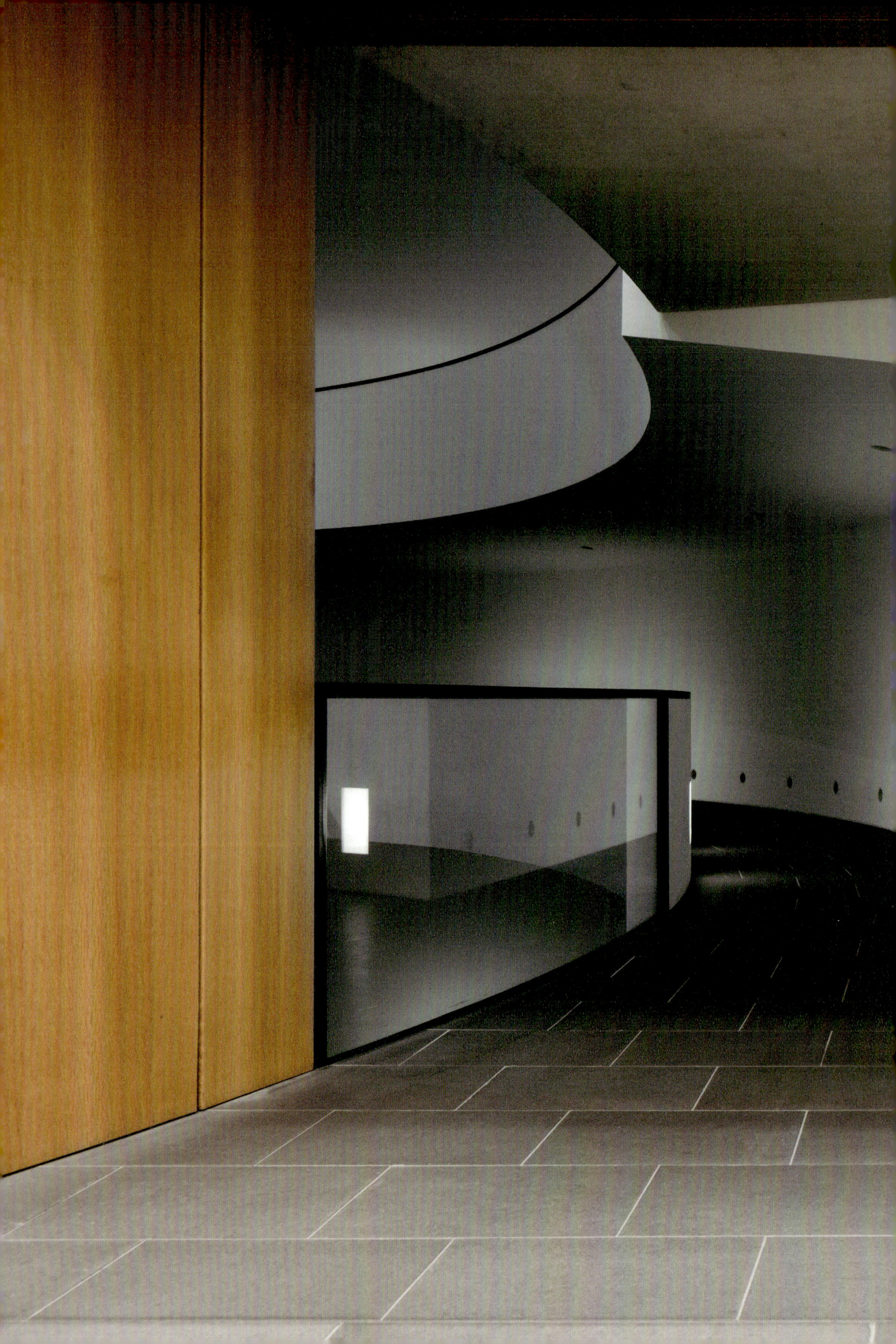

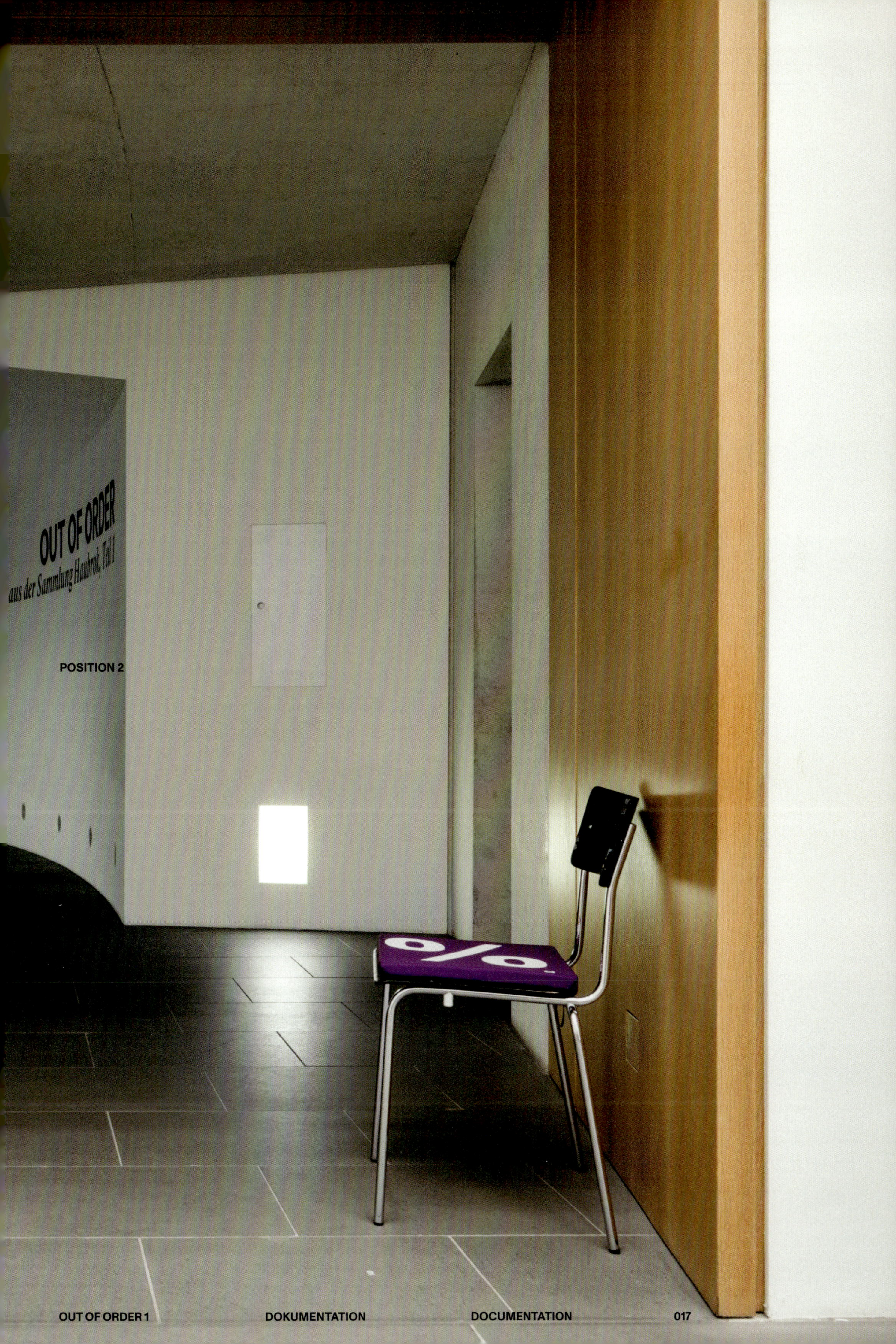

OUT OF ORDER
aus der Sammlung Haubrok, Teil 1
POSITION 2

POSITION 2

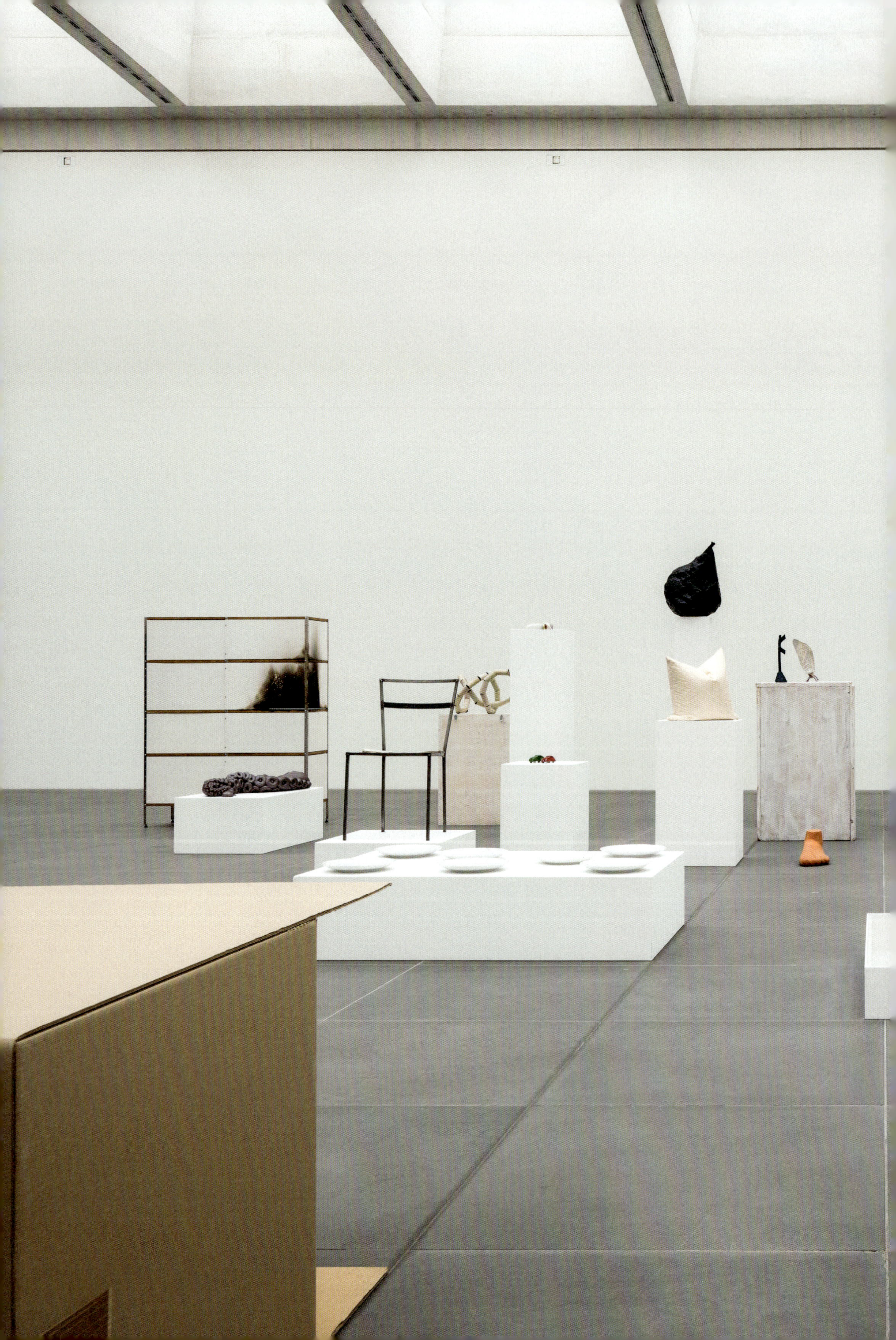

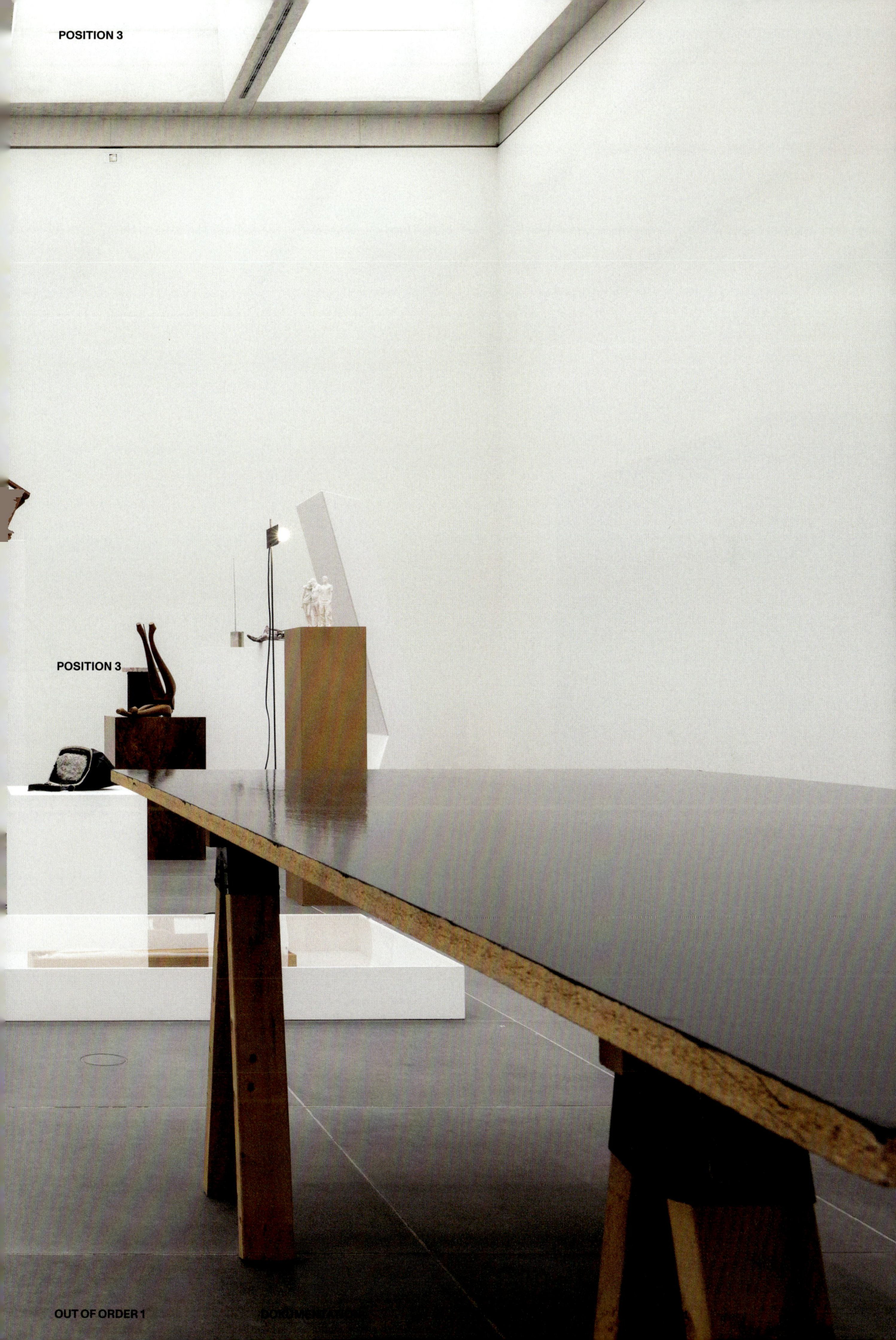

POSITION 3

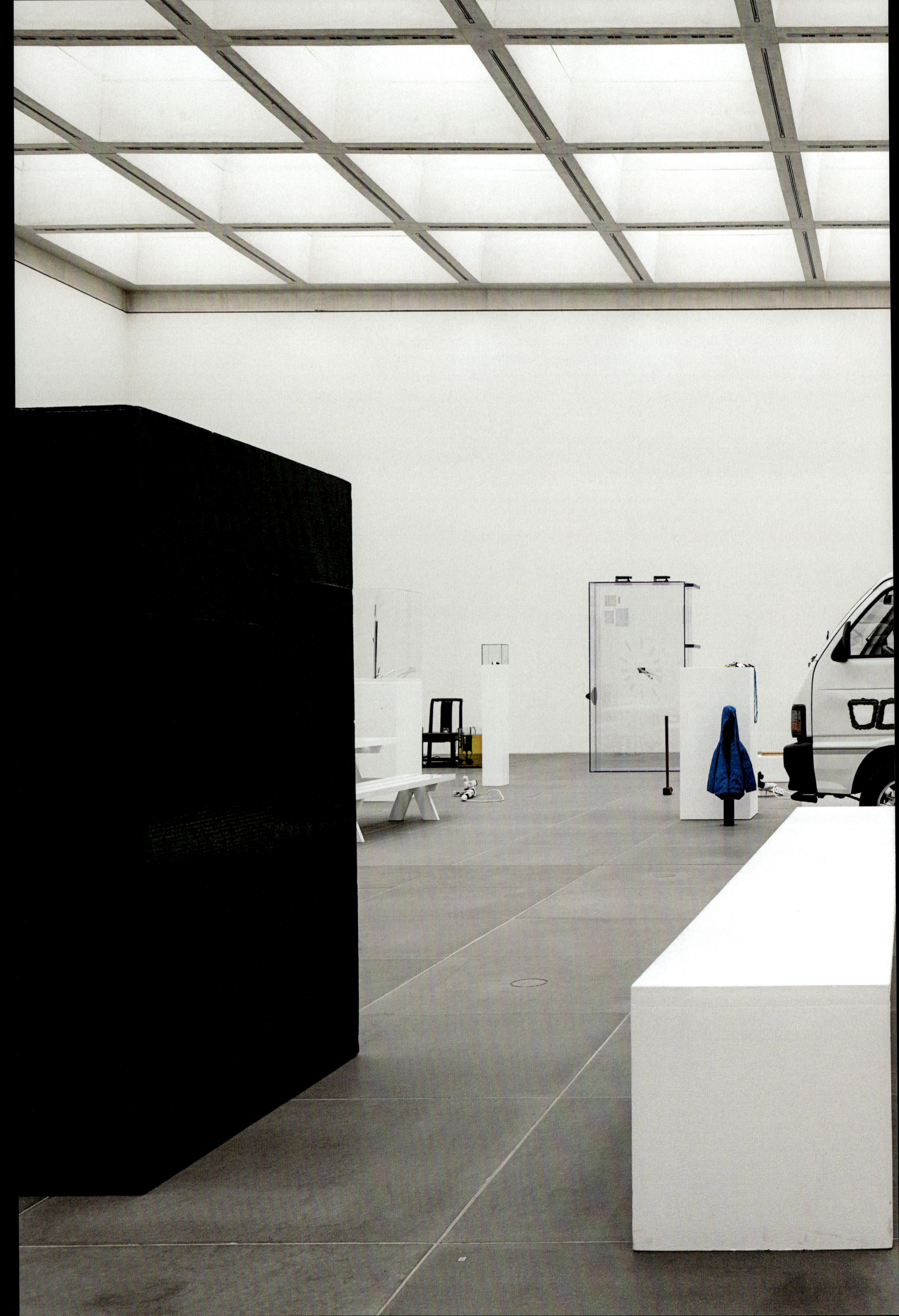

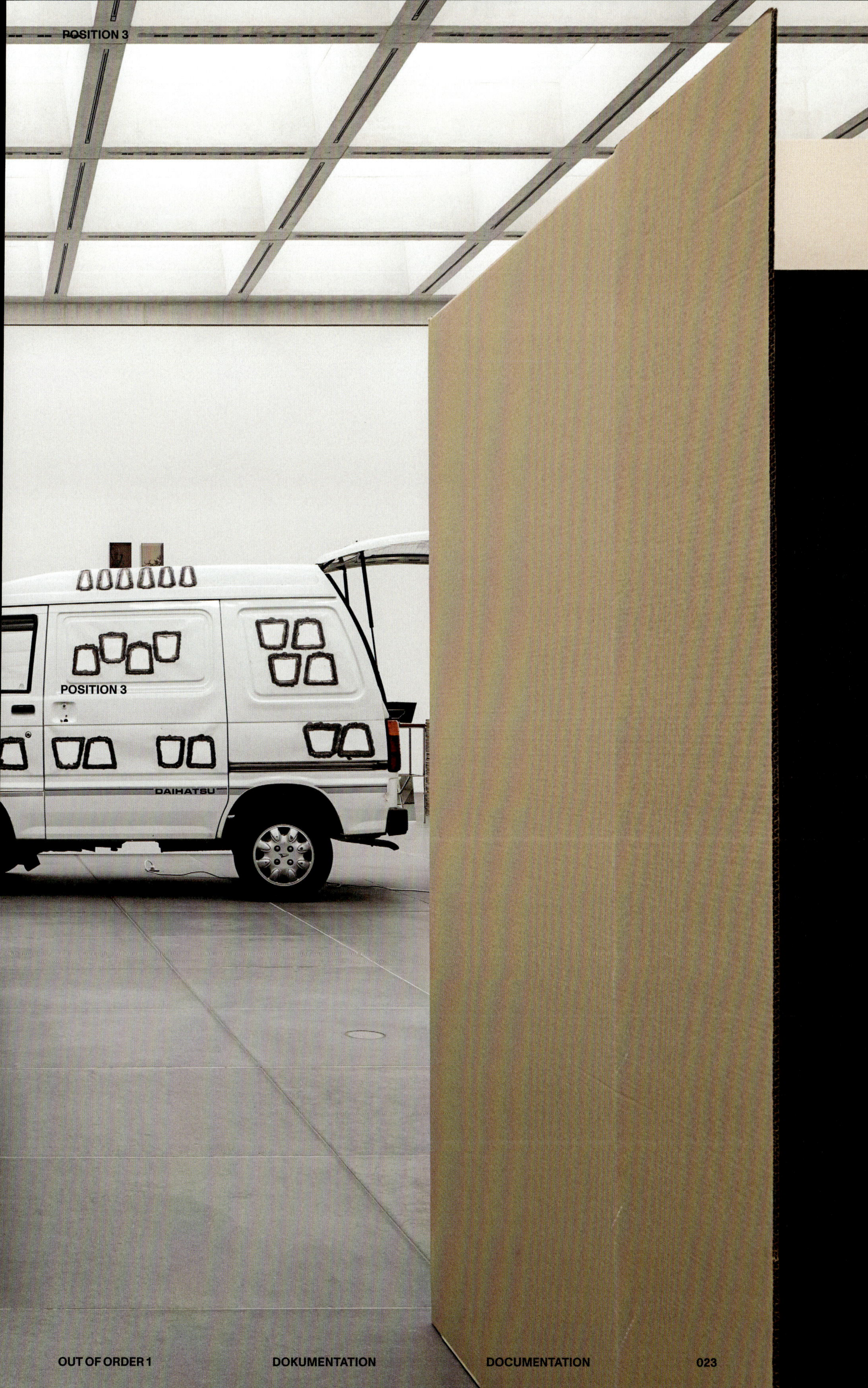
POSITION 3
DAIHATSU

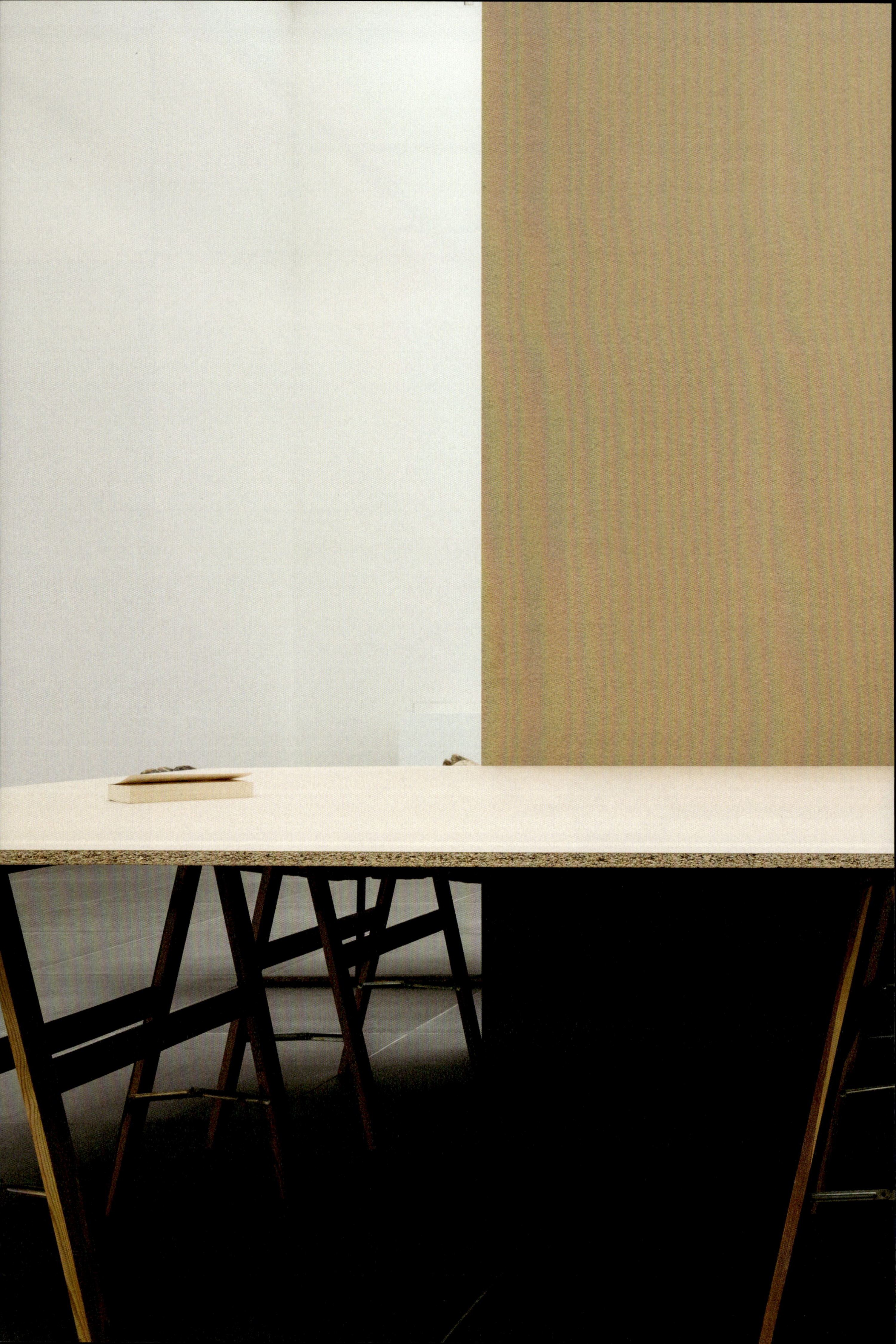

POSITION 3

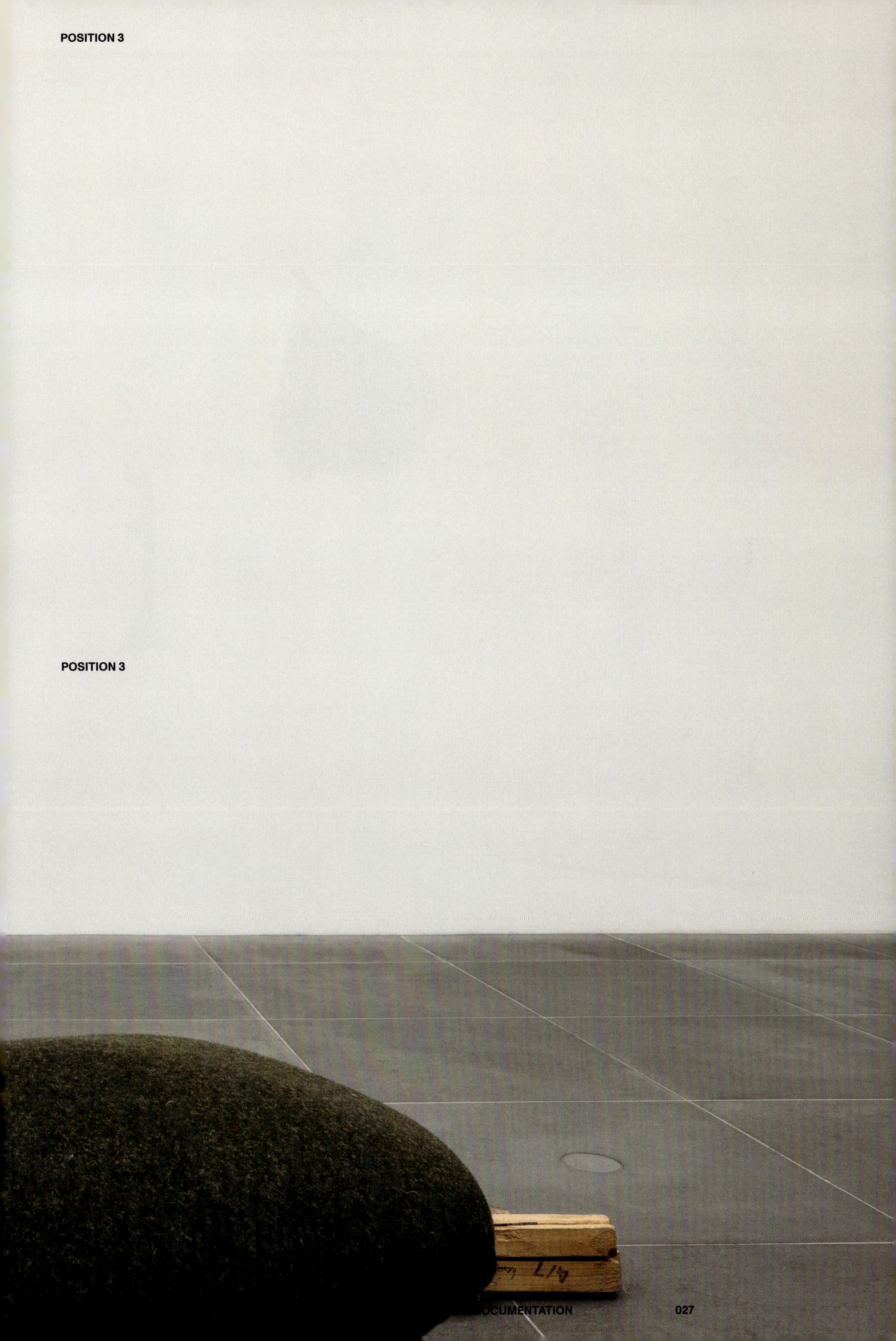

POSITION 3

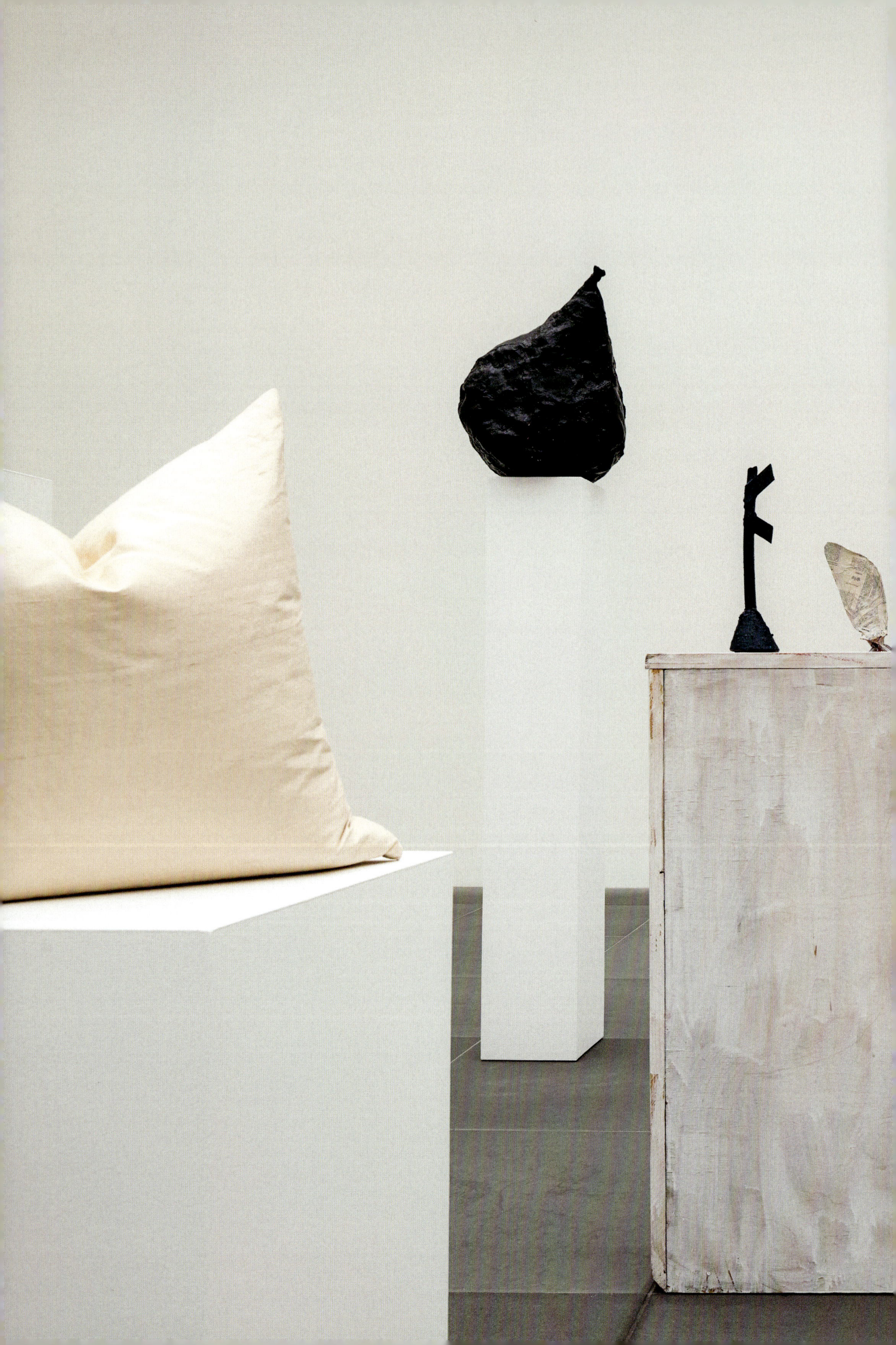

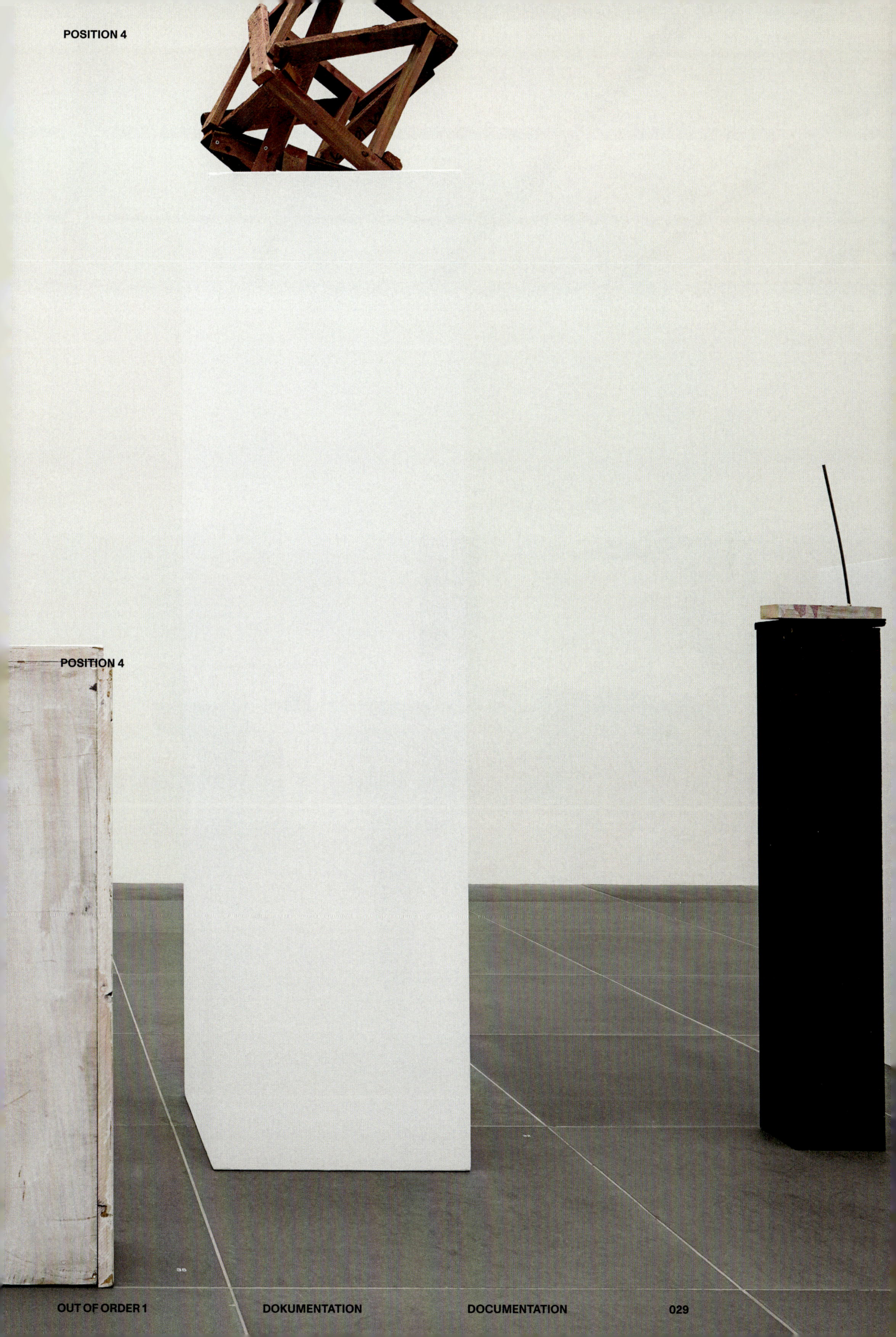

POSITION 4

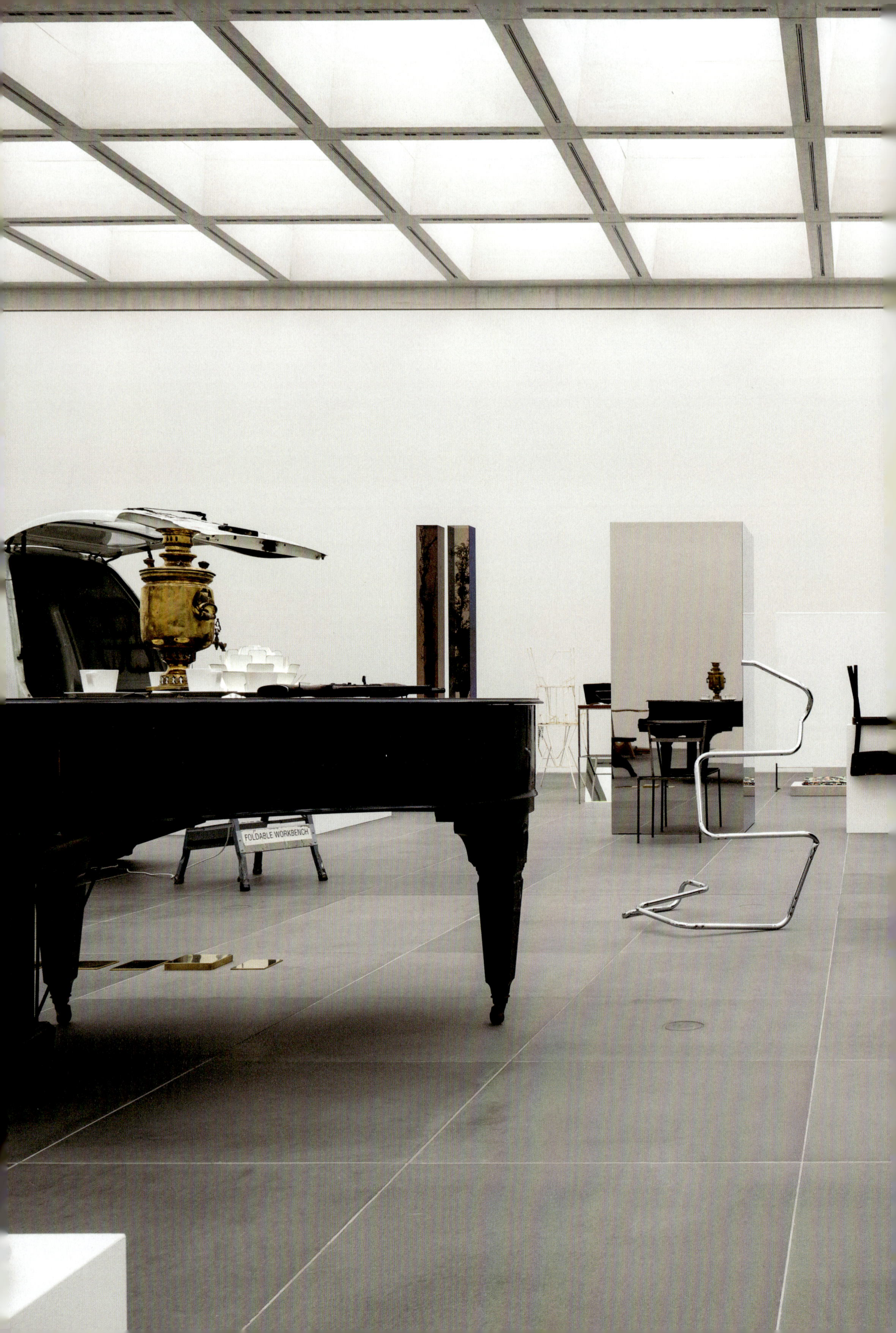
FOLDABLE WORKBENCH

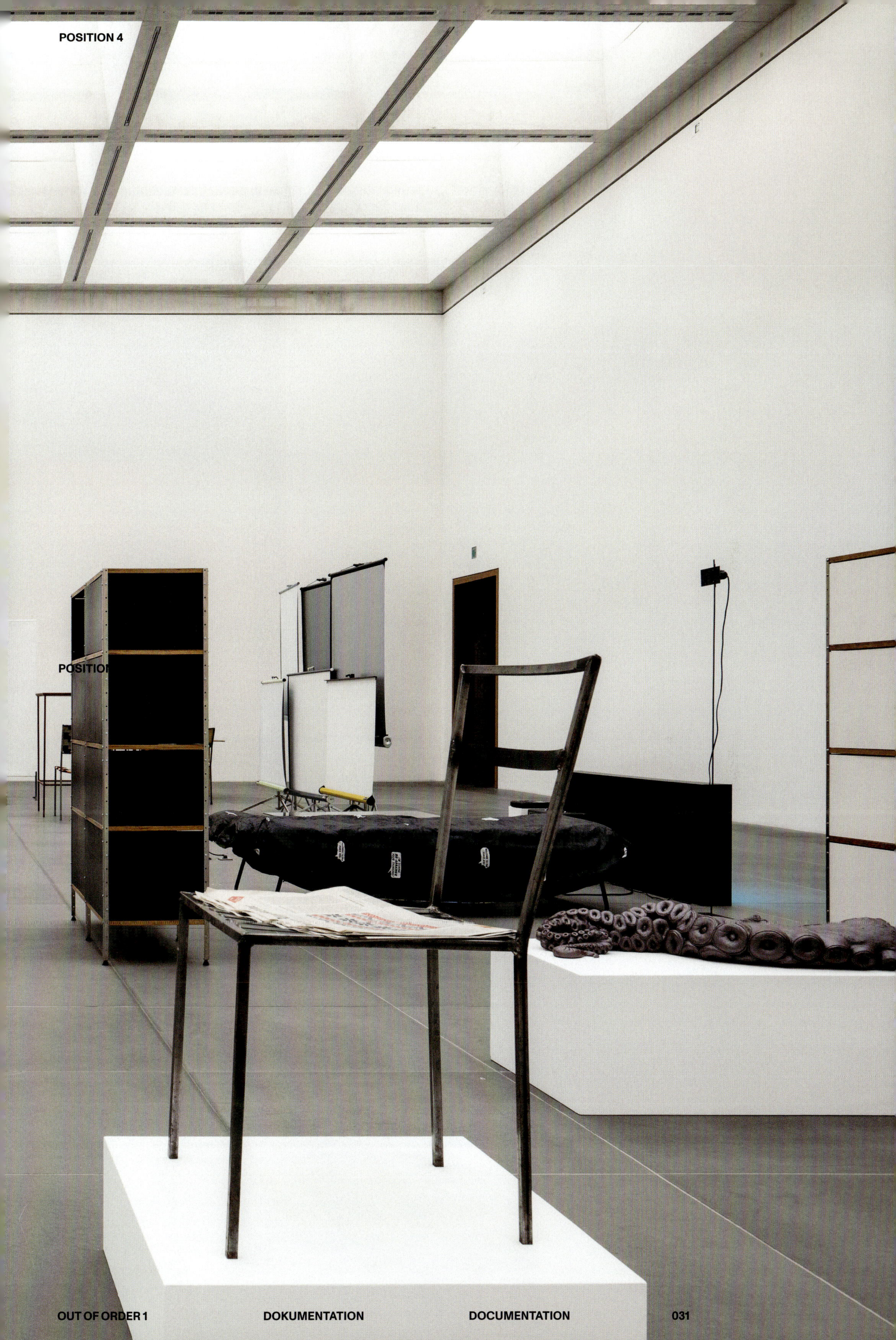
POSITION

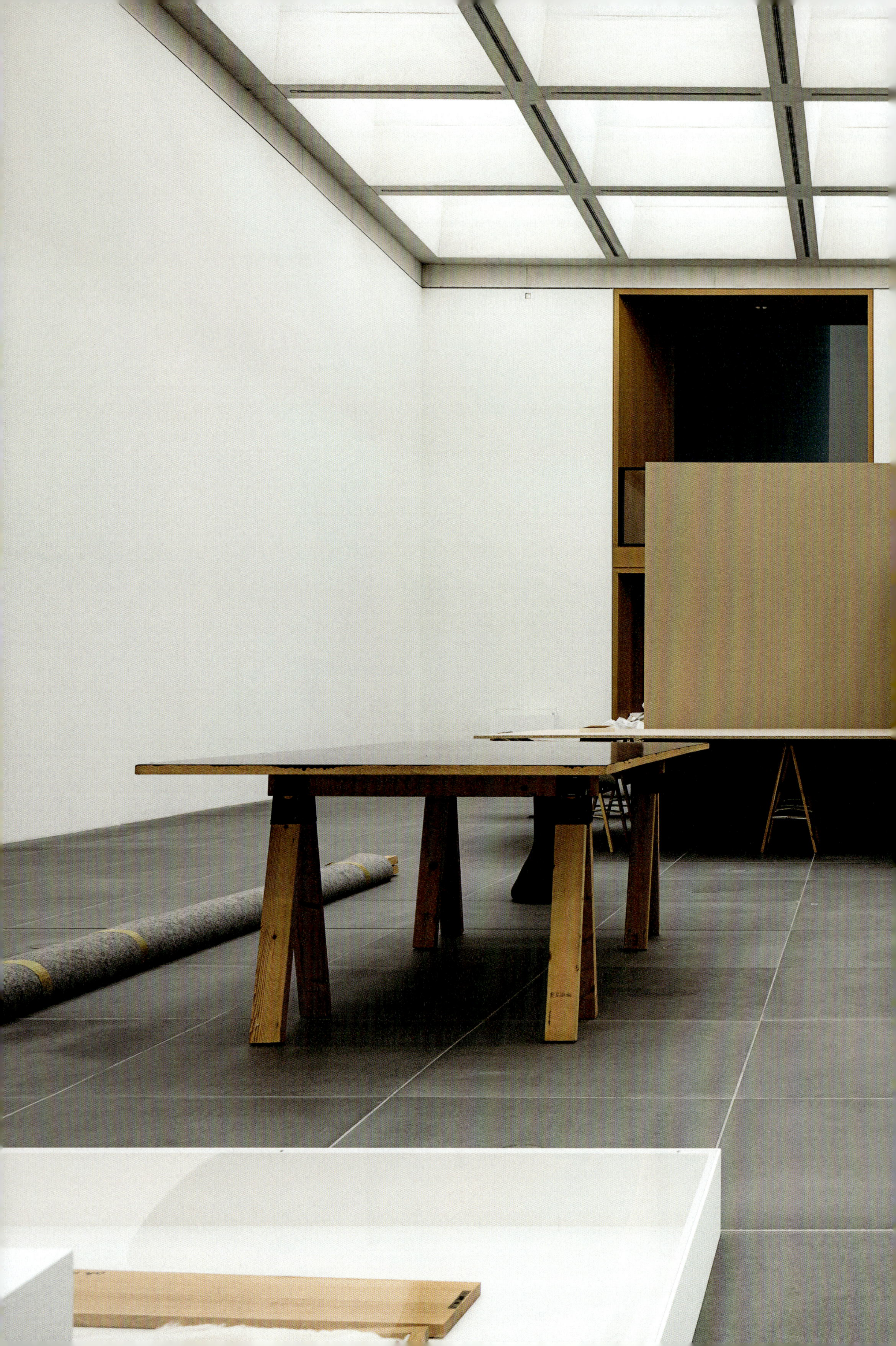

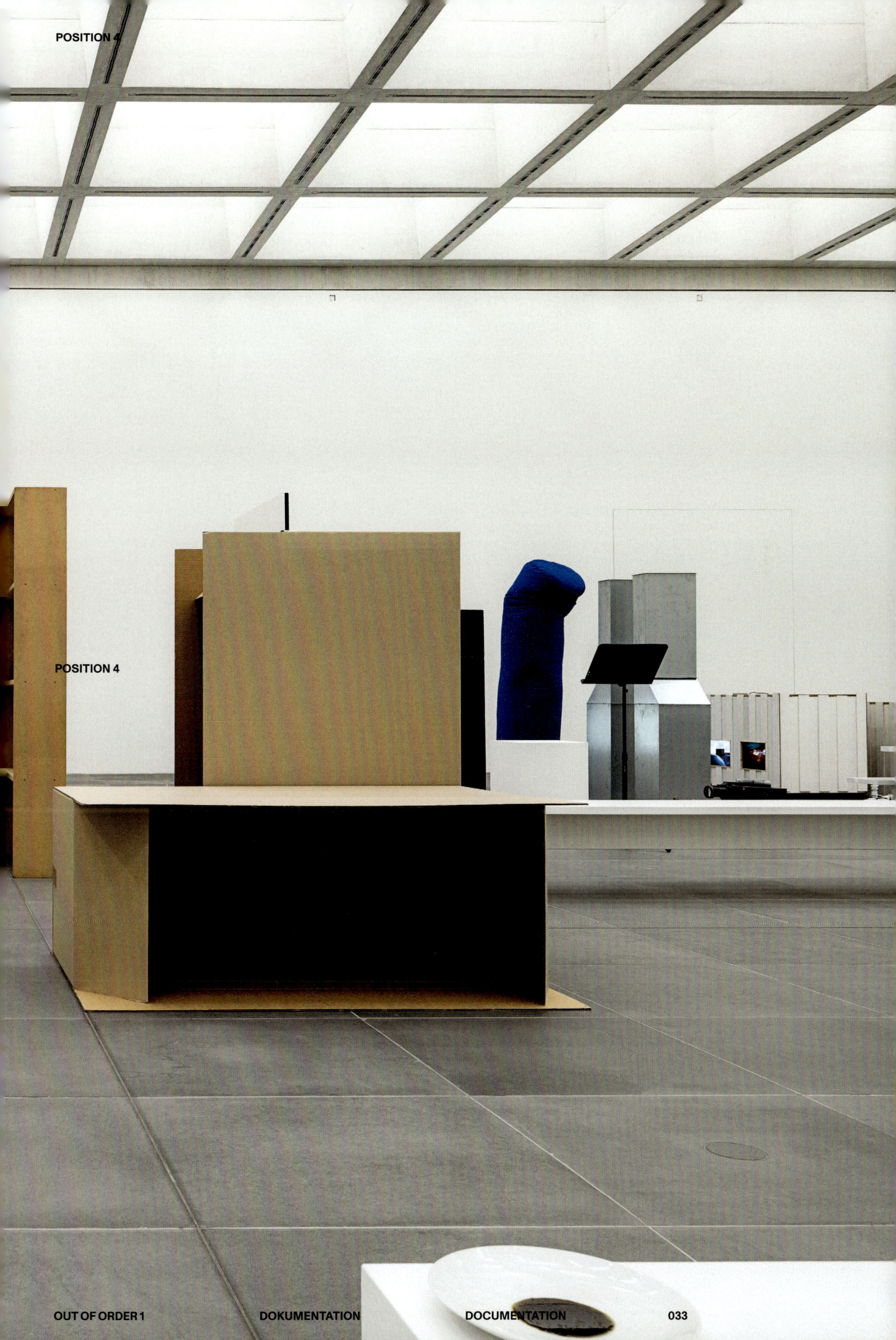
POSITION 4

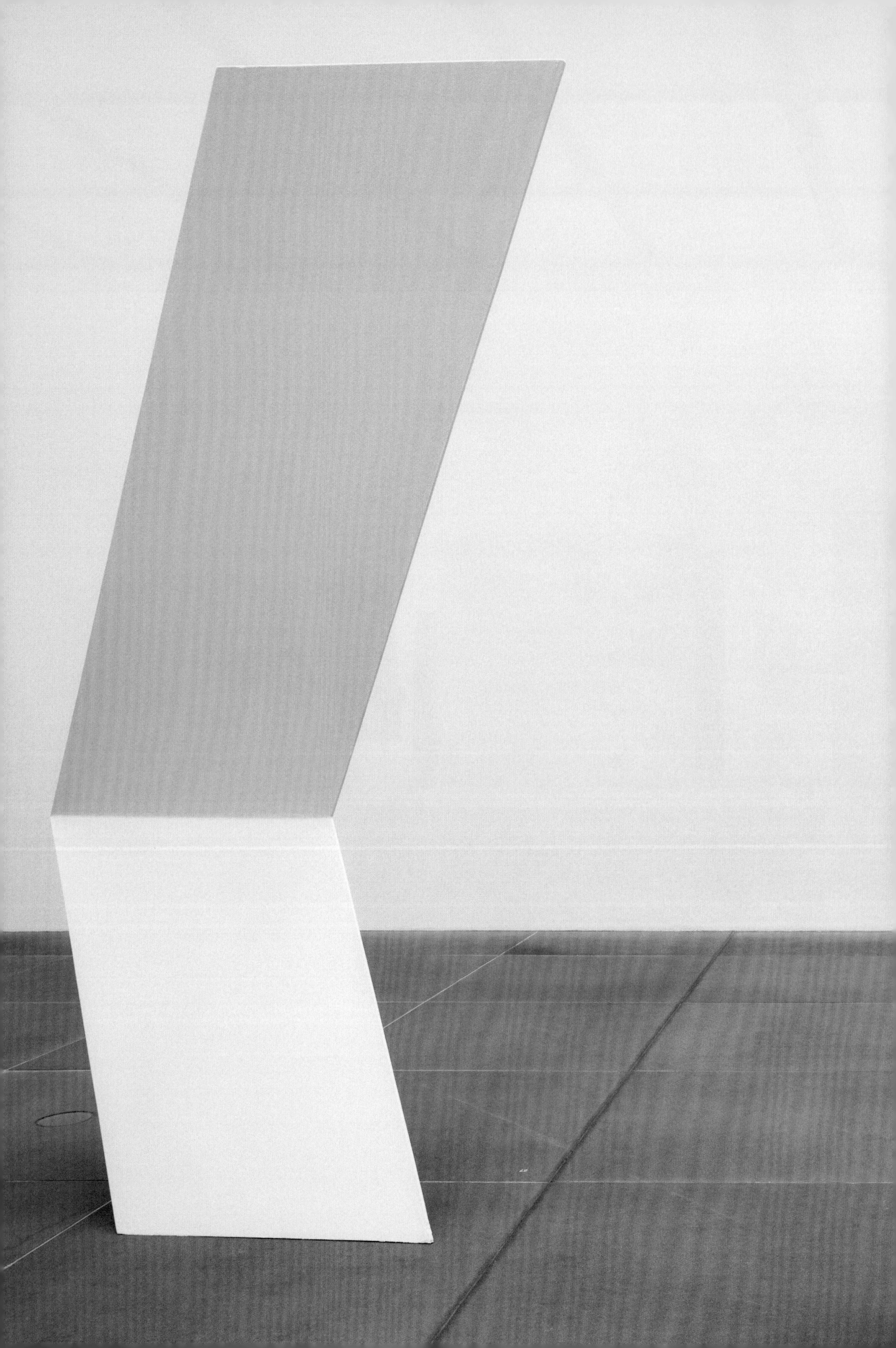

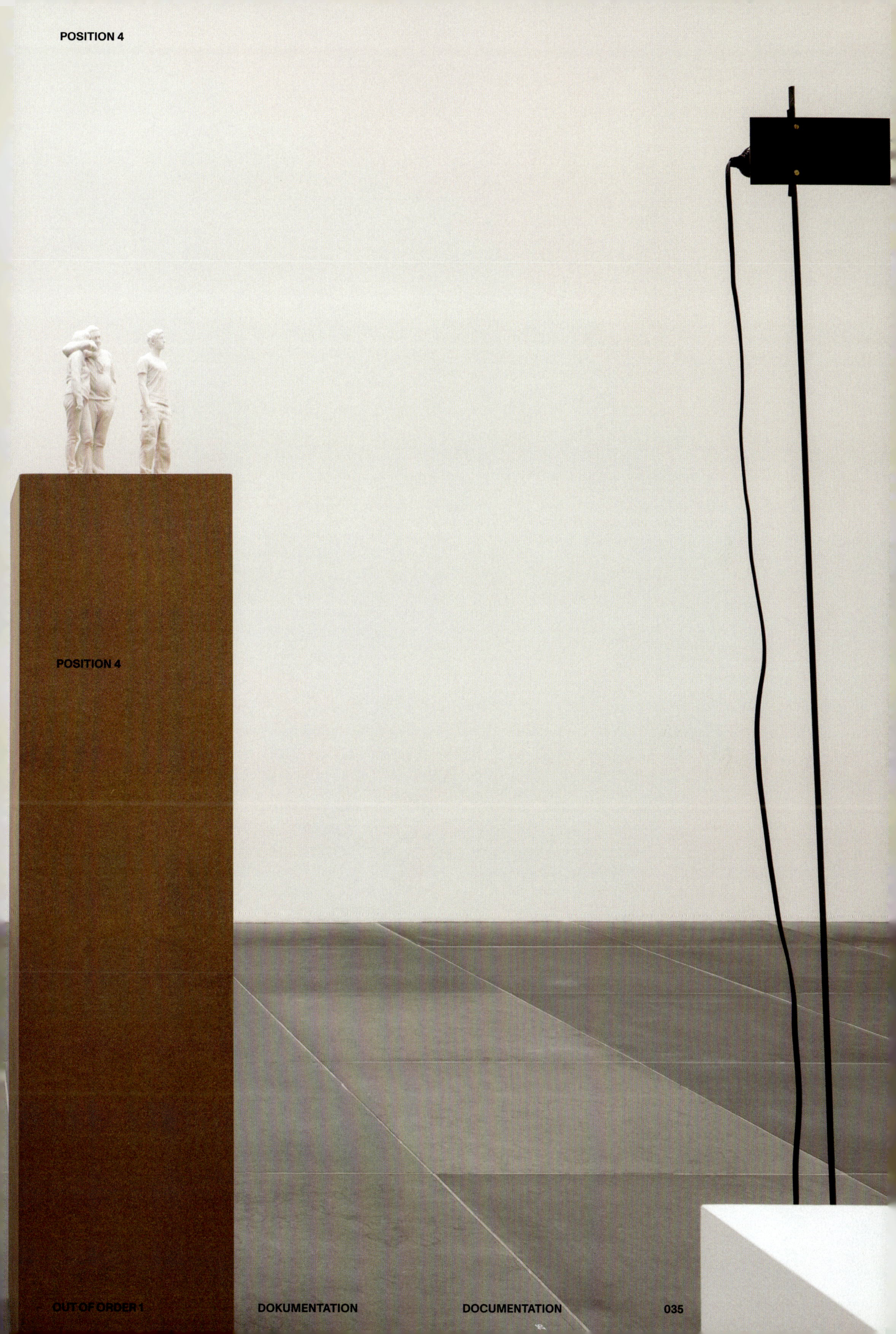

POSITION 4

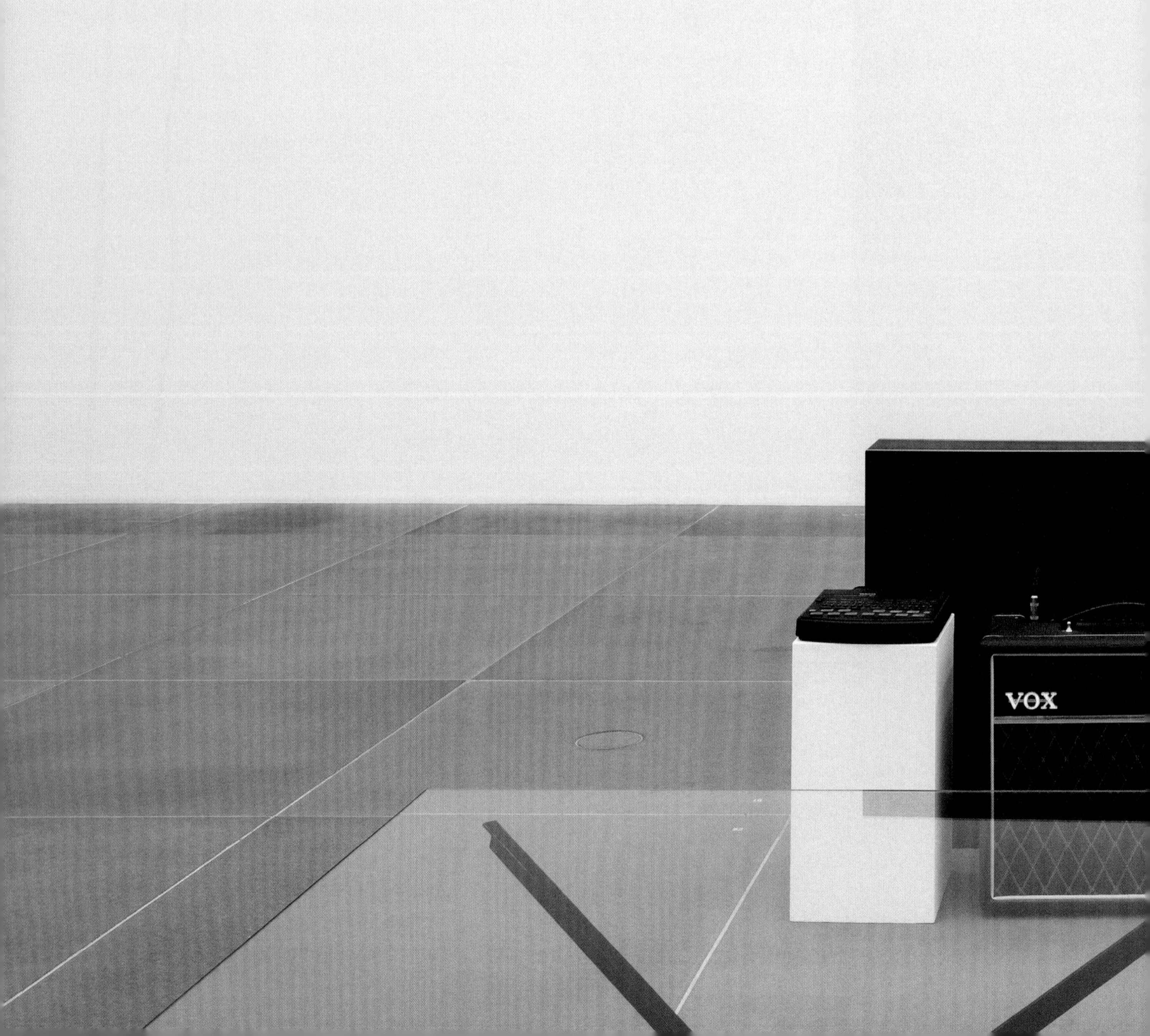

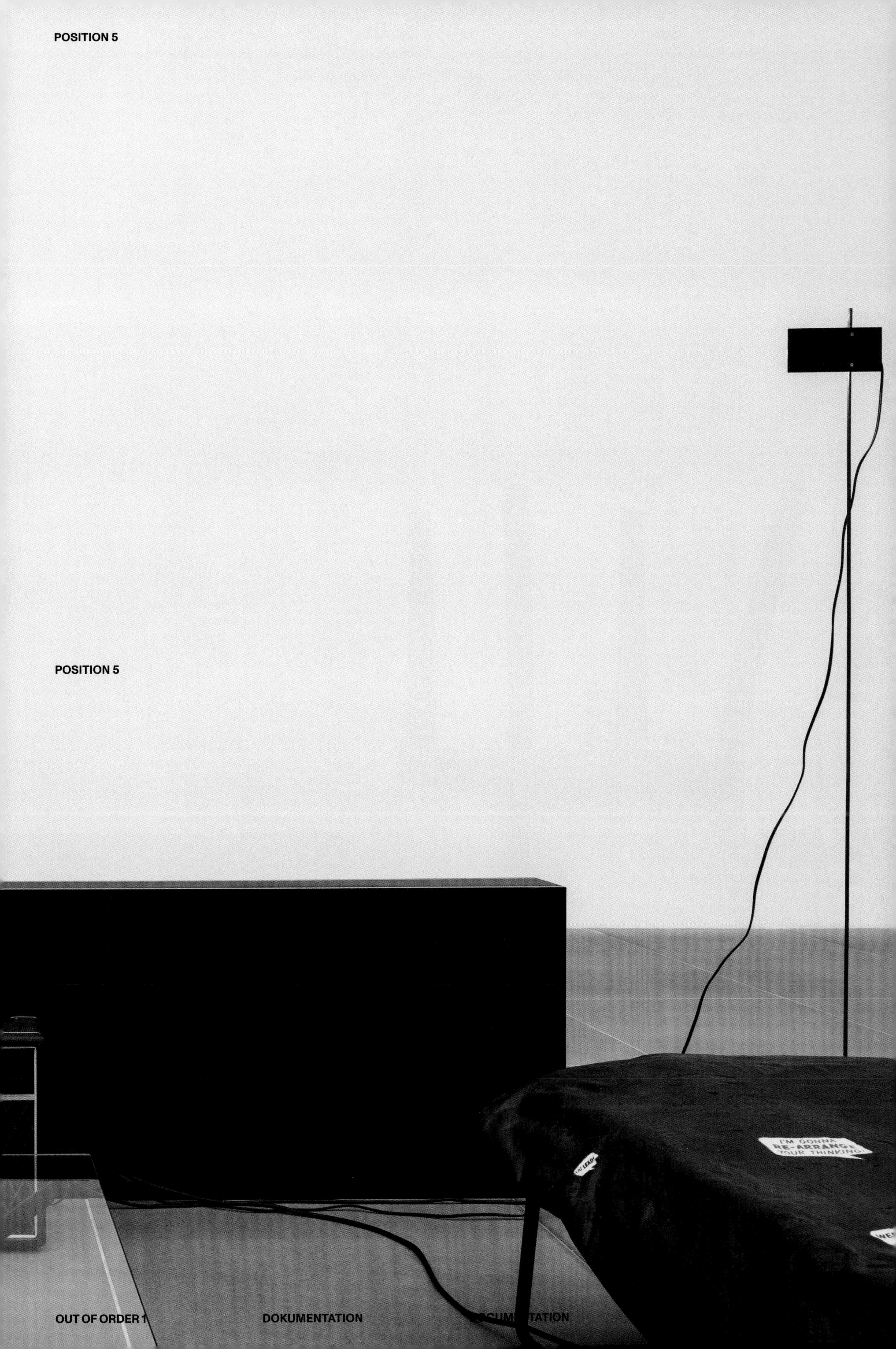

POSITION 5

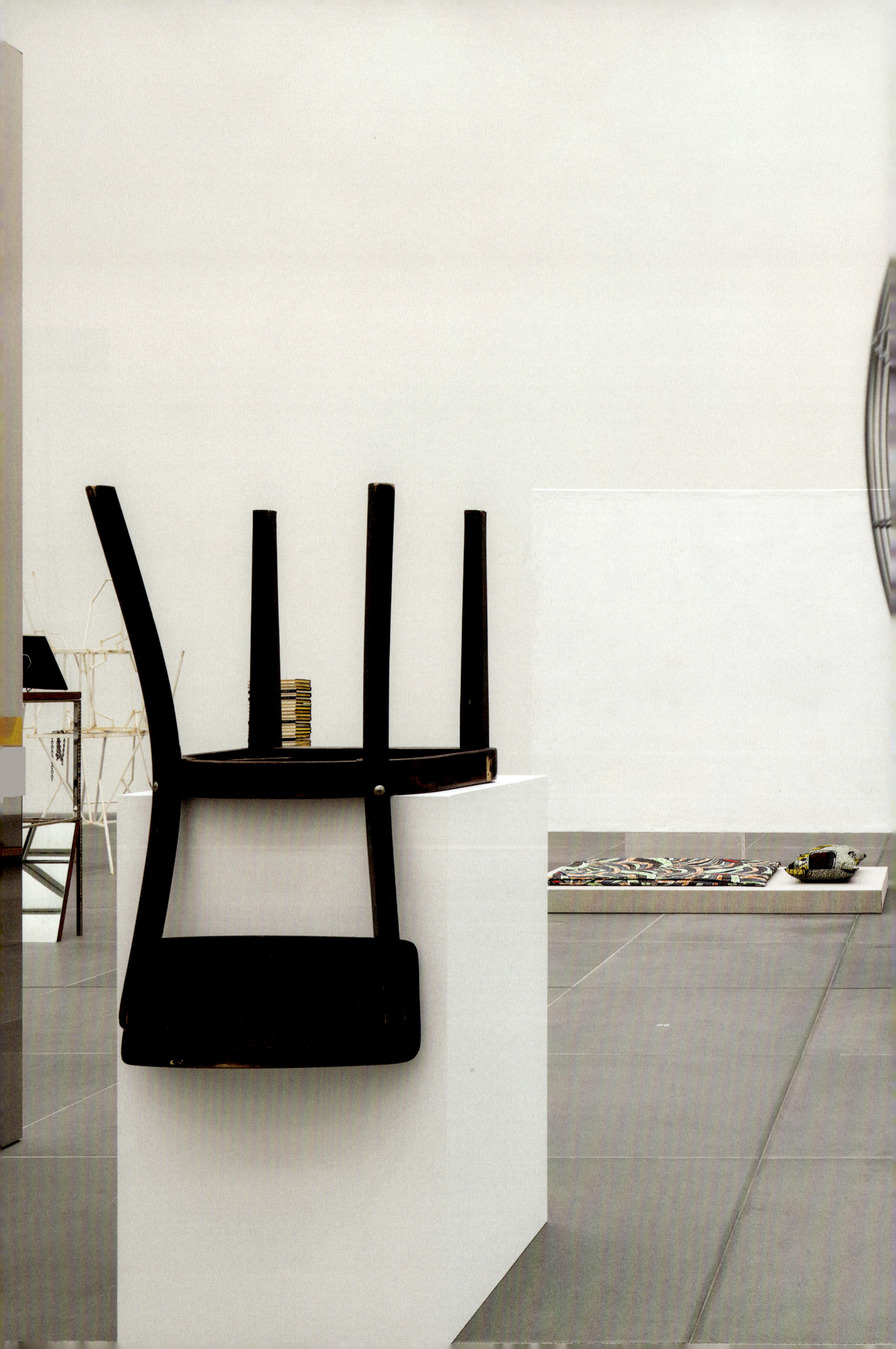

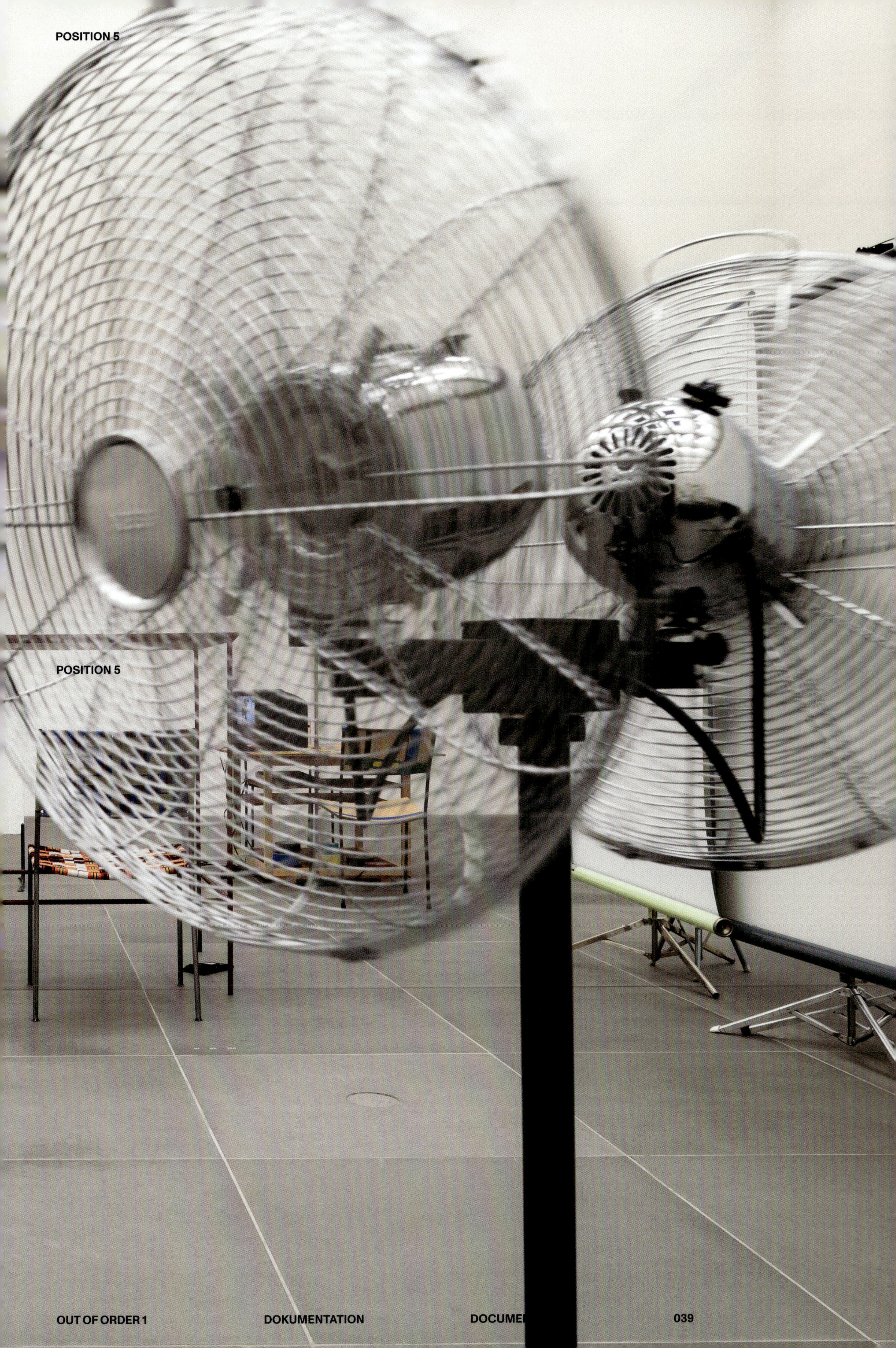
POSITION 5

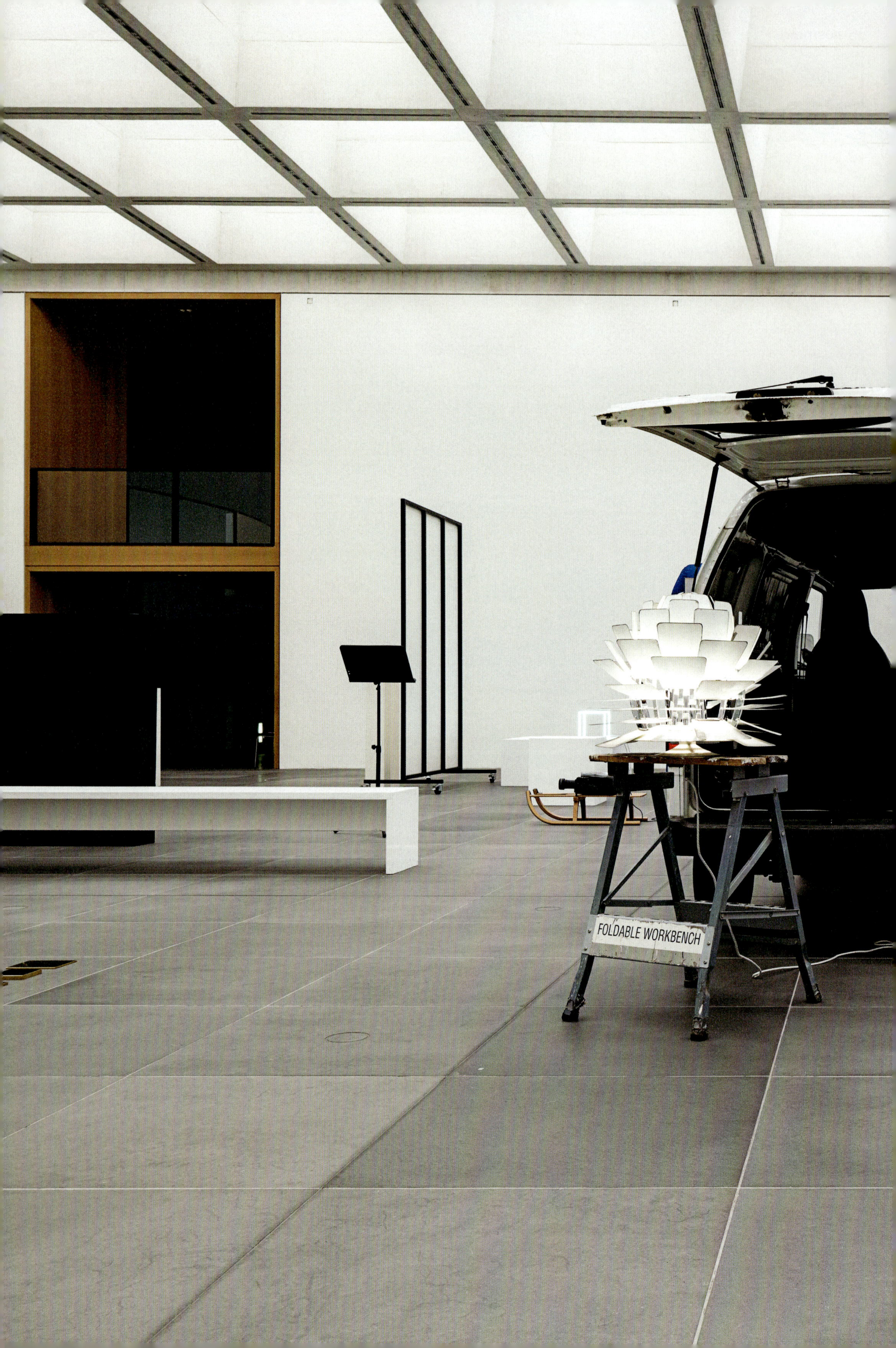
FOLDABLE WORKBENCH

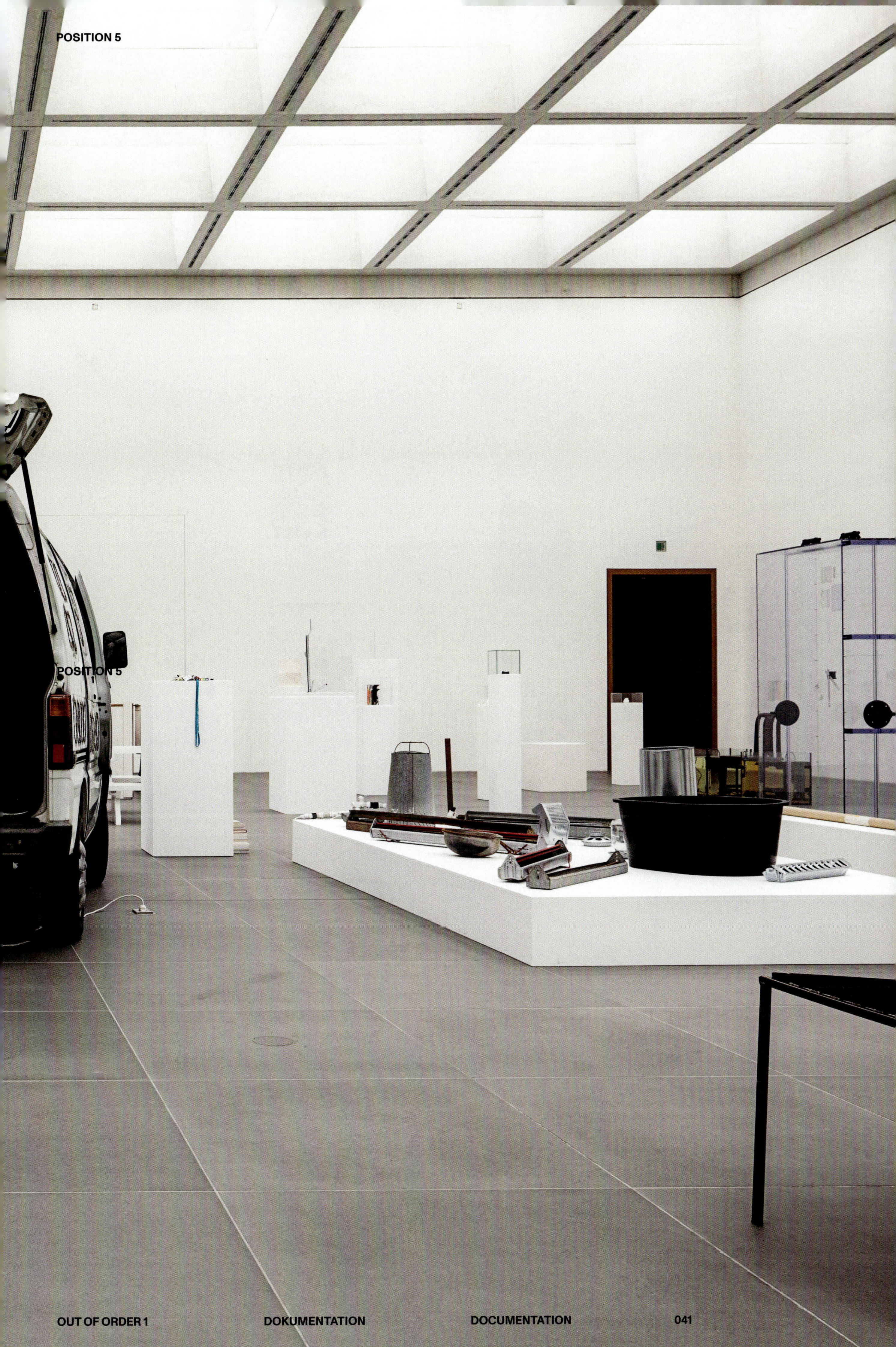
POSITION 5

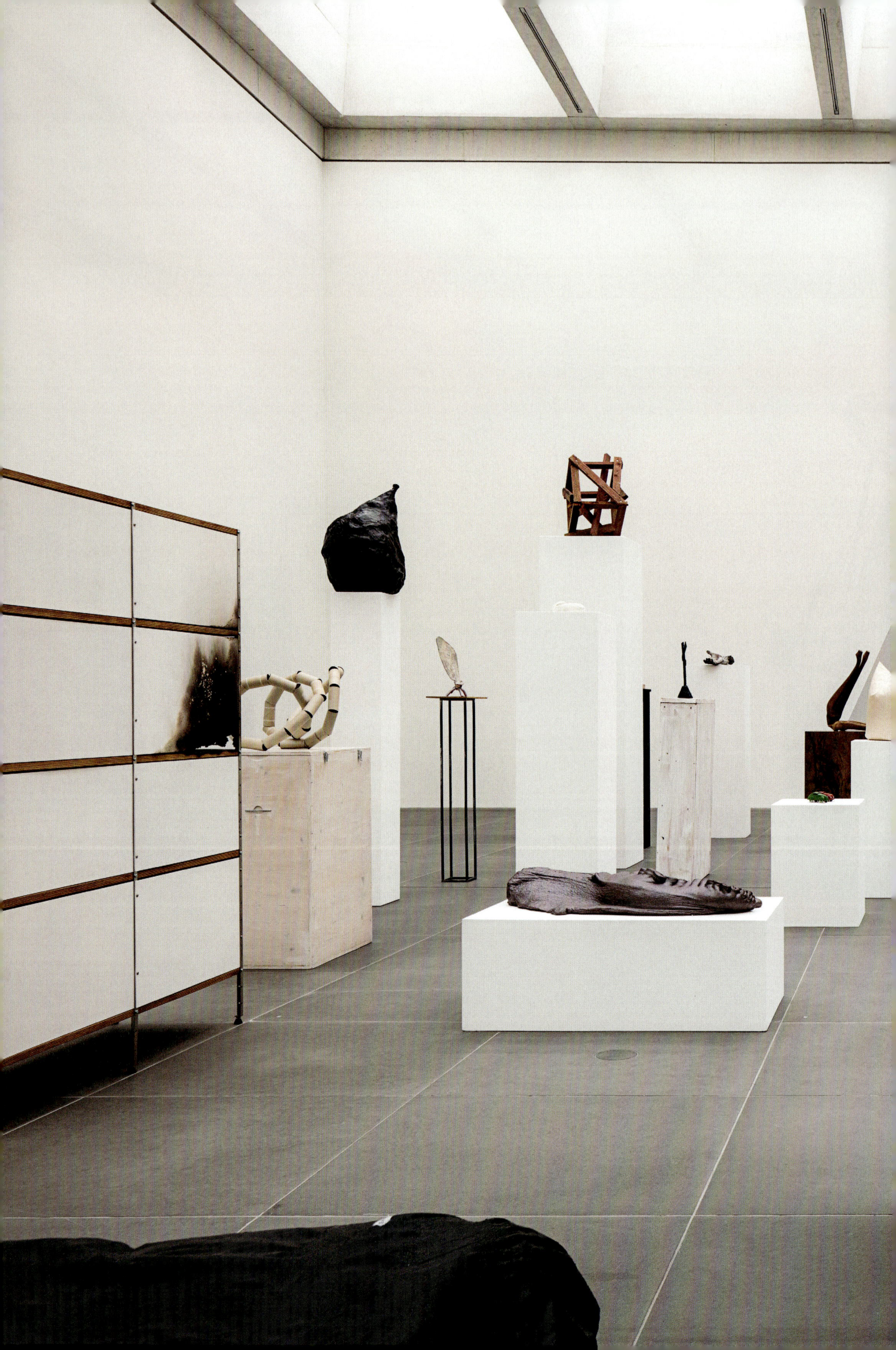

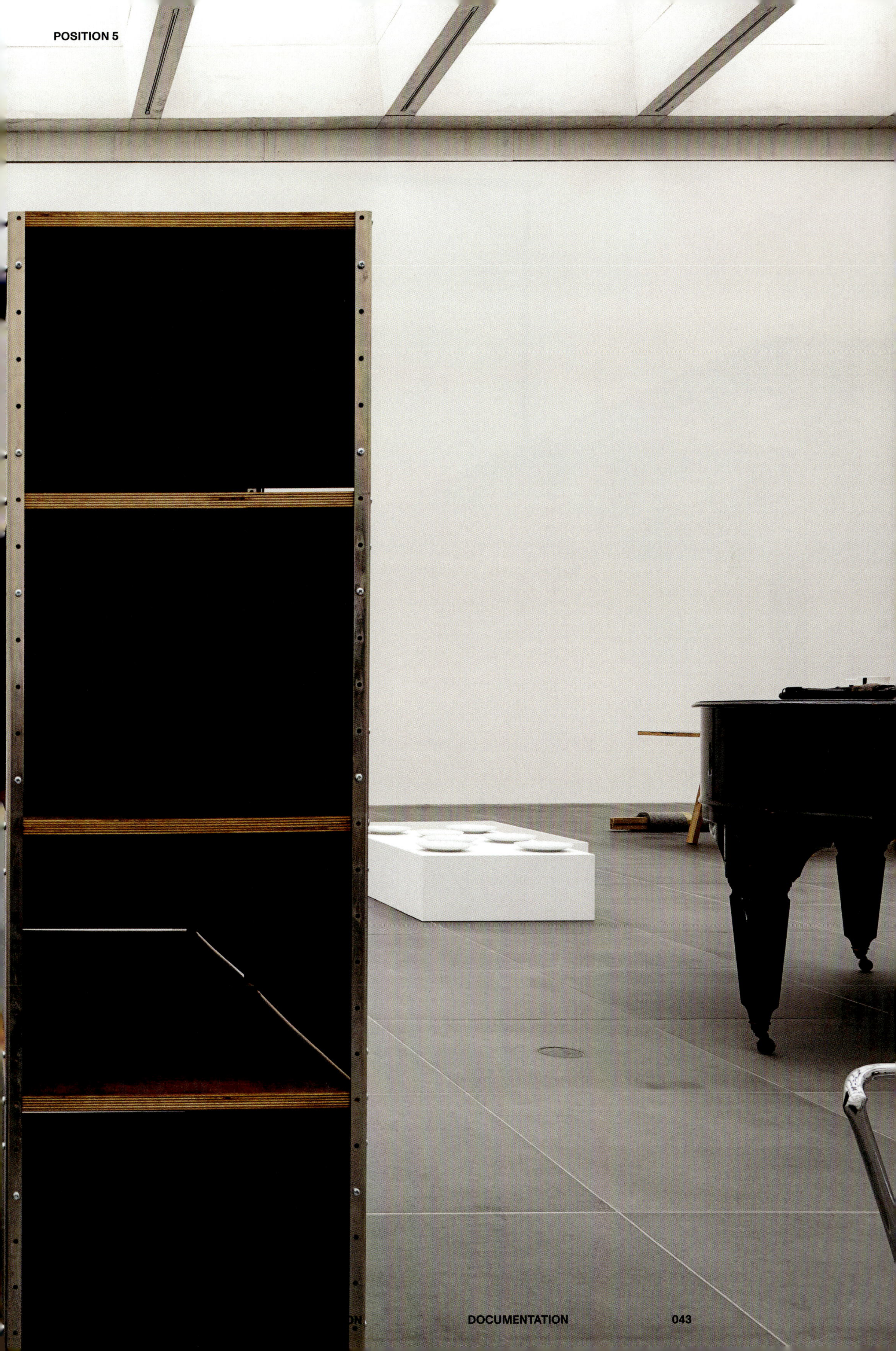

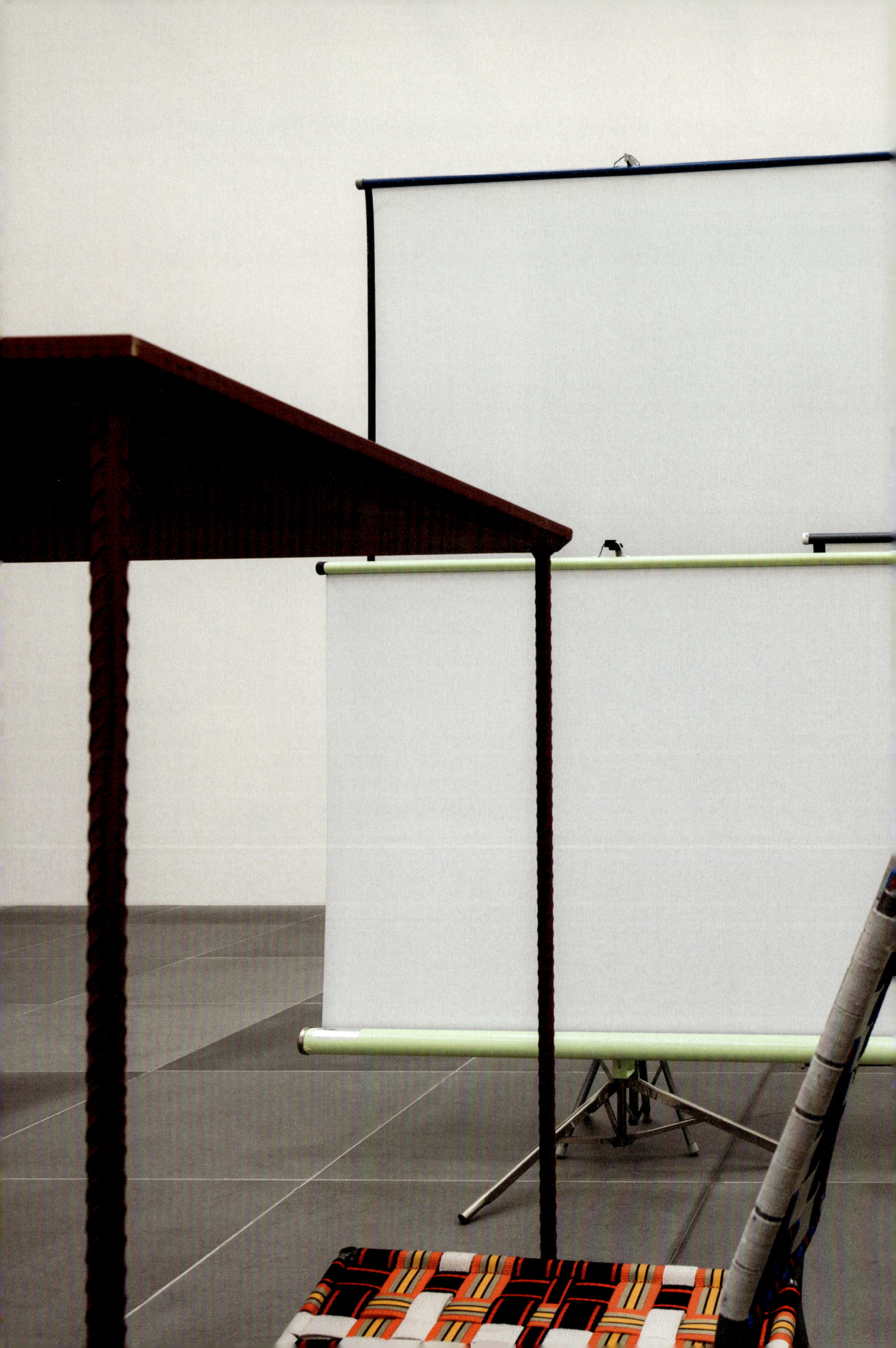

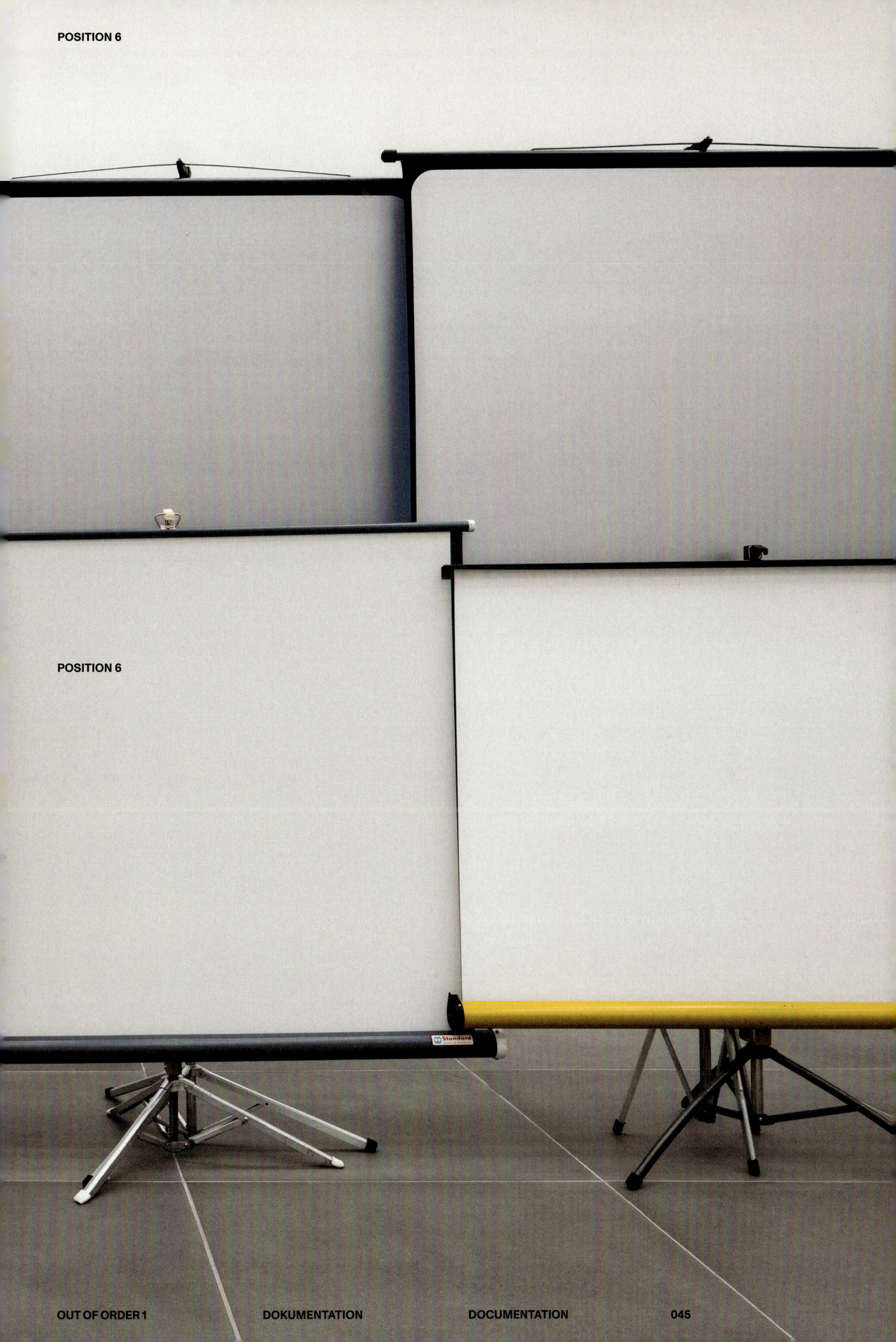

POSITION 6

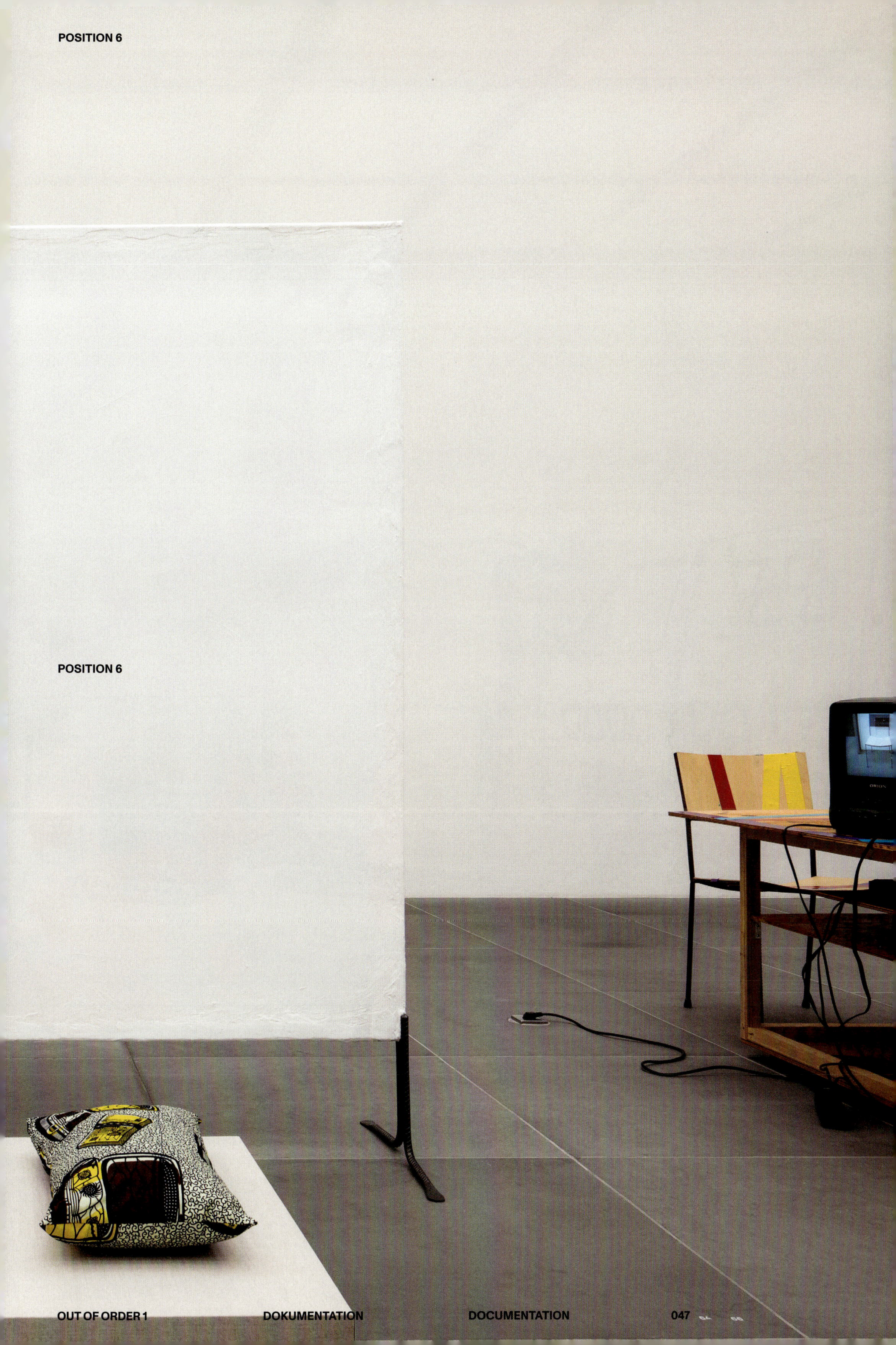

POSITION 6

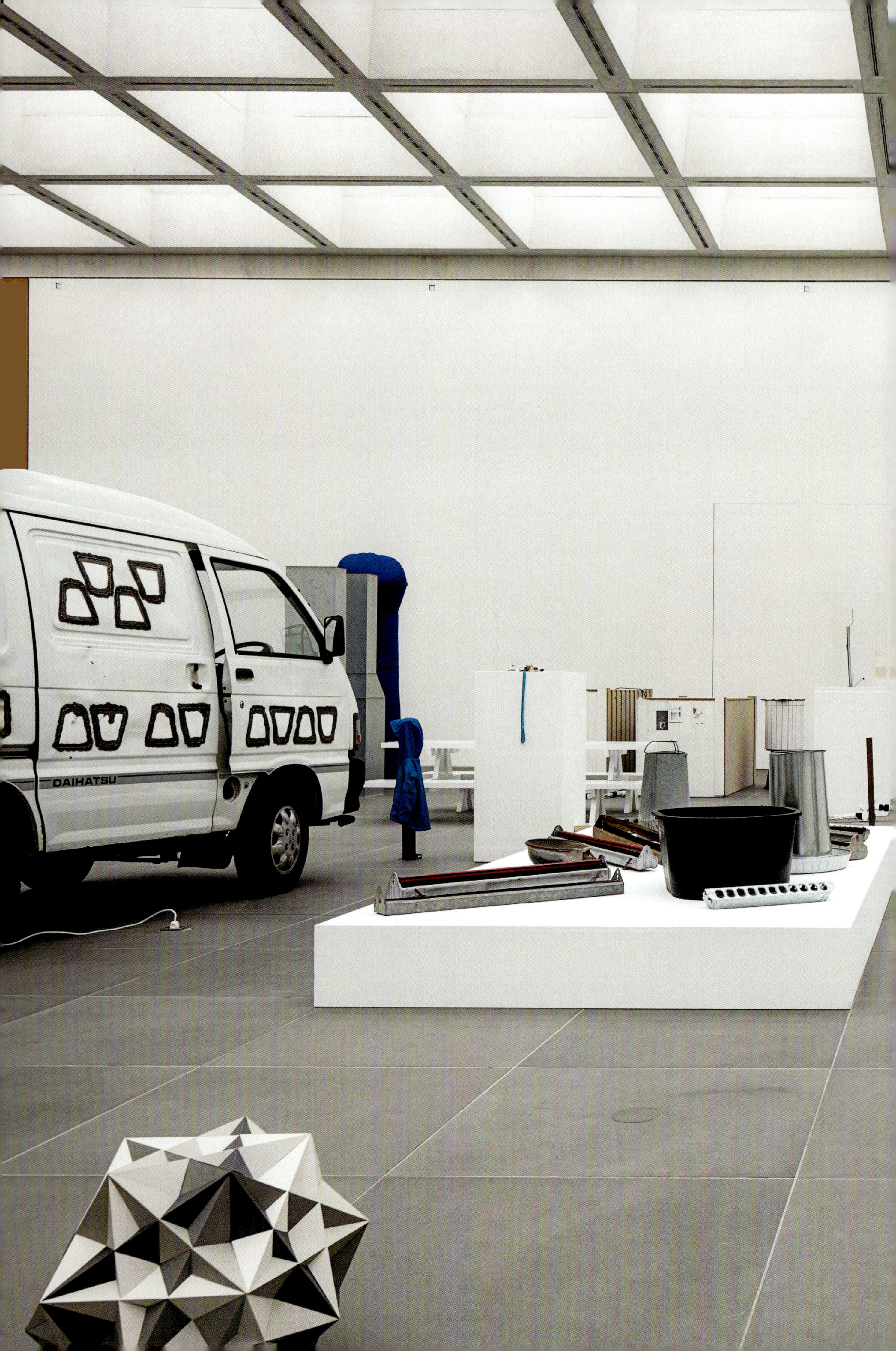

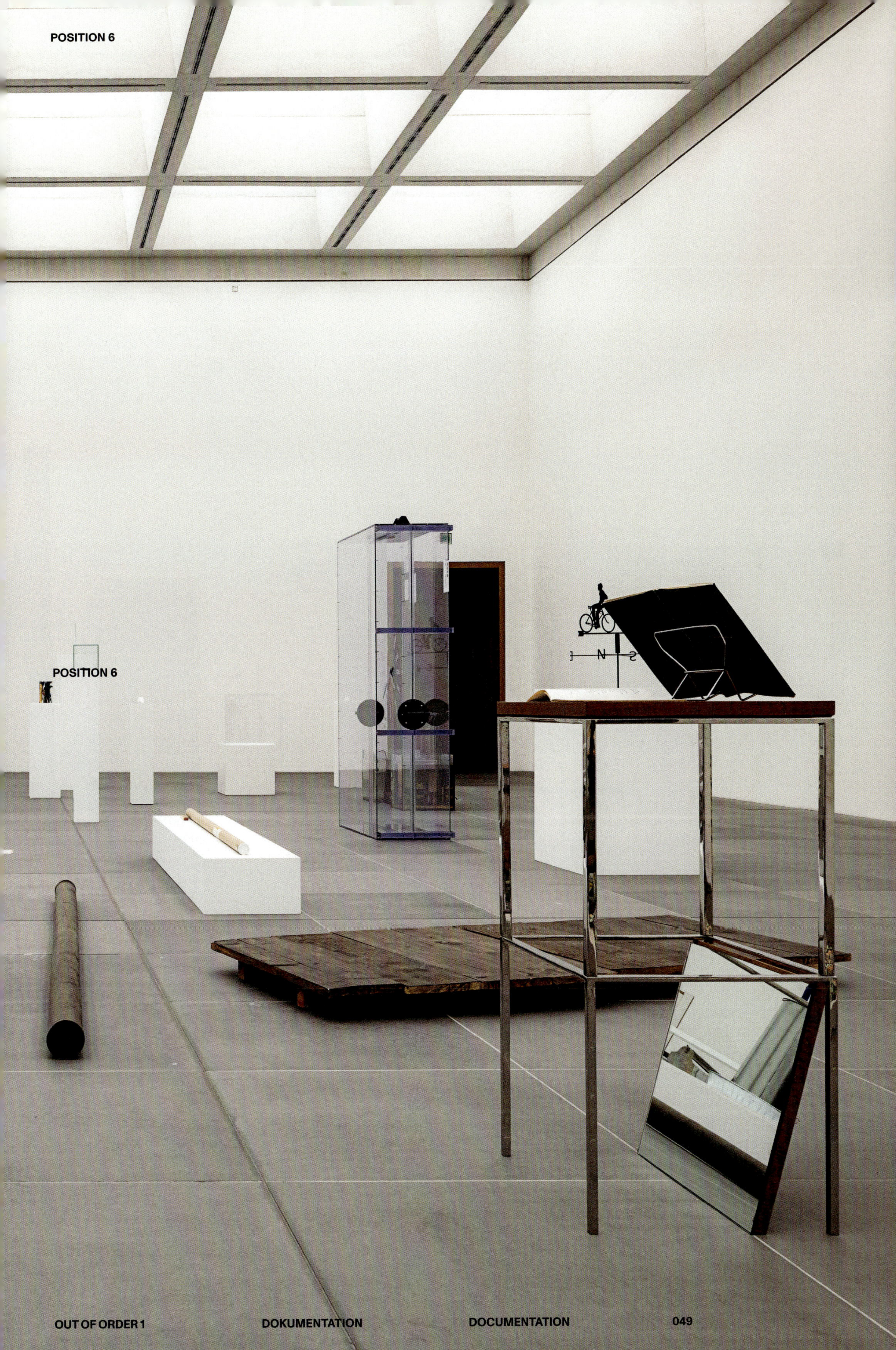
POSITION 6

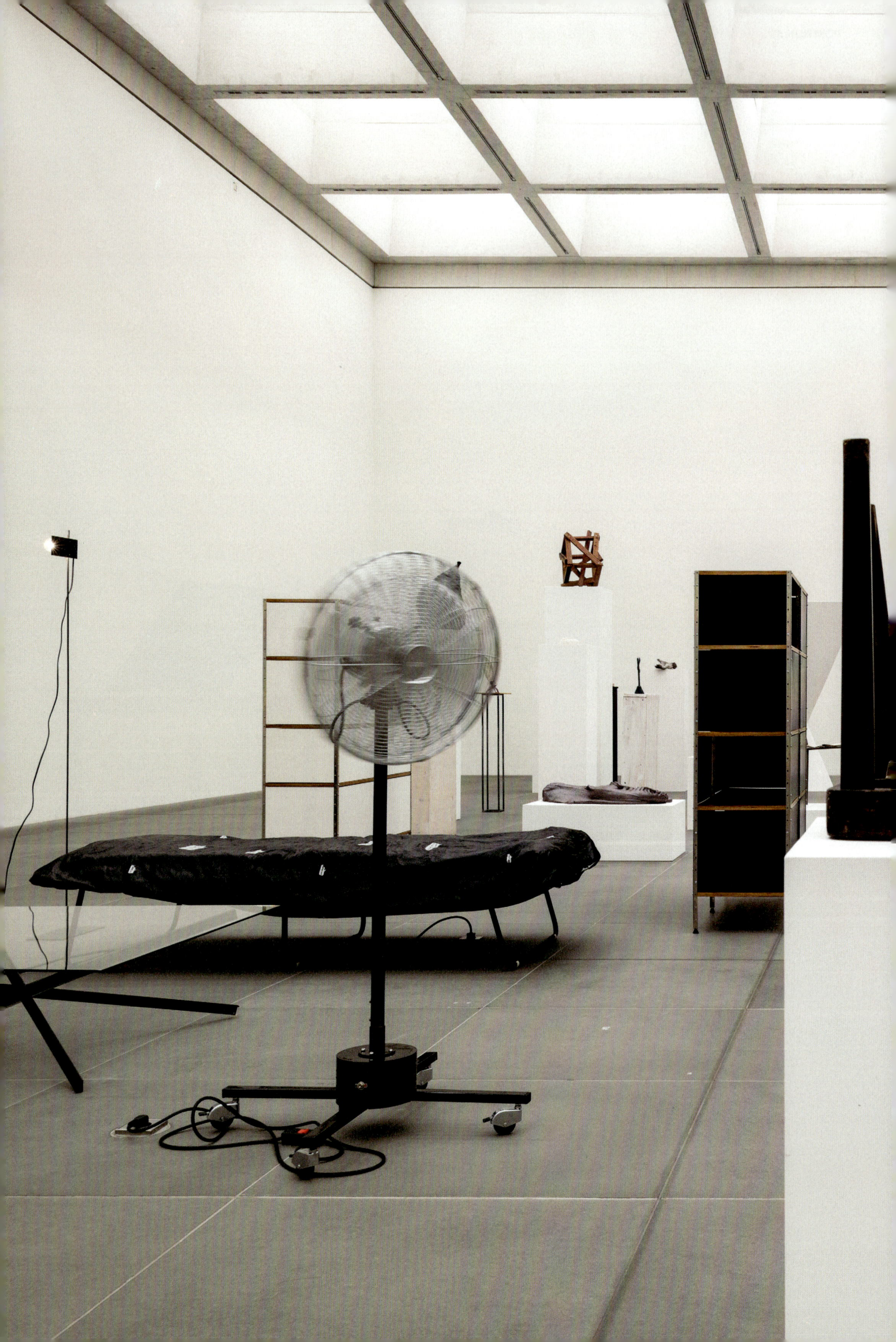

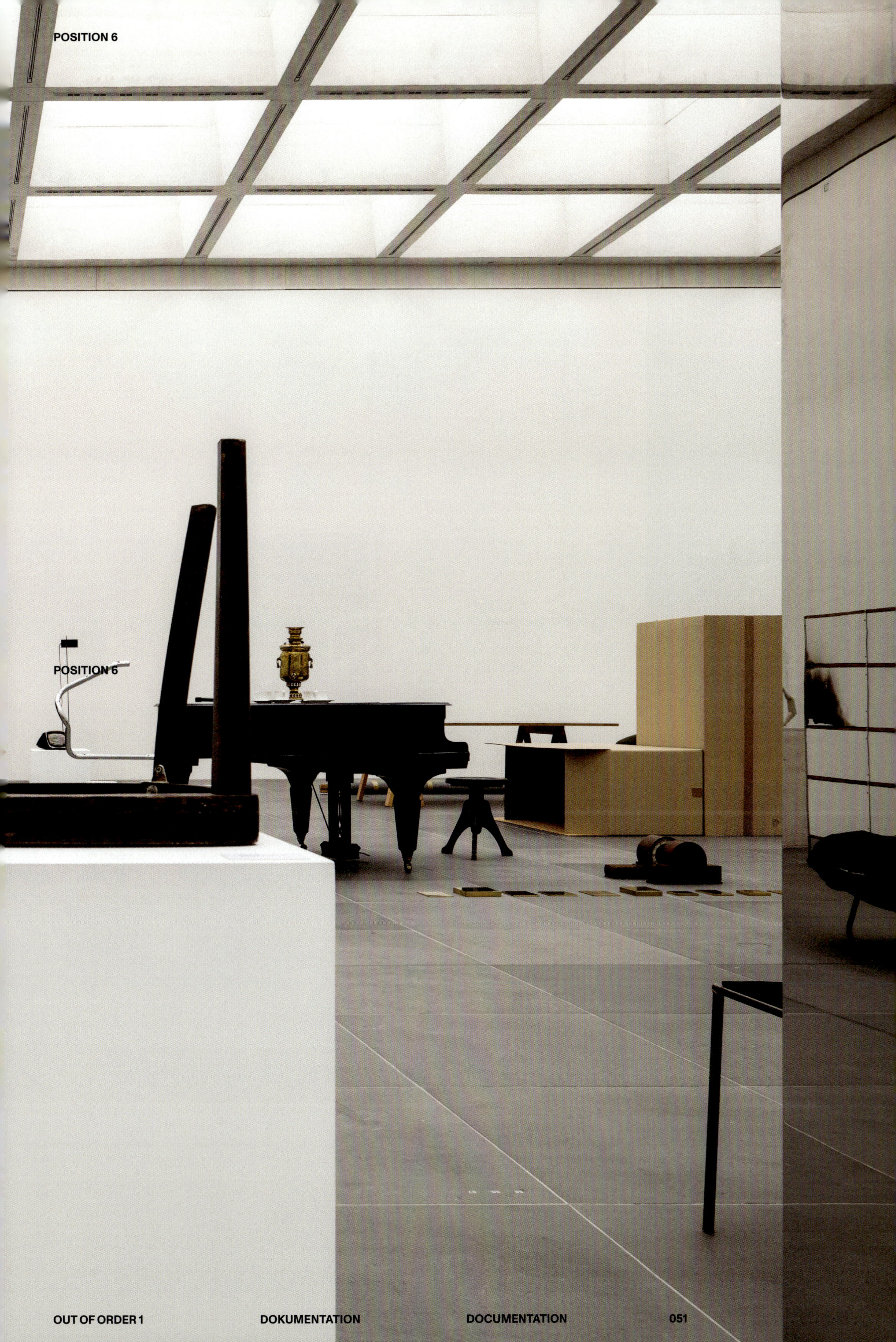
POSITION 6

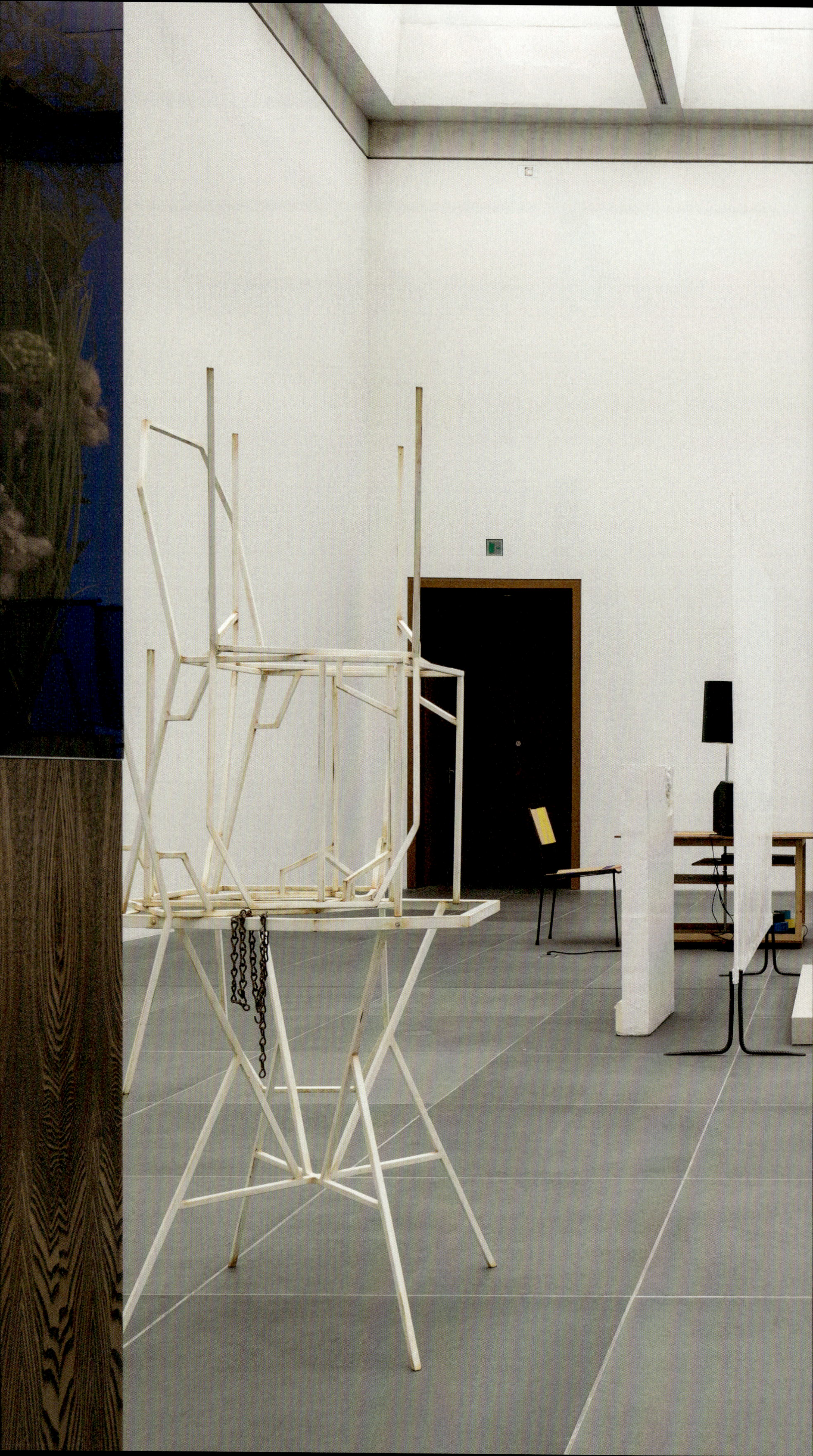

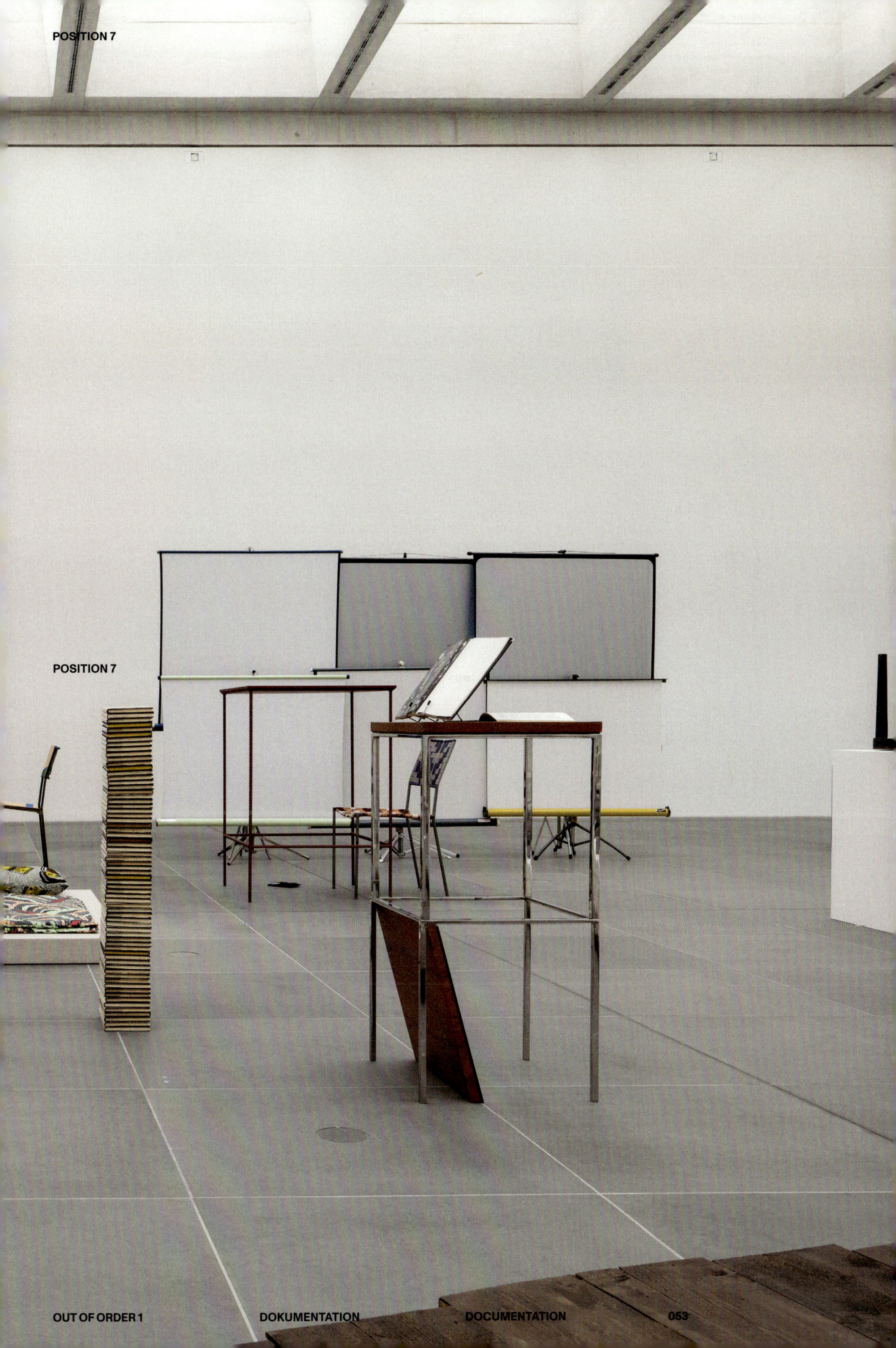

POSITION 7

POSITION 7

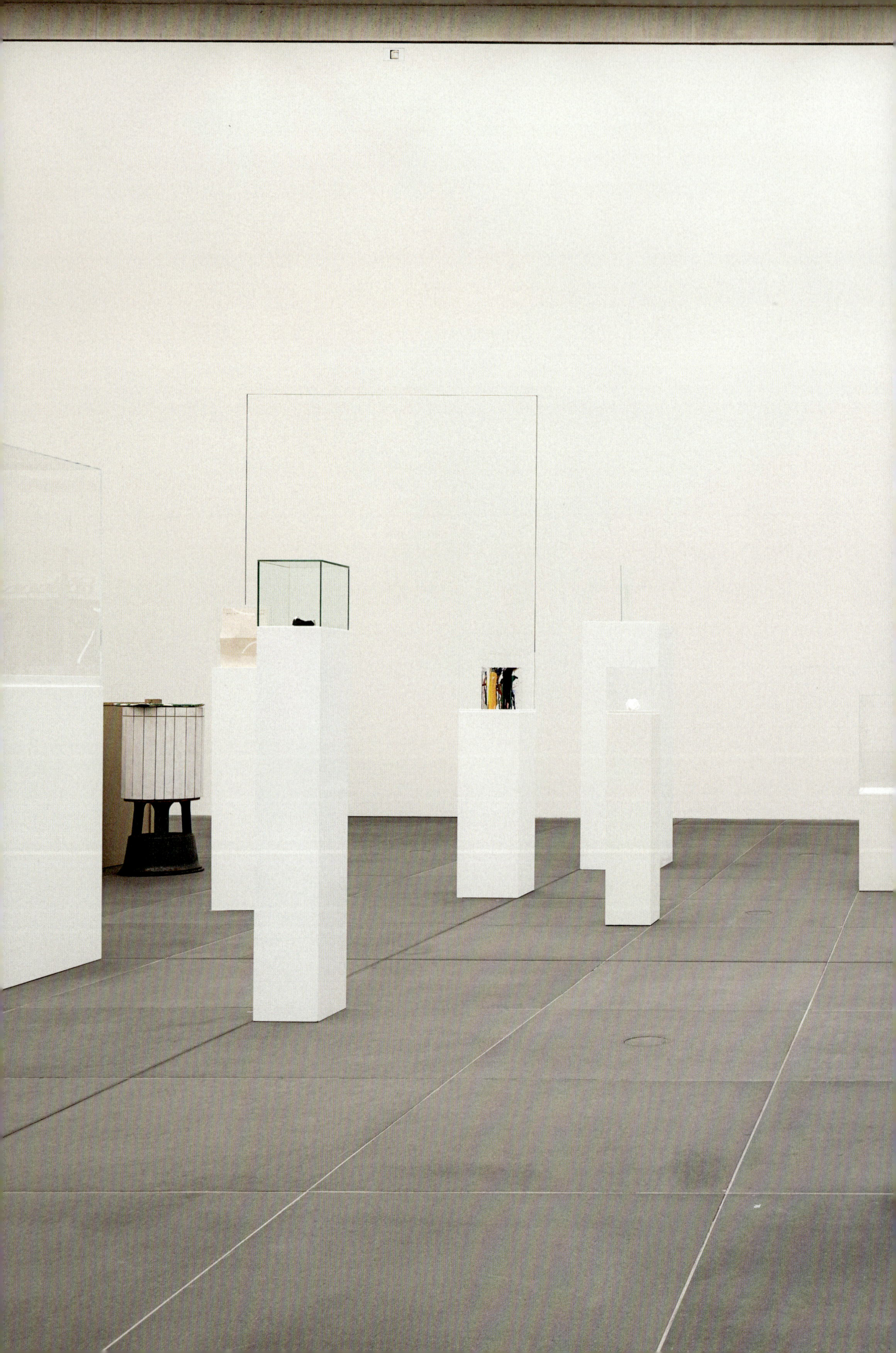

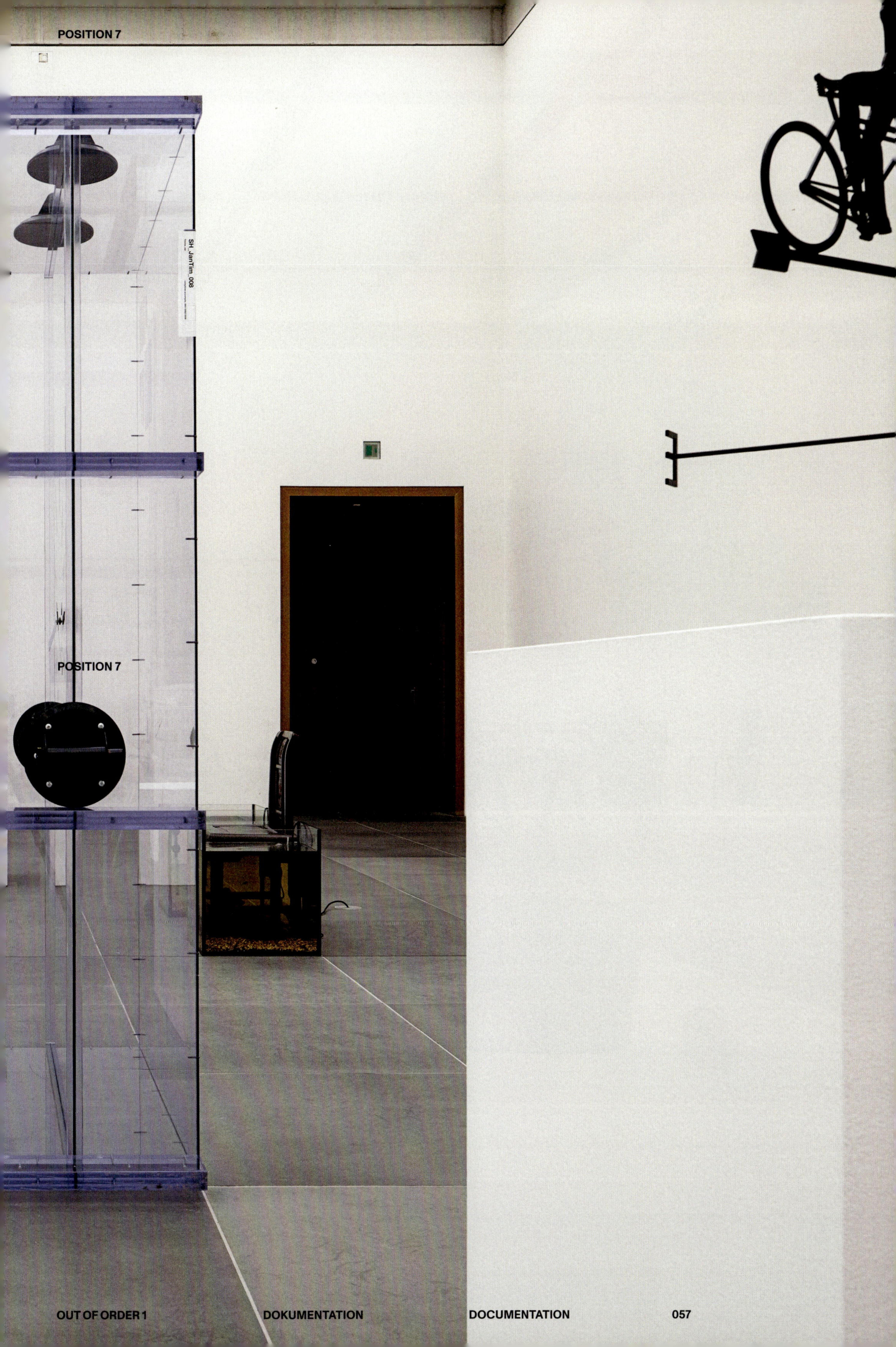
SH JanTim .008
POSITION 7

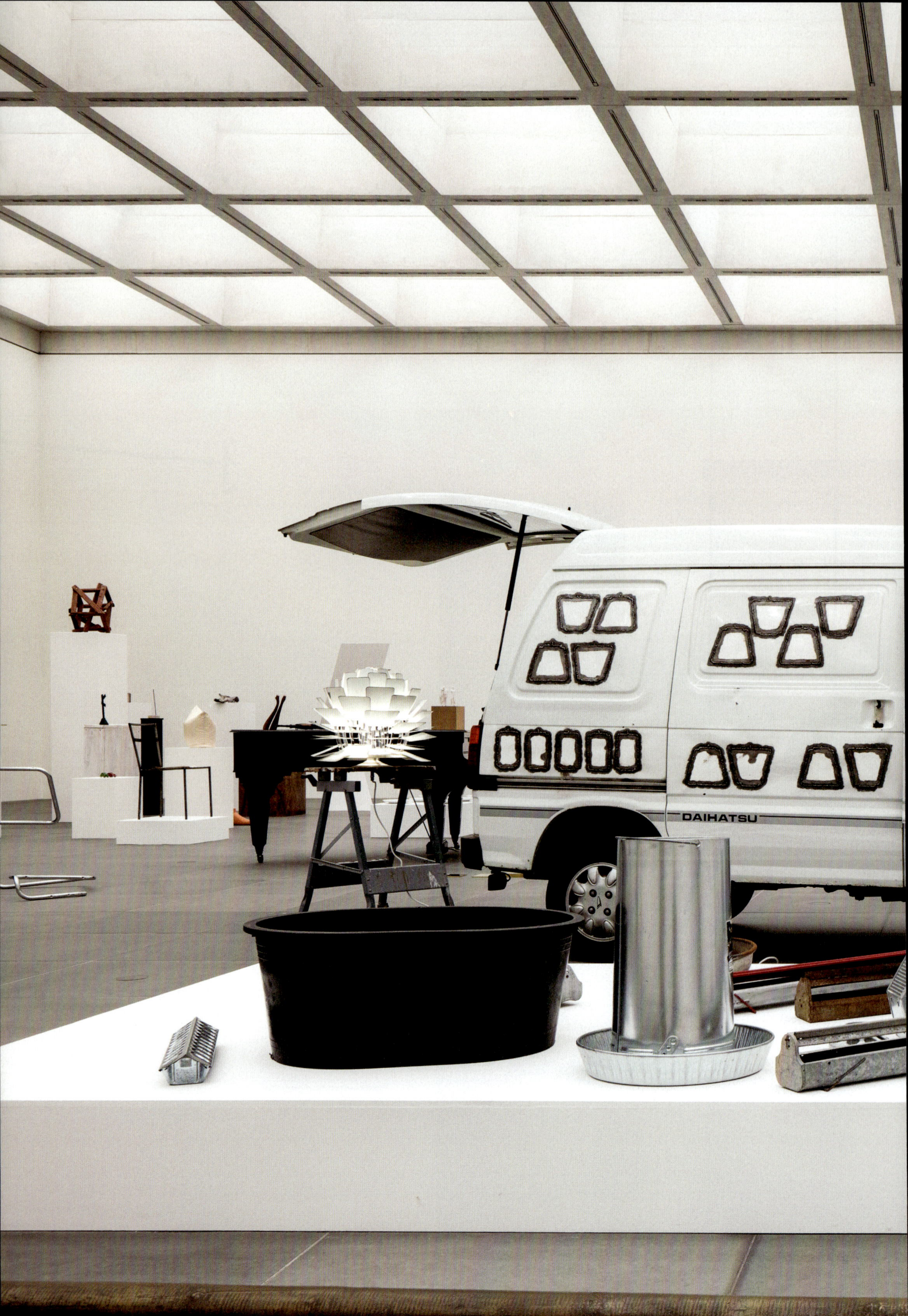

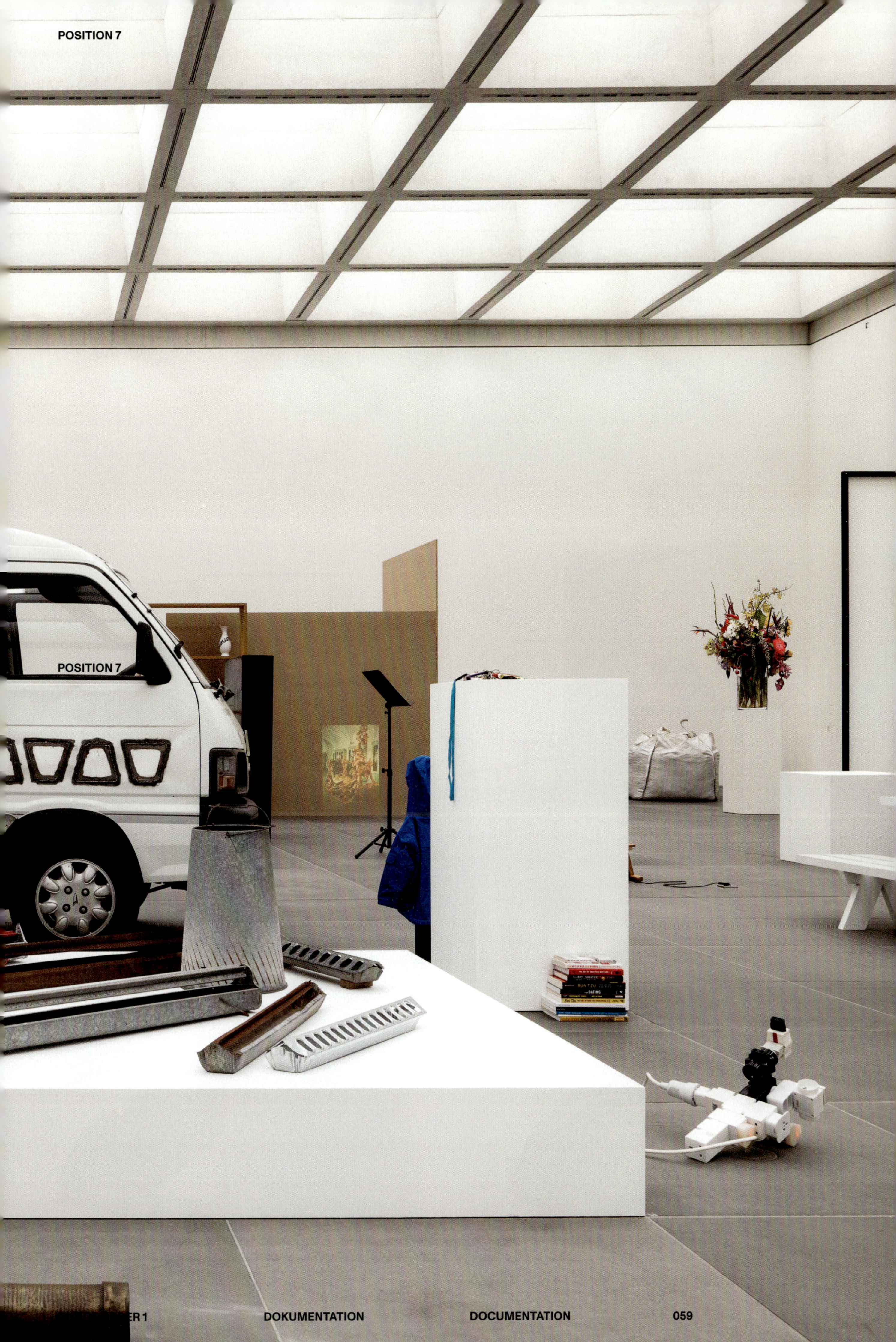
POSITION 7

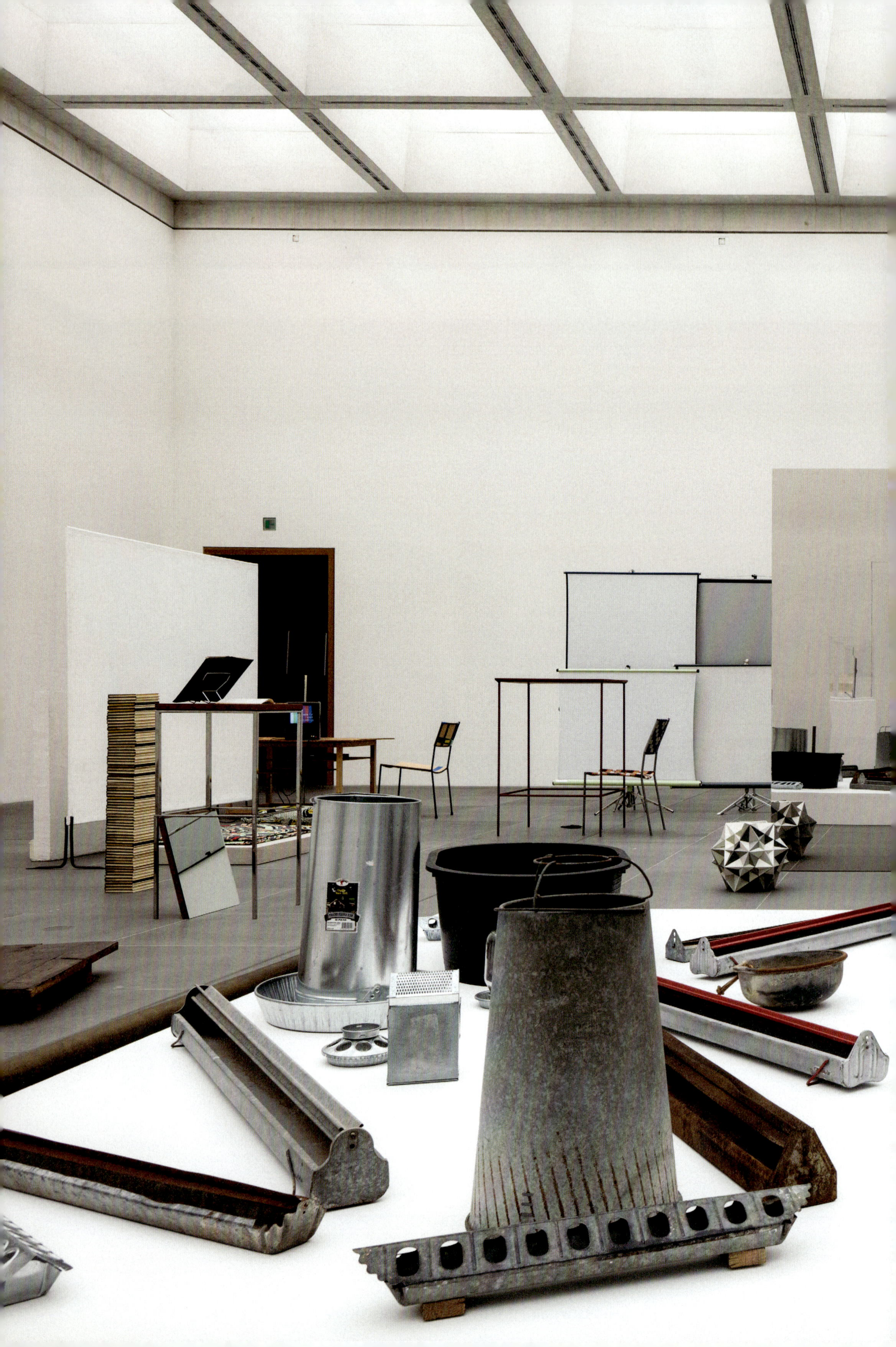

POSITION 8

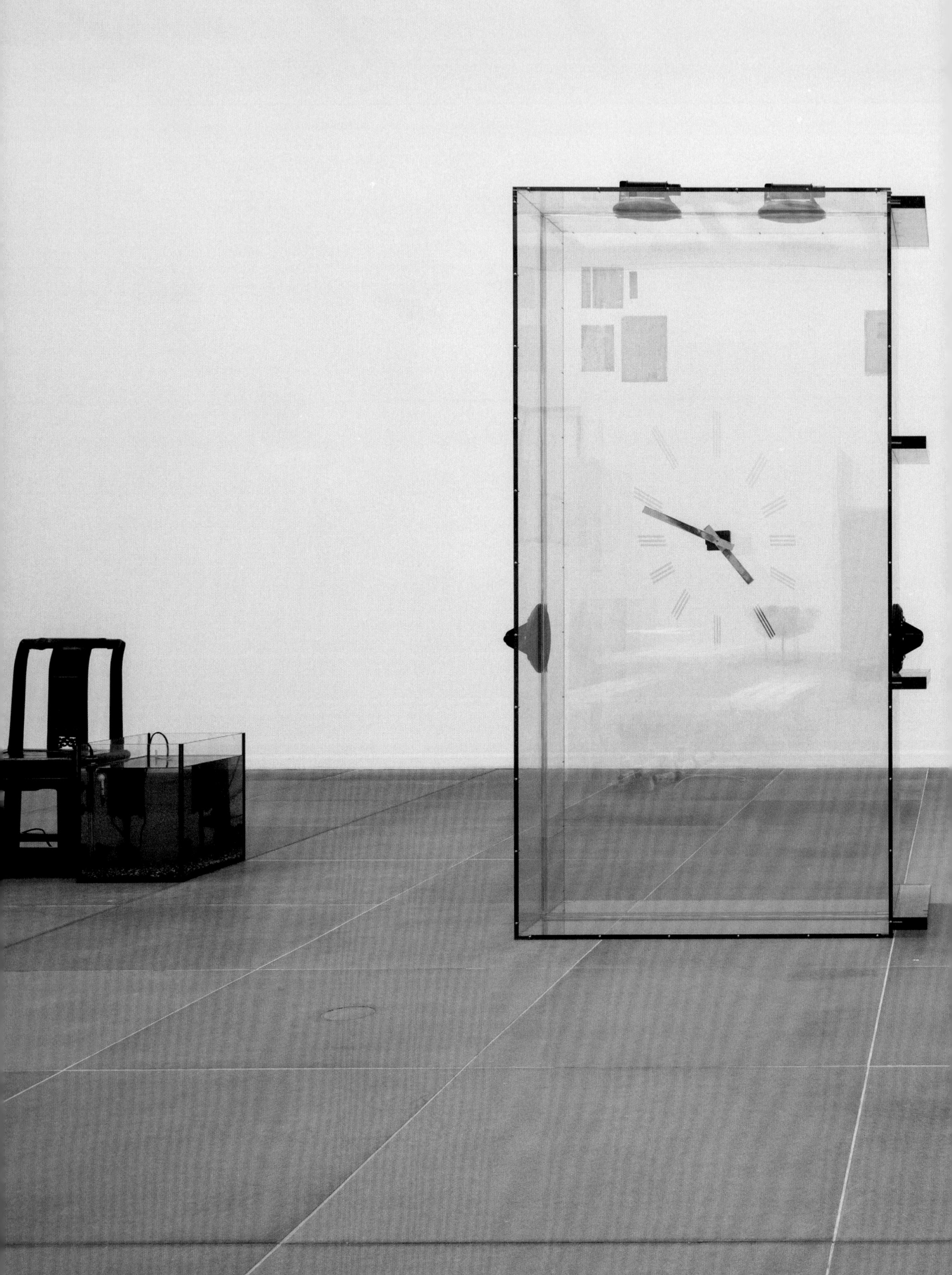

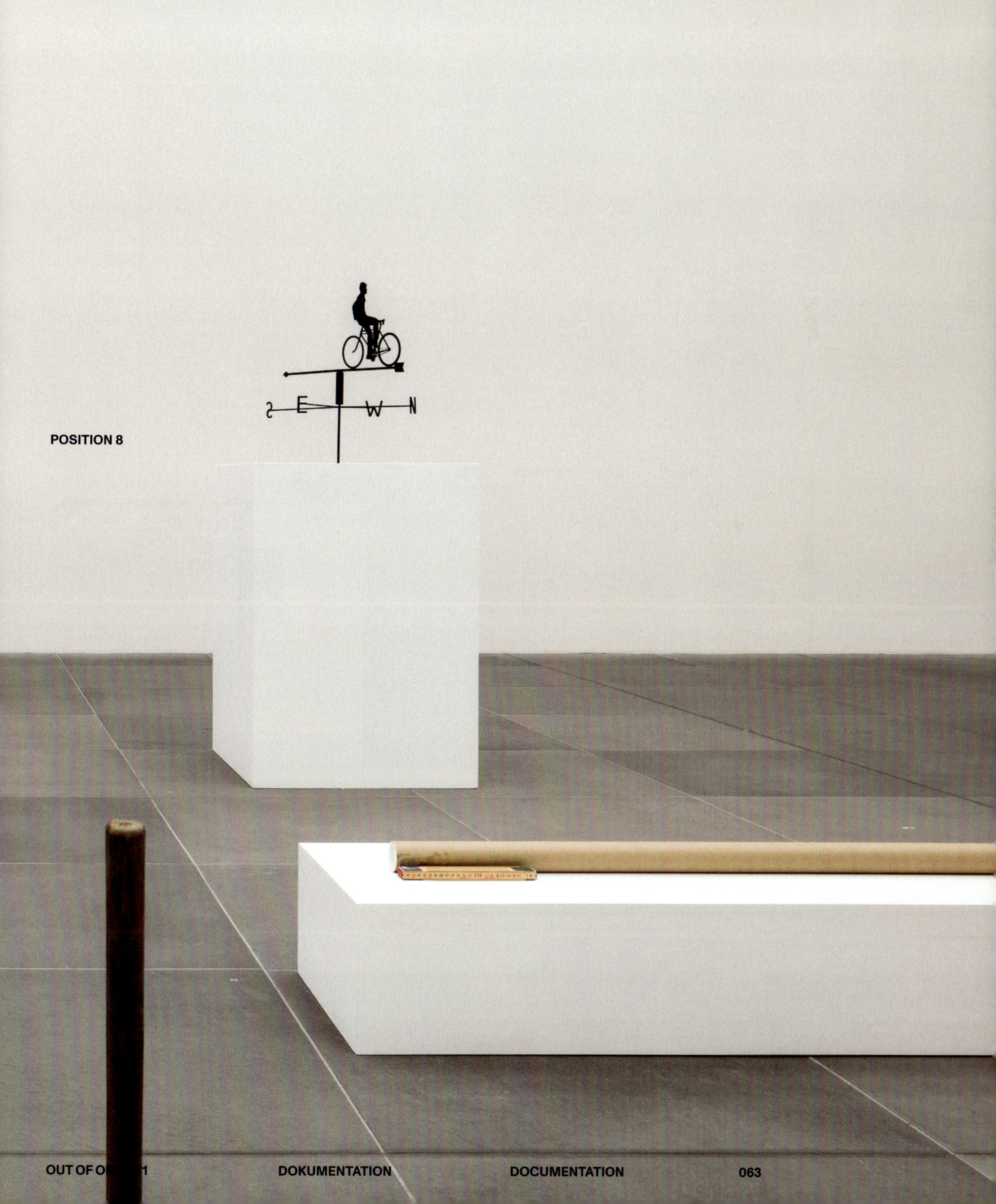

POSITION 8

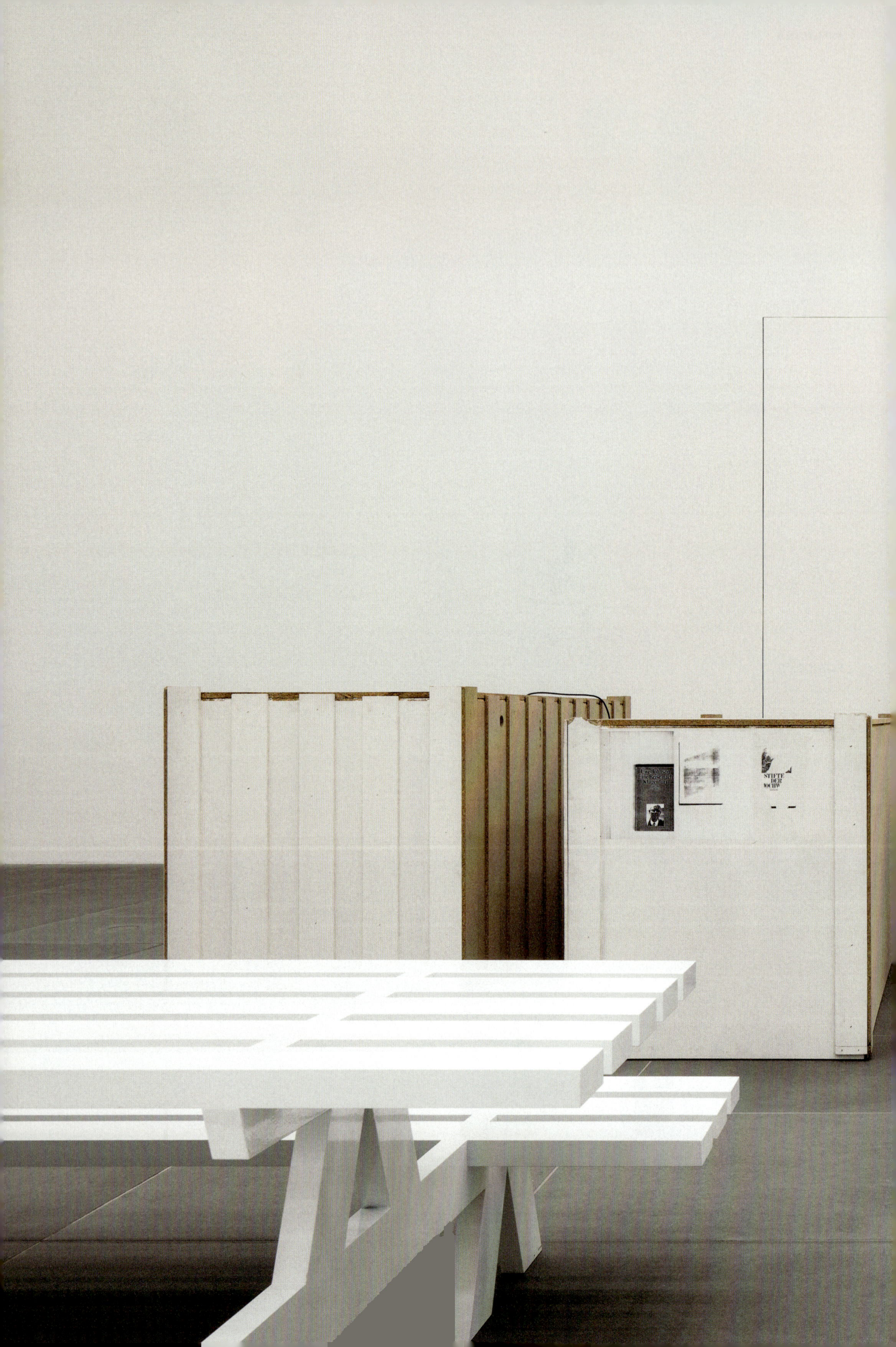
Uwe Johnson
Eine Reise nach
Klagenfurt
STIFTE
DER
WOCHE

POSITION 8

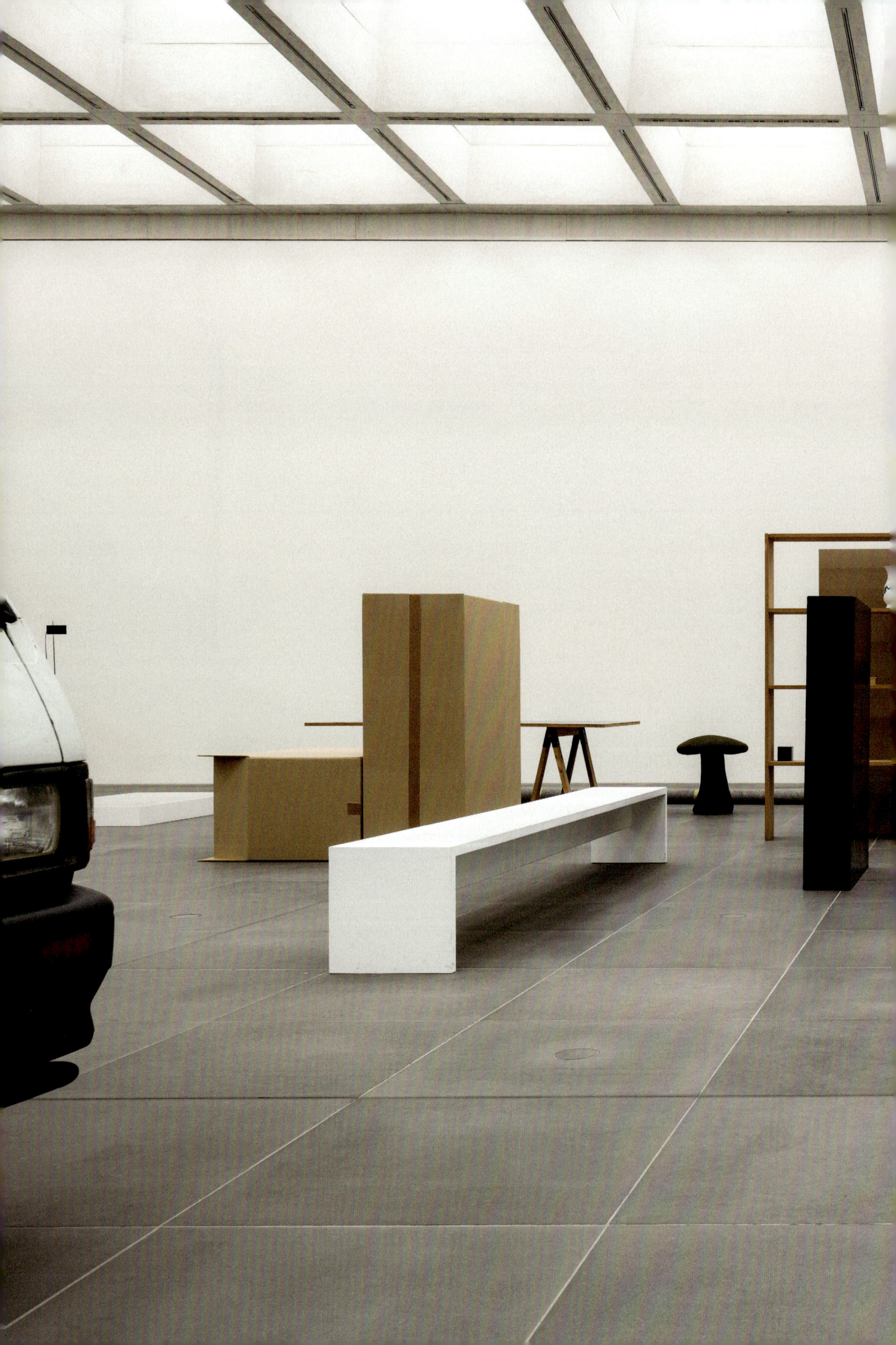

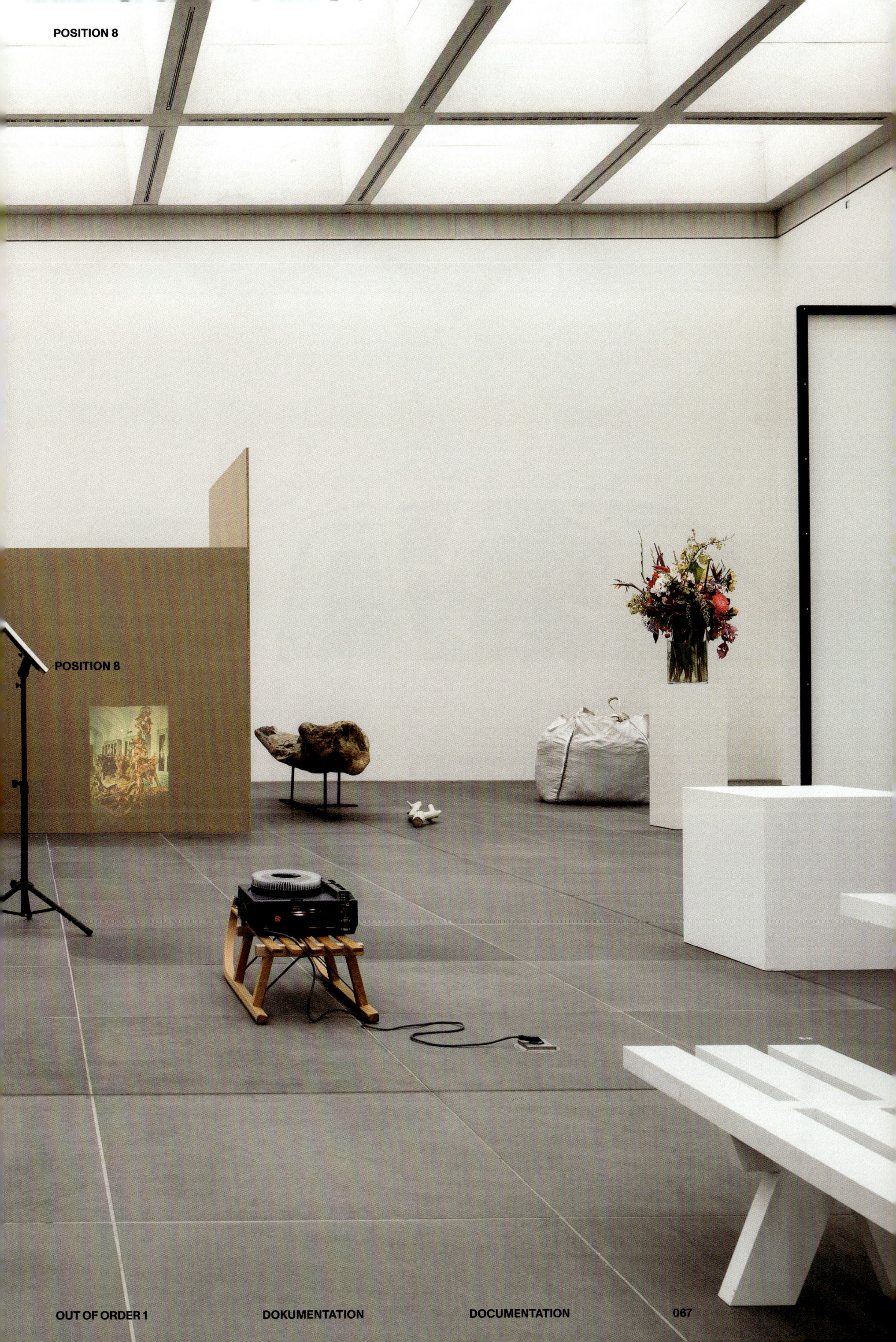
POSITION 8

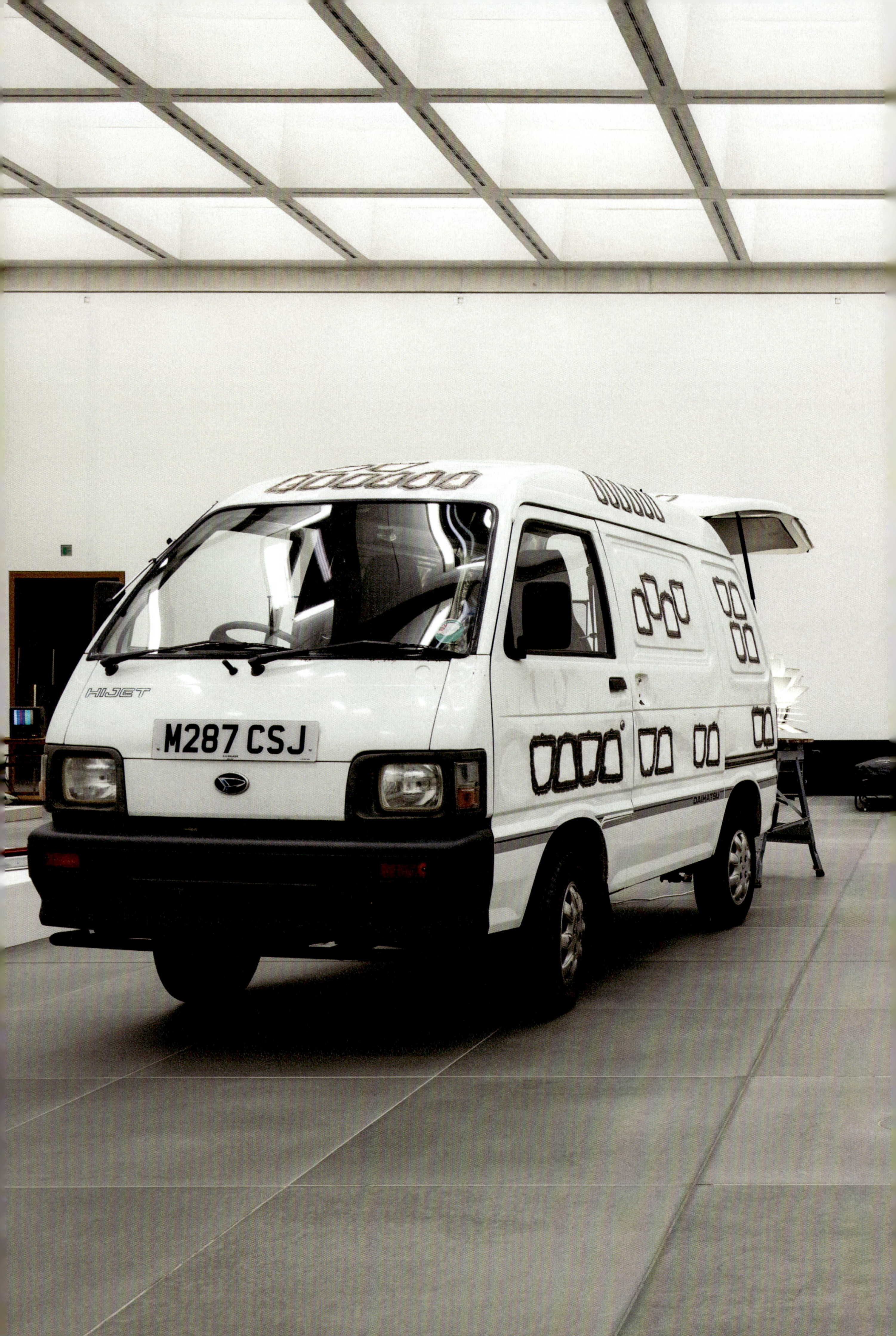

HIJET
M287 CSJ
DAIHATSU

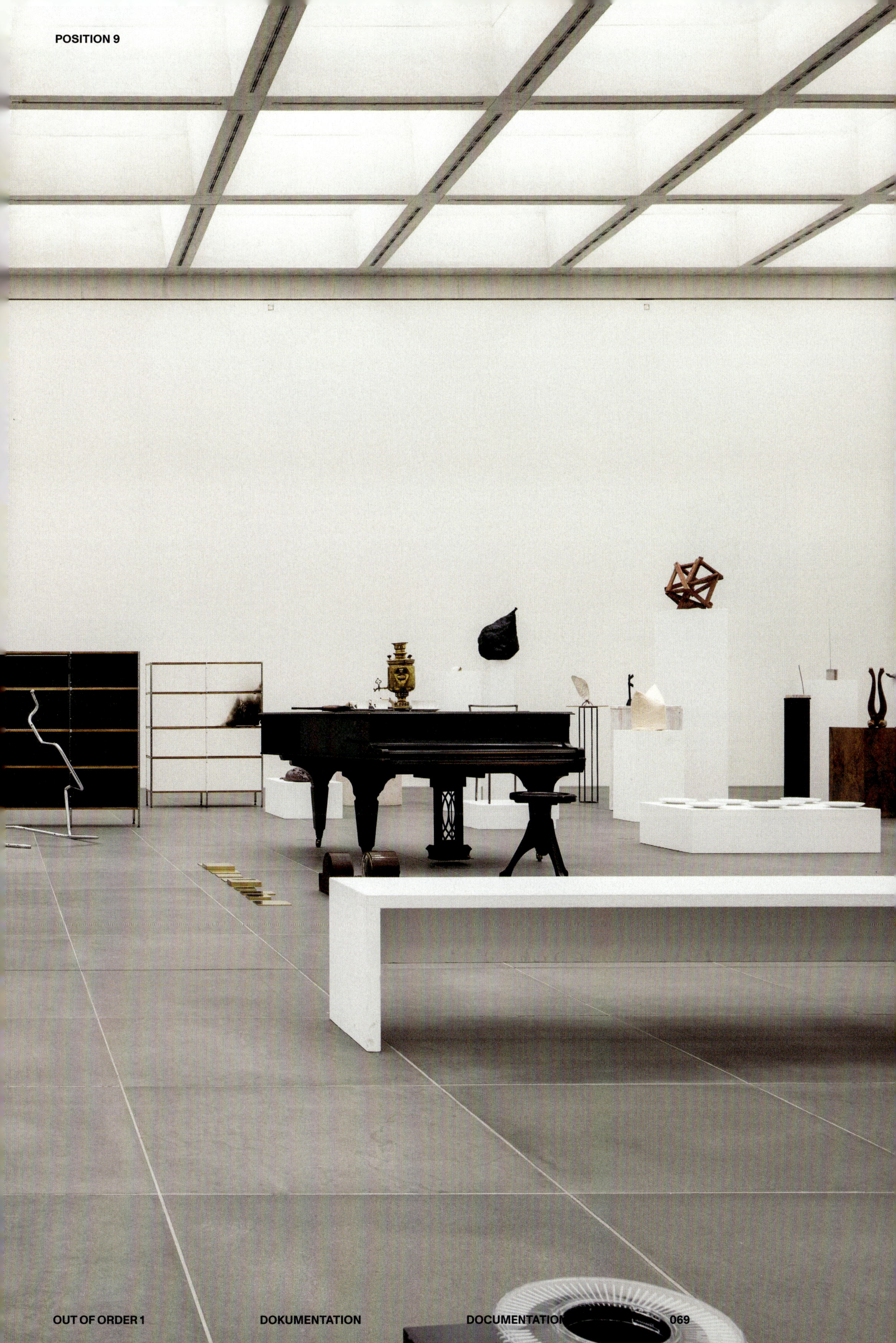

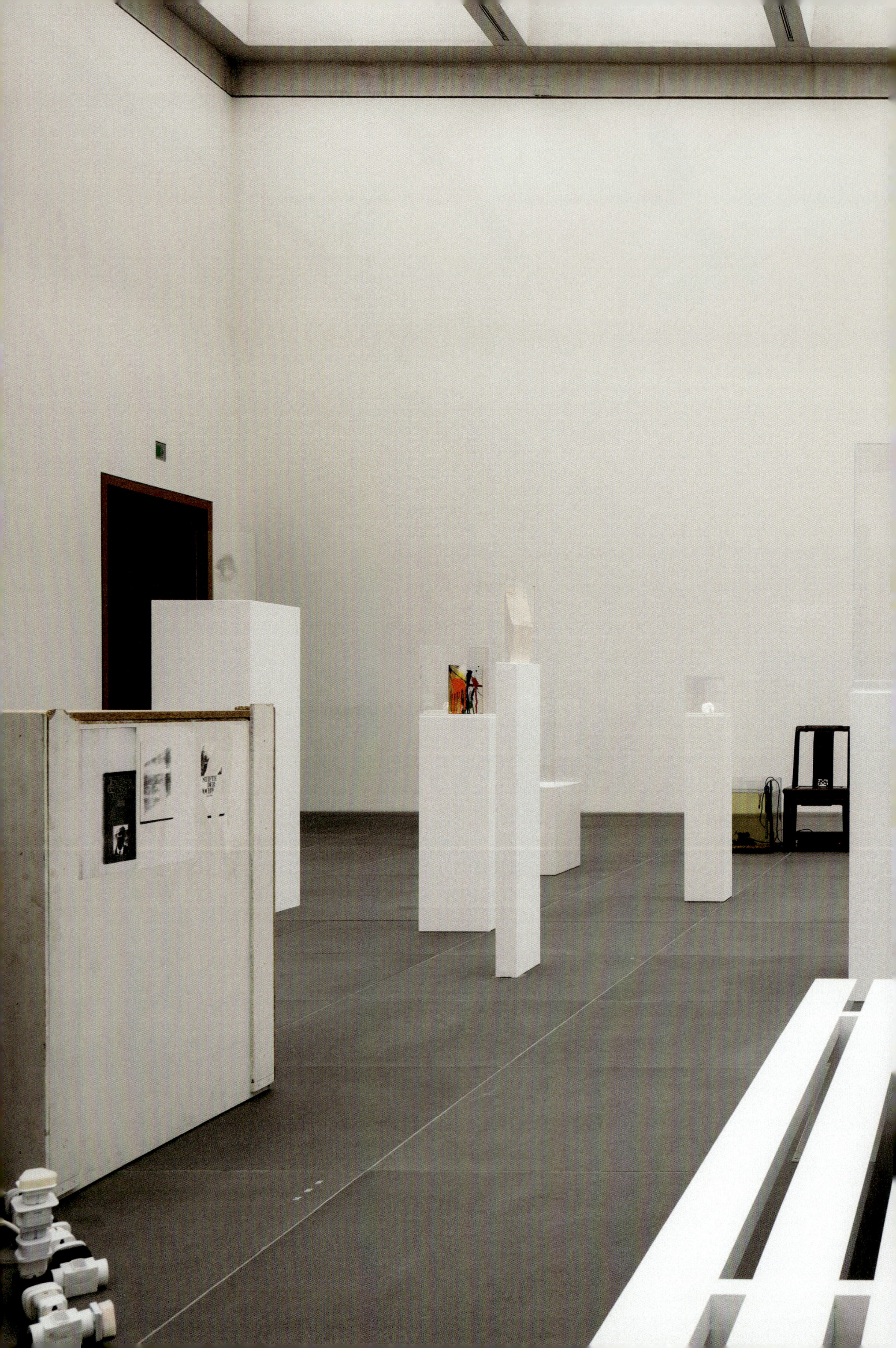

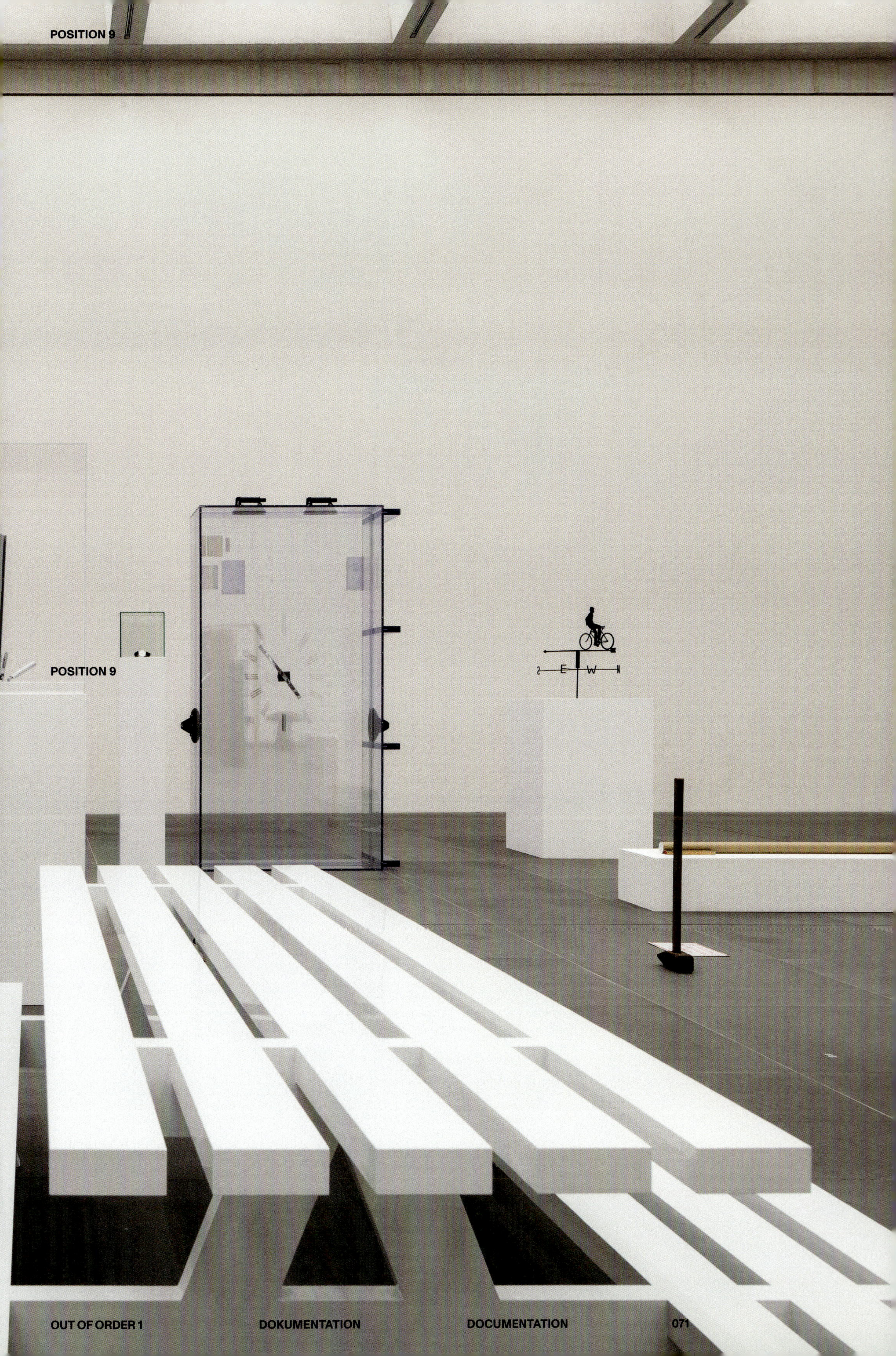

POSITION 9

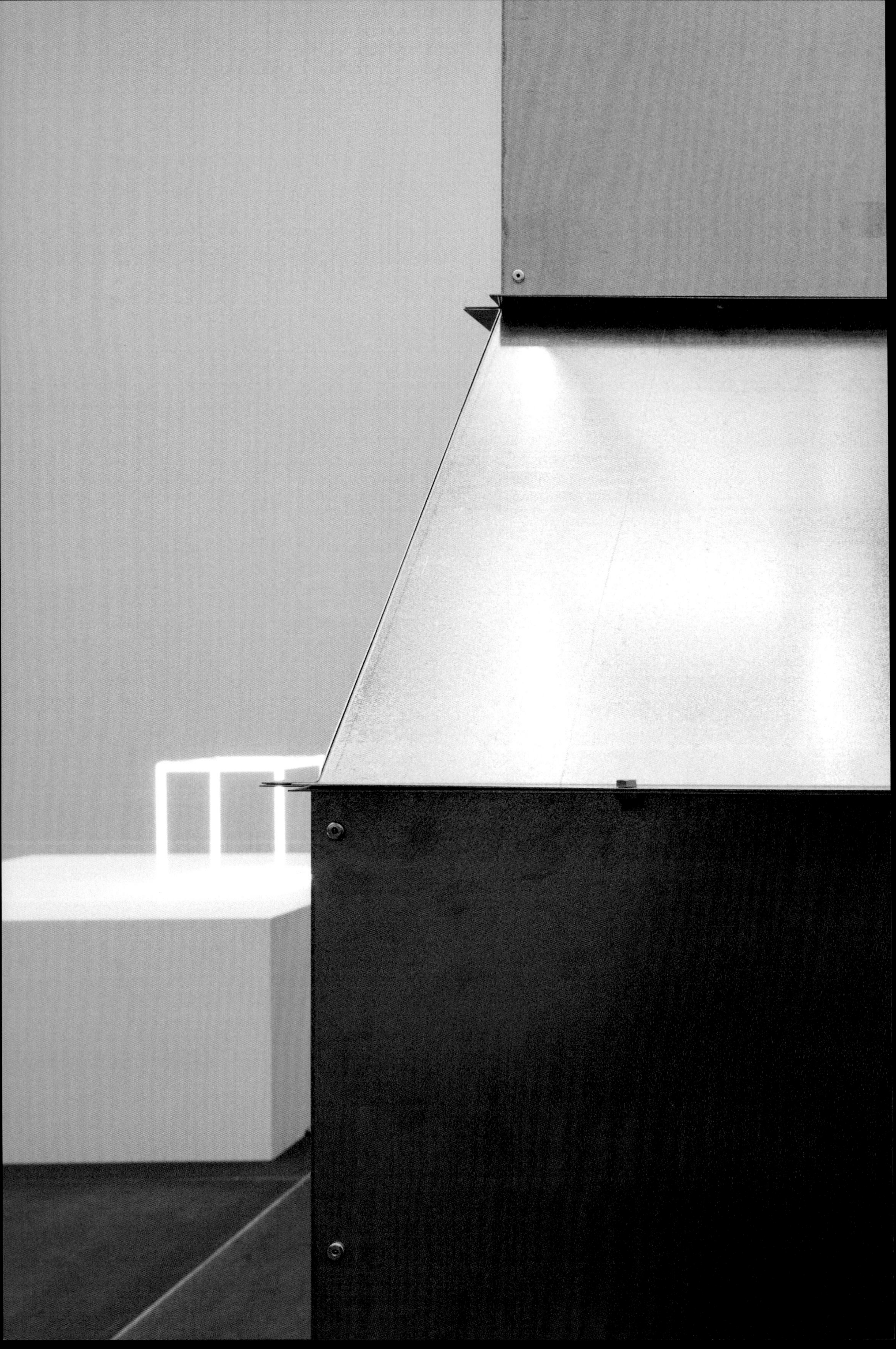

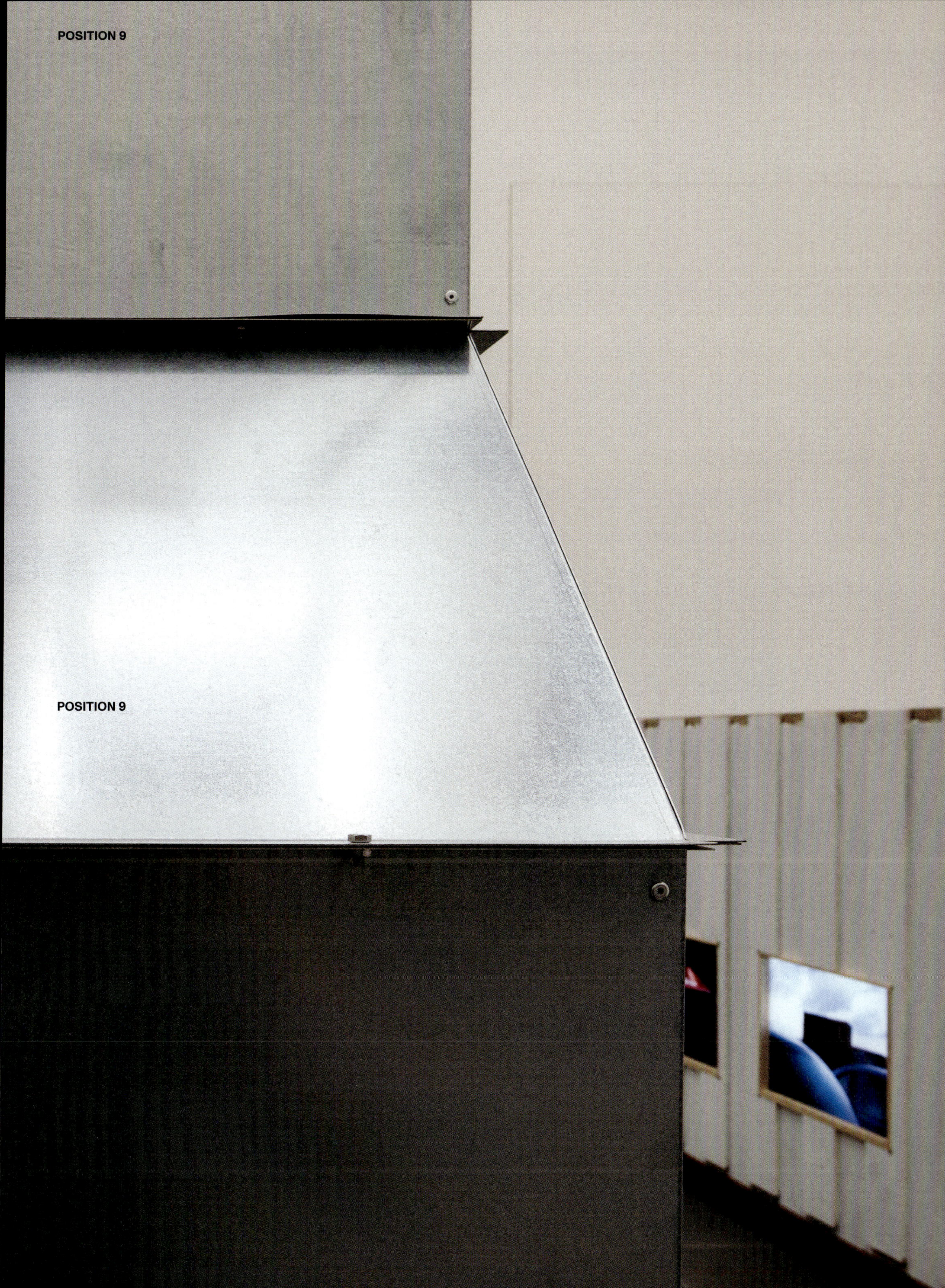

POSITION 9
POSITION 9

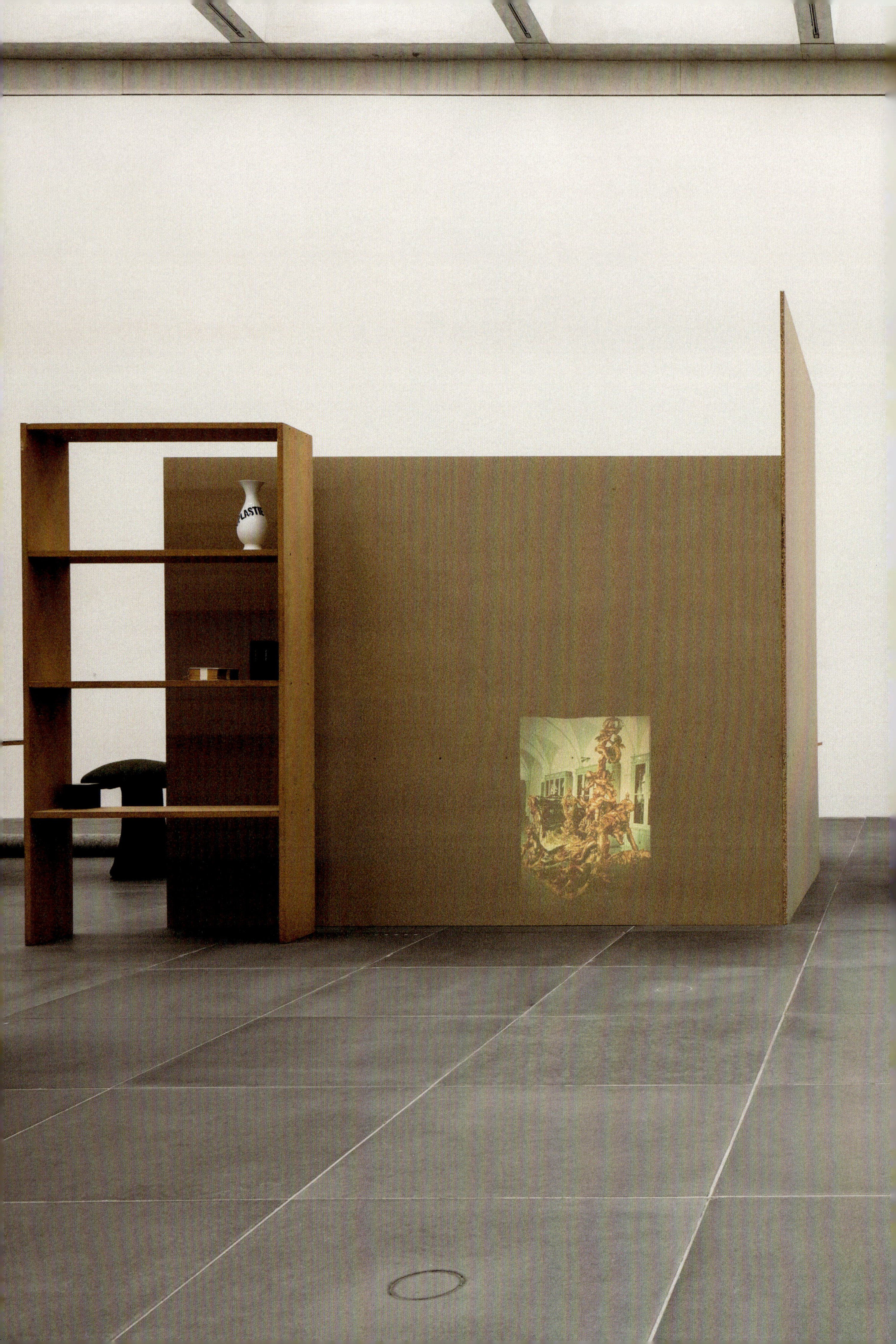

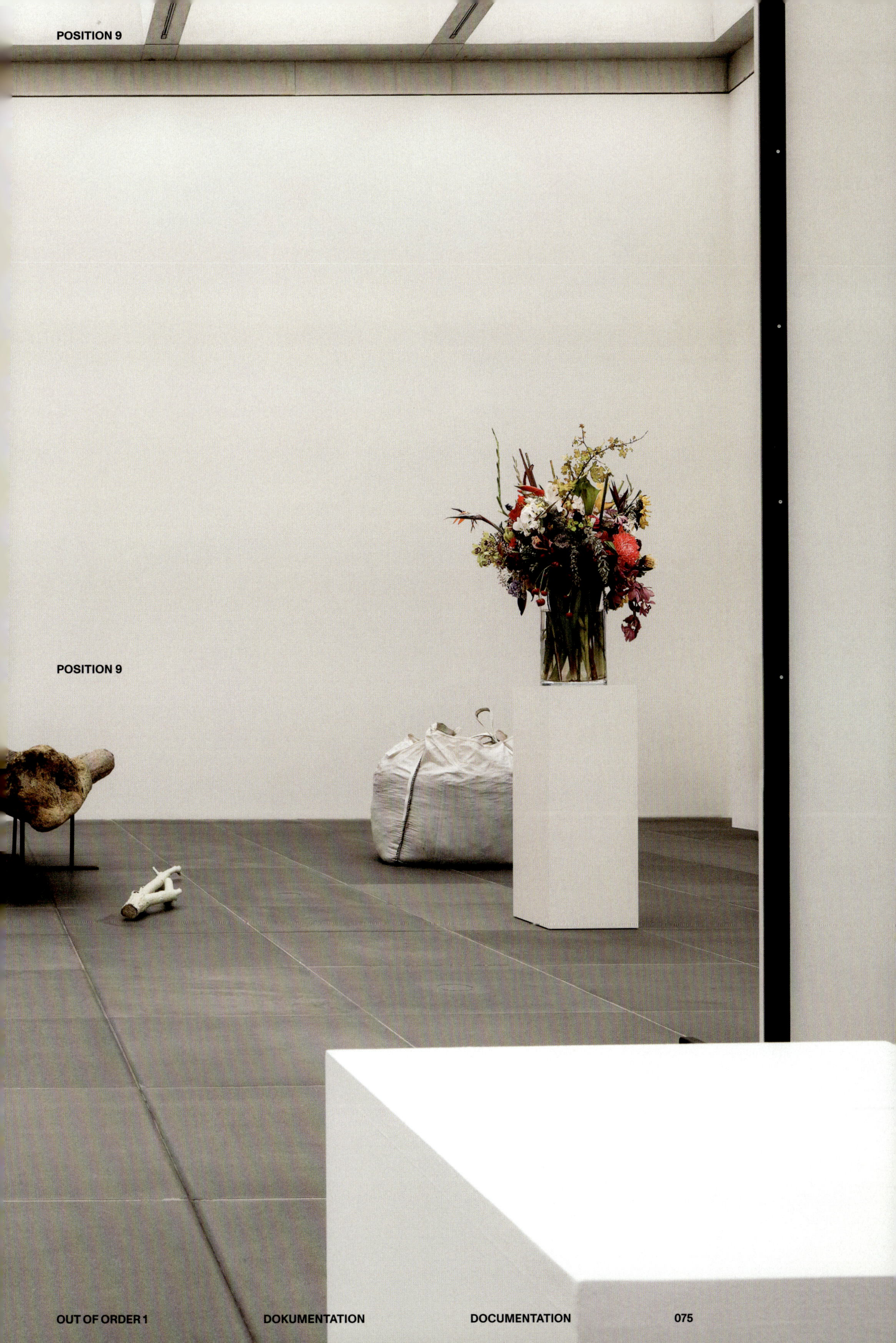
POSITION 9

INDEX

Mein Name ist Axel Haubrok. Meine Frau und ich sammeln seit mehr als 30 Jahren zeitgenössische Kunst. Eigentlich haben wir wie jeder andere angefangen: mit Fotos, mit Bildern, mit Malerei. Im Laufe der Zeit haben wir uns jedoch in Richtung Konzeptkunst weiterentwickelt. Uns bewegt seit jeher die Frage, was man überhaupt sammeln kann. Wir haben die Grenzen dessen, was möglich ist, immer weiter ausgetestet. Jetzt sind wir vom Neuen Museum Nürnberg eingeladen worden, einen Querschnitt unserer Sammlung zu zeigen. Das ist eine eher schwierige Aufgabe, weil sich in unserer Sammlung sehr unterschiedliche Arbeiten befinden. Hier, im ersten Teil von *Out of Order*, haben wir uns auf Readymades konzentriert, also Objekte des täglichen Lebens, die durch den Übergang und die Umsetzung in den kulturellen Kontext zu Kunst werden. Außerdem zeigen wir Installationen und Skulpturen. Der Ausstellungsraum an sich ist ein sehr wichtiger Faktor, weil die Arbeiten natürlich an jedem Ort anders aussehen. Eine so schöne große Halle findet man selten.

POSITION 1

My name is Axel Haubrok. My wife and I have been collecting contemporary art for more than thirty years. Originally, we started like everybody else: with photographs, with pictures, with paintings. Over time, however, we have gravitated towards conceptual art. The question of what is collectible at all drove us from the start and we increasingly tested the limits. Recently, we were invited by the Neues Museum Nuremberg to present a cross section of our collection—no easy task, since our collection consists of a broad diversity of works. Here, in the first part of *Out of Order*, we have focused on readymades, objects from everyday life which turn into art through their transition and transfer to a cultural context. Additionally, we present installations and sculptures. The exhibition space itself is a very important factor because the works look different in different environments. Only rarely do you find such a spacious and beautiful hall.

Zu Beginn sehen wir ein wunderschönes Bouquet des Künstlers Willem de Rooij. Willem hat vor vielen Jahren seinen Partner Jeroen de Rijke verloren und wusste lange nicht, wie es weitergehen soll. Die beiden hatten zuvor schon ähnliche Bouquets gemacht, die aber sehr streng waren. Dieses Bouquet ist ein ganz besonderes, weil es das erste ist, das er allein geschaffen hat, nachdem er wieder künstlerisch frei war. Wir sehen hier über 90 unterschiedliche Blumen und Blüten, die diese neue Freiheit symbolisieren. Ein solches Bouquet ist relativ aufwendig. Leider können wir es in dieser Form, in seiner vollen Schönheit, nur zweimal während der Laufzeit zeigen.

POSITION 2

At the beginning we see a beautiful bouquet by artist Willem de Rooij. Willem lost his partner Jeroen de Rijke many years ago and didn't know how to continue for a long time. The duo had created similar bouquets together, which were very meticulous. This bouquet is so special because it is the first he conceived on his own, after having regained his artistic freedom. We can see over ninety different flowers and blossoms symbolizing this freedom. A bouquet like this is relatively sumptuous. Unfortunately, we can only show it like this, in its full splendor, twice over the course of the exhibition.

1.070

Hier möchte ich Ihnen zwei Dinge verdeutlichen. Zum einen, wie wir die Ausstellung aufgebaut haben. Die Arbeiten sind nicht über die gesamte Bodenfläche verteilt, wie es normalerweise mit einer solchen Fülle an Ausstellungsstücken geschehen würde. Wir haben die Werke stattdessen bewusst verdichtet, weil auf diese Weise zwischen Kunstwerken, die ansonsten vielleicht keine enge Beziehung haben, eine besondere Beziehung entstehen kann. Und das finden wir sehr interessant. Es finden sich hier mehrere Arbeiten von Heimo Zobernig. Zum Beispiel die Platten, aber auch die Pappkartons. Heimo Zobernig ist einer der wichtigsten Künstler der Sammlung. Wir sammeln ihn seit vielen Jahren und haben auch mit ihm gemeinsam Ausstellungen durchgeführt, etwa eine Video-Ausstellung, die wir anschließend noch einmal in Berlin wiederholt haben, als der Katalog fertig war, und deren dritter Teil vor wenigen Wochen hier in Nürnberg im Kunstbunker stattgefunden hat. Ein großes Thema, das hier angesprochen wird, ist die Materialität: Pressspanplatten, Filzpilze oder auch Filzrollen und Pappkartons. Die Sichtbarkeit des Materials, die Tatsache, dass das Material an sich schon als Kunst verstanden wird, steht auch für etwas, das für die Sammlung sehr wichtig ist. Wir versuchen, den Dingen auf den Grund zu gehen, sie auf den Kern zu reduzieren – und das ist ein schönes Beispiel dafür. Auch hier wird deutlich, dass die formale Strenge in einer Ausstellung ein ganz wichtiger Gesichtspunkt ist, dass es aber mindestens genauso schön ist, diese formale Strenge wieder zu durchbrechen: durch den Pilz oder durch diesen

Baumstamm oder auch durch den Ast von Isa Genzken, der davor liegt. Also Regeln entwerfen und sie dann wieder brechen, das macht besonders viel Spaß. Es ist wichtig, dass eine gewisse Spannung in der Ausstellung entsteht.

1.094–1.106

1.002, 1.095

1.005, 1.025

Here, I would like to point out two things to you. Firstly, how we constructed the exhibition. The works aren't distributed evenly across the floor space, as would usually be the case with such an abundance of exhibits. Instead, we consciously condensed the works' spacing in order to enable special connections between works which otherwise wouldn't necessarily relate to each other, and that is something we find very interesting. You will find several works by Heimo Zobernig here. For example these slabs, but also cardboard boxes. Heimo Zobernig is one of the most eminent artists in our collection. We have been collecting his work for many years and have also executed exhibitions together, for example a video show which was presented once more in Berlin after the completion of the catalogue. The third part took place a few weeks ago at the Kunstbunker here in Nuremberg. An important subject addressed here is that of materiality: press boards, felt mushrooms but also felt rollers and cardboard boxes. The material's visibility, the fact that the material itself is already considered art, also represents something essential to the collection. We try to get to the bottom of things, to reduce them to the core— and this is an apt example. What also becomes clear here, is that while the aspect of formal stringency is crucial for an exhibition, it's at least as enjoyable to counteract it: by way of this mushroom or that tree trunk or the branch by Isa Genzken positioned in front of it. Making rules and then breaking them again is particularly fun. It is important for tension to build in an exhibition.

1.094–1.106

1.002, 1.095

1.005, 1.025

An dieser Stelle haben wir so etwas wie einen Skulpturengarten entworfen, in dem verschiedenste Objekte in Verbindung gesetzt worden sind. Uns war völlig egal, ob es Skulpturen oder gefundene Objekte sind, wie etwa dieses Sofakissen von Hans-Peter Feldmann, das ein typisches Bild für die deutsche Gemütlichkeit ist. Wenn man dieses Kissen auf die Spitze stellen würde, wäre es übrigens eine englische Skulptur, weil die Engländer Kissen auf diese Art aufstellen. Daneben sehen wir auch zwei kleine Autos von Hans-Peter Feldmann. Jeder fragt sich, wieso solche Spielzeugautos Kunst sein sollen. Für mich wäre es schon ausreichend, wenn sie als Kunst definiert würden. Aber in diesem Fall handelt es sich allein schon deshalb um ein Kunstwerk, weil der Künstler selbst sie angemalt hat. Feldmann holt so die Kunst vom Sockel. Vielleicht noch zu dieser Arbeit, dem schwarzen Ballon hinten in der Mitte: Die wenigsten von Ihnen werden erkennen, dass das ein Porträt von Michael Jackson ist. Wenn man etwas näher herantritt, sieht man, dass der Ballon seine Luft verliert und der Ton mit der Zeit bröckelt. Der Sockel entspricht der Größe von Michael Jackson. Es ist eine Arbeit des Afroamerikaners Rodney McMillian, die übrigens vor dem Tod des Popstars entstanden ist. Zwei Arbeiten dieser Gruppe hier sind in der FAHRBEREITSCHAFT, unserem Ort in Berlin, gefertigt worden: ein Terrakotta-Fuß der Künstlerin Judith Hopf und ein violetter Oktopus-Arm auf einem Sockel. Sowohl Judith Hopf als auch David Zink Yi haben ihre Studios bei uns in Berlin. Auf diesem braunen Sockel sehen Sie meine Frau und mich – ich hatte einen gebrochenen Arm zu der Zeit – mit unserem Sohn Konstantin. Dies ist eine Arbeit von Karin Sander, für die wir abgescannt und verkleinert wurden. Es gibt vergleichbare Miniaturisierungen, die heute kommerziell produziert werden, aber das ist egal: Die Arbeit wird dadurch zur Kunst, dass sie von der Künstlerin dazu erklärt wird.

1.021

1.019

1.052

1.041, 1.093

1.071, 1.072

POSITION 4

Here, we conceived a kind of sculpture garden combining a diversity of objects. We didn't care whether they were sculptures or found objects like this throw pillow by Hans-Peter Feldmann, a typical icon for German gemütlichkeit. By the way: if you placed this pillow on one of its corners, it would be a British sculpture because that's how the British like to arrange their cushions. Next to it we also see two little cars by Hans-Peter Feldmann. People wonder what makes toy cars like this art. Personally, I find it sufficient if they are simply defined as art. In this case, however, there is no doubt about their status as an art work given that the artist himself painted them. In this way, Feldman pulls art off the pedestal. Let me perhaps say a few words about this work, the black balloon at the center back there: only very few of you will recognize this as a portrait of Michael Jackson. If you come closer, you will see that the balloon is deflating and that the clay is slowly crumbling over time. The pedestal has the same height as Michael Jackson. This is a work by African-American artist Rodney McMillian which, by the way, was created before the pop star passed away. Two works in this group were produced at FAHRBEREITSCHAFT, our space in Berlin: a terracotta foot by artist Judith Hopf and a violet octopus limb on a pedestal. Both Judith Hopf and David Zink Yi have their studios at our space in Berlin. On this brown pedestal you see my wife and myself—my arm was broken at the time—and our son Konstantin. This is a work by Karin Sander for which we were scanned and then shrunk. Similar miniaturizations are produced commercially today but that doesn't matter: the work only becomes art when it is labeled as such by the artist.

1.021

1.019

1.052

1.041, 1.093

1.071, 1.072

Das größte Glück eines Sammlers ist natürlich, wenn man etwas entdeckt, bevor es andere tun. In unserer dreißigjährigen Sammlertätigkeit ist uns das das eine oder andere Mal gelungen. Ein besonders schönes Beispiel dafür ist dieser Ventilator von Haegue Yang, einer koreanischen Künstlerin. Wir haben vor fast 15 Jahren eine Installation mit allen Arbeiten erworben, die sie bis zu dem Zeitpunkt nicht verkaufen konnte. Sie hatte aus Platzgründen ein sogenanntes *Storage Piece* entwickelt, in das alle Arbeiten inkorporiert waren. Wenn diese Arbeiten auf der Messe, wo sie angeboten wurden, nicht verkauft worden wären, hätte die Künstlerin sie anschließend schreddern lassen. Das heißt also, wir haben sie quasi gerettet. Dieses *Storage Piece* ist anschließend vielfach gezeigt worden und wenige Monate nach der Messe nach São Paulo auf die Biennale gegangen. Heute ist Haegue Yang mit mehreren Documenta- und Biennale-Teilnahmen eine der bekanntesten asiatischen Künstlerinnen. Eine ähnliche Geschichte gibt es zu dieser Stahlskulptur zu erzählen. Vielleicht können Sie erkennen, dass es sich um einen Stuhl von Marcel Breuer handelt, der gewaltsam auseinandergebogen wurde. Es ist eine von mehreren Arbeiten, die wir von Wade Guyton gekauft haben, bevor er überhaupt eine Galerie hatte. Auch Wade Guyton wird heute sehr hoch gehandelt. Zeitnah zu dieser Ausstellung im Neuen Museum findet eine große Retrospektive von ihm im Museum Ludwig in Köln statt, die auch eine sehr frühe Arbeit aus unserer Sammlung präsentiert. Auf der anderen Seite sehen wir ein etwas

merkwürdig anmutendes Fahrzeug. Dahinter verbirgt sich eine Umwandlung von einem Auto in eine Lampe von Poul Henningsen, eine Designikone. Am Auto erkennt man, dass eine Materialtransformation stattgefunden hat: Das Blech des Daihatsu ist jetzt Teil der Lampe und das Material der Lampe hat seinen Weg in den Daihatsu gefunden. Der Künstler hat an dem Auto die Stellen gesucht, deren Biegung von der Form her genau in die Lampe passen. Dann hat er die entsprechende Form aus dem Wagen ausgeschnitten und in die Lampe gesetzt sowie das Metall aus der hochwertigen Henningsen-Lampe in das Auto eingebaut.

1.081

1.092

1.029

POSITION 5

A collector's greatest joy is, of course, to discover something first. In the thirty years we have been collecting art, this happened to us several times. One especially good example is this ventilator by Korean artist Haegue Yang. Almost fifteen years ago we acquired an installation consisting of all the works she hadn't sold at that point. Because she was running out of space, she had created this *Storage Piece* which incorporated her entire work. If the works hadn't been sold at the fair she presented them at, the artist would have had them destroyed afterwards. So, in a way, we saved them. The *Storage Piece* was later exhibited on numerous occasions and was shown at the São Paulo Biennale a few months after the fair. Today, Haegue Yang is among the most widely known Asian artists and her works have been presented at various biennials and at documenta. There is a similar story behind this steel sculpture. Perhaps you can tell it is a Marcel Breuer chair that was forcefully bent apart. This is one of several works we bought from Wade Guyton before he even had a gallery. Wade Guyton is also a highly traded artist today. Almost concurrently with this exhibition in Nuremberg, the Museum Ludwig in Cologne is presenting a large retrospective in which a very early work form our collection is also featured. On the other side we see a slightly strange looking vehicle, the result of a transformation of a car into a lamp by Poul Henningsen, a design icon. If you look at the car, you can observe the material transformation that has taken place: the Daihatsu's metal is now part of the lamp and the lamp's material has found its way into the Daihatsu. The artist looked for places in the car where the curved forms

exactly fit the lamp. He then cut those parts out and installed them in the lamp and in exchange transferred metal from the high quality Henningsen lamp into the car.

1.092

1.029

1.081

In diesem Bereich sieht es ein bisschen aus wie bei uns zu Hause. Es gibt Stühle, einen Paravent, einen Tisch und eine Lampe. Das sind auch wirklich Dinge, mit denen wir leben. Und es macht Spaß, in dieser Kunst zu leben, weil man nicht nur auf das beschränkt ist, was an den Wänden hängt, wie es vielleicht in anderen Familien zu Hause üblich ist. Wir haben so immer eine enge Verbindung zu den Künstlern. Das betrifft natürlich nicht unser ganzes Inventar, während der Ausstellung müssen wir nicht im Stehen schlafen. Manche Dinge sind einfach zu Hause geblieben, zum Beispiel das wunderbare Sofa meiner Frau von Franz West, von dem unter anderem auch der Paravent, der Tisch und der Stuhl hier sind. Vielleicht stellen Sie sich die Frage: Darf man sich auf einen Stuhl, der hier steht, setzen oder nicht? Das ist jeweils vom Künstler definiert worden. Die Sitzbank in der Mitte des Raumes ist eine Arbeit von Heimo Zobernig, die extra dafür gemacht ist, dass sich Besucher darauf setzen. Wenn man sich diese Bank nach der Ausstellung wieder anschaut, sieht sie natürlich nicht mehr so schön sauber aus wie jetzt. Dafür gibt es die Vorschrift, diese Bank wieder neu weiß zu streichen. Das heißt, mit jeder Ausstellung wird die Bank dicker. Das, finde ich, ist ein interessanter Aspekt: Wie man mit der Kunst umgehen soll, ist eigentlich immer vom Künstler definiert – ob es eine Arbeit ist, die nur anzuschauen ist oder auch benutzt werden soll. Franz West ist beispielsweise dafür bekannt, dass er viele Dinge gemacht hat, mit denen man direkt umgehen, die man in die Hand nehmen soll. So entsteht eine Interaktion zwischen Künstler und Besucher.

1.085 – 1.090

1.103

POSITION 6

This section looks a little like our home. There are chairs, a room-divider, a table, and a lamp. We actually live with these things. It's fun to live with this kind of artworks because you are not restricted to what is on the walls as is perhaps the case in other family homes. In this way, we maintain a strong connection with the artists. Of course this is not our entire inventory, we don't have to sleep on our feet for the duration of this exhibition. Some things stayed at home, such as my wife's wonderful Franz West sofa; the room-divider, the table, and the chair you see here are from said artist, among others. Perhaps you ask yourself: is it okay to sit on a chair here, or not? This is an issue the artists determine individually in each case. The bench at the center of the room is a work by Heimo Zobernig, which was created especially for viewers to sit on. After the exhibition the bench of course doesn't look as nice and clean anymore as it does now. Hence there is the rule that the bench must be repainted in white, which means that it gets thicker with every exhibition. To me, this is an interesting aspect: how art is to be treated is almost always defined by the respective artist—whether it is a work only to be looked at or also to be put to use. Franz West, for example, is known for having created many works intended for direct use, to be taken into one's hands, thus initiating an interaction between the artist and the viewer.

1.085 – 1.090

1.103

In diesem Bereich sind einige Arbeiten, die zunächst etwas absurd anmuten. Sie haben aber eine große Bedeutung für die Sammlung. Von Martin Creed sehen Sie beispielsweise zwei zusammengeknüllte Blätter Papier, die auf den ersten Blick gleich aussehen. Sie sind es aber nicht. Das eine ist ein DIN-A4-Papier, das andere ein US-Letter-Format. Martin Creed ist ein Künstler, der an die Grenze geht: Was alles kann ich als Kunst bezeichnen? Diese bunte kleine Farbskulptur ist einfach mit Farbe beworfen worden. Martin hat sie durch seine Signatur zur eigenen Arbeit erklärt. Darüber hinaus haben wir zum Beispiel von Martin Creed die Arbeit *Lights Off* in der Sammlung – bei der es nur darum geht, einen Raum zu verdunkeln. Die Empfindung in diesem Raum wird eine vollkommen andere, wenn man sich an die Dunkelheit gewöhnt hat. Wir haben diese Arbeit mehrfach gezeigt – auch bei uns in der Wohnung. Das war sehr interessant, weil wir erst Tage später erfahren haben, wer eigentlich bei uns zu Besuch war. Neben Martin Creed gibt es hier einen leeren Sockel mit einer leeren Plexiglashaube zu sehen. Diese Arbeit steht für einen über zehn Jahre laufenden Vertrag, den ich mit Jonathan Monk abgeschlossen habe: Von 2004 bis 2013 hat der Künstler von mir jeweils zu Beginn des Jahres eine bestimmte Summe bekommen und mir dafür im Laufe des Jahres eine Arbeit gegeben. Es gibt verschiedene Arbeiten hier in der Ausstellung, die aus diesem Vertrag entstanden sind. Die beiden Uhren, die da hinten stehen, und die Metallplatten, die auf dem Boden liegen, sind zum Beispiel Ergebnisse dieses Austausches. Die letzte Arbeit – nach zehn Jahren – ist dieser leere Sockel mit Haube. Er dient dazu, die ganze Geschichte noch einmal umzudrehen. Diese Arbeit heißt *What Remains*. Ich erhalte nun jedes Jahr den Rest einer Arbeit, den er nicht mehr verwenden konnte. Auf diesem Sockel lagen schon kaputte Glühbirnen, Reste von Fritteusen oder abgespielte DVDs. Unser Zehnjahresvertrag ist von Jonathan im Endeffekt um weitere zehn Jahre verlängert worden. Mal sehen, was im Jahr 2023 passiert.

1.014, 1.015

1.055 – 1.058

POSITION 7

The works in this section may appear somewhat absurd at first. However, they are of great relevance for the collection. You can see two crumpled pieces of paper by Martin Creed, which appear identical, when, in fact, they aren't. One is A4 paper, the other a US letter format. Martin Creed is an artist who goes all out: what can I call art? This colorful little sculpture was simply pelted with paint. By signing it, Martin declared it his work. We also hold Martin Creed's work *Lights Off* in our collection, which consists of darkening the room. The sensations you have in this room change completely once you have grown used to the dark. We have shown this work numerous times—including in our own apartment. That was an interesting experience because we only found out days later who had actually come to visit. Next to Martin Creed's work there is an empty pedestal with an acrylic display case. This work represents a ten year contract I signed with Jonathan Monk: from 2004 to 2013 the artist received a certain amount of money from me at the beginning of every year and in exchange gave me one work every year. Several works in this exhibition hail from this contract. The two clocks back there and the metal plates on the floor, for example, are results of this transaction. The last work, after ten years, was this pedestal with the case. It reverses the story. The work is titled *What Remains*. Now, every year I receive the remainders, things he didn't use for his works. This pedestal has featured broken light bulbs, bits of deep friers, and used DVDs. So, in effect, Jonathan extended our ten-year-contract by another ten years. We'll see what happens in 2023.

1.014, 1.015

1.055 – 1.058

Seit vielen Jahren sammeln wir auch „politische" Arbeiten. Diese Arbeit heißt *Untitled (Feeders)* – es sind Gerätschaften zum Füttern von Tieren: von Kühen, Hühnern und Pferden bis hin zu kleinen Vögeln. Die Arbeit stammt von Rodney McMillian. Er ist ein afroamerikanischer Künstler und es geht ihm in diesem Fall um das Domestizieren und das Ausnutzen, um die Tatsache, dass weiße Farmer Nutztiere möglichst effizient mästen. Er zieht so Parallelen zum Umgang Weißer mit afroamerikanischen Arbeitern.   1.053

Daneben ist eine Arbeit der Künstlergruppe Claire Fontaine, die meiner Meinung nach ziemlich interessant ist. Hier liegt ein Schlüsselbund mit Dietrich, der den Eindruck erweckt, man könne damit in so manches Haus in Aspen, Colorado, kommen. Davor   1.023

sehen wir einen blauen Kinderanorak, der einsam und vergessen auf einem Poller an der Straße hängt. Welche Geschichte dahinter steht, wissen wir natürlich nicht, aber jeder, der Kinder in der Größe hat, bekommt ein flaues Gefühl, wenn irgendwo so ein einsamer Anorak herumhängt. Was ist passiert?   1.022

Last but not least ist hier ein Vorschlaghammer von Klaus Rinke zu sehen. Dieser Hammer und eine Tafel mit der Aufschrift: „Ich stelle mich dem kritischen Publikum" sagt viel über seine Haltung als Künstler aus. Klaus Rinke hat sein Leben lang eine extreme Position vertreten. Er hat seit den Sechzigerjahren Ausstellungen gemacht, die oft kaum verstanden wurden. Und dies, obwohl er sehr wichtige Arbeiten geschaffen hat, die sich mit Phänomenen wie Zeit und Wasser auseinandersetzen. Unsere Arbeit thematisiert seine künstlerische Haltung.   1.069

POSITION 8

We have also been collecting "political" works for many years. This work is titled *Untitled (Feeders)*—it consists of animal feeding equipment: for cows, chickens, horses to small birds. The work was created by Rodney McMillian. He is an African-American artist and in this case he is concerned with domestication and exploitation, the fact that white farmers fatten farm animals as efficiently as possible. He thus draws parallels to the treatment of African-American laborers by white people. Next to it is a work by artist   1.053

group Claire Fontaine, which I think is quite interesting. There is a bunch of keys with a a lock pick conveying the impression that you could get into many a house with it in Aspen, Colorado.   1.023

In the front we see a lonely and forgotten blue children's jacket on a bollard on the street. Of course we don't know the story behind it, but anyone who has children of this size gets a queasy feeling when there's a single jacket hanging around somewhere like this. What happened? Last but not least you   1.022

can see a sledgehammer by Klaus Rinke here. This hammer and a panel with the inscription: "I present myself to the critical audience" says a lot about his approach as an artist. Klaus Rinke has held an extreme position throughout his life. Since the sixties, he has been making exhibitions that were often barely understood—even though he has created very important works dealing with phenomena such as time and water. Our work focuses on his artistic stance.   1.069

Ich finde, ein sehr wichtiger Aspekt zur Beurteilung von Kunst ist die Haltung eines Künstlers. Wir haben auch schon ganze Ausstellungen zum Thema „Haltung" gemacht. Diese beiden Metallskulpturen sind Arbeiten der Künstlerin Charlotte Posenenske. Die Künstlerin hat allerdings nur die Grundformen entwickelt und der Käufer, der Sammler, kann daraus Skulpturen so bauen, wie er das möchte. Der partizipative Gedanke, den wir schon angesprochen hatten, ist hier auf die Spitze getrieben. Bei Charlotte Posenenske ging es aber noch weiter. Sie beschloss im Jahr 1968 – aus der Zeit stammen diese Arbeiten – nicht weiter als Künstlerin tätig zu sein, sondern in die direkte Interaktion zwischen Menschen zu treten. Sie hat sich der Sozialarbeit zugewandt. Ein weiteres Beispiel für solch eine konsequente Haltung ist zuletzt der Kreidekreis, den wir hier auf dem Boden sehen, von Ian Wilson, einem sehr profund arbeitenden Künstler. Im selben Jahr, 1968, beschloss er, einen Kreis in seiner Körpergröße auf den Boden zeichnen zu lassen. Und das war dann auch die letzte Arbeit im Bereich der bildenden Kunst, die er gemacht hat. Hier ging es ihm um die Entscheidung: Will ich Teil der Kunstwelt sein oder bin ich außerhalb der Kunst? Inwieweit identifiziere ich mich mit einer bildenden Kunst, die sich durch sichtbare Kunstwerke ausdrückt? Er hat die Entscheidung getroffen, sich mit der klassischen Kunst nicht länger zu identifizieren und seitdem nur noch Diskussionen über Kunst geführt, beispielweise über die Bedeutung des Absoluten in der Kunst. Wir freuen uns sehr, dass wir 2013 eine dieser Diskussionen zur Eröffnung der FAHRBEREITSCHAFT in Berlin ausrichten konnten.

Meine Damen und Herren, jetzt sind wir auch schon am Ende angekommen. Ich danke Ihnen für Ihr Interesse. Ich hoffe, dass ich Ihnen einige Dinge vermitteln konnte, die Ihnen dabei helfen, auch Spaß mit vermeintlich spröder Kunst zu haben. So ein Einstieg ist immer wichtig. Deswegen habe ich diese Führung sehr gerne gemacht.

1.066

1.091

POSITION 9

To me, a very important aspect when evaluating art is the stance of an artist. We have created entire exhibitions on the subject of "attitude". These two metal sculptures are works by Charlotte Posenenske. However, the artist only developed the basic forms, and the buyer, the collector, can build sculptures from them as they wish. The participatory idea, addressed previously, was taken to extremes here. In the case of Charlotte Posenenske, however, this is not where it ended. In 1968—the time these works were created—she decided to stop working as an artist and to enter into direct human interaction instead. She turned to social work. Another example of such a consistent stance is the chalk circle we see here on the ground by Ian Wilson, an artist with a very profound artistic practice. In the same year, 1968, he decided to have a circle of the size of his body drawn on the floor. And that was the last work he created in the field of visual arts. Here, he was concerned with the question: do I want to be part of the art world or am I outside art? To what extent do I identify with a visual art that expresses itself through visible works of art? He decided to no longer identify with classical art and has only held discussions about art, for example about the significance of the absolute in art, since. We were delighted to be able to host one of these discussions for the opening of the FAHRBEREITSCHAFT in Berlin in 2013.

1.066

1.091

Ladies and gentlemen, we have already reached the end of our journey. Thank you for your interest. I hope I was able to convey some points that will help you enjoy supposedly aloof art. An introduction like this is always important, hence it was a pleasure to create this guided tour.

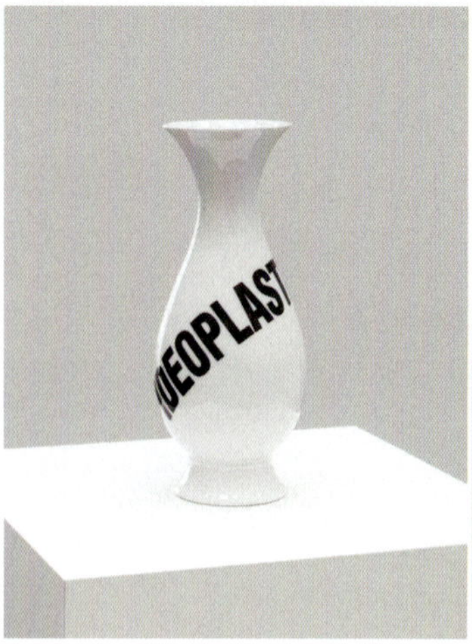

DEOPLAST

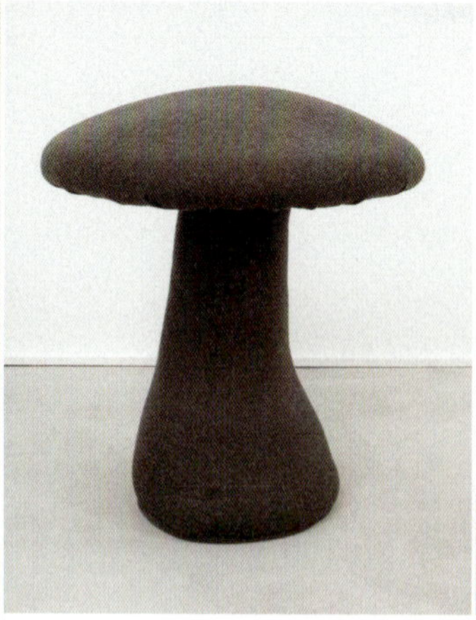

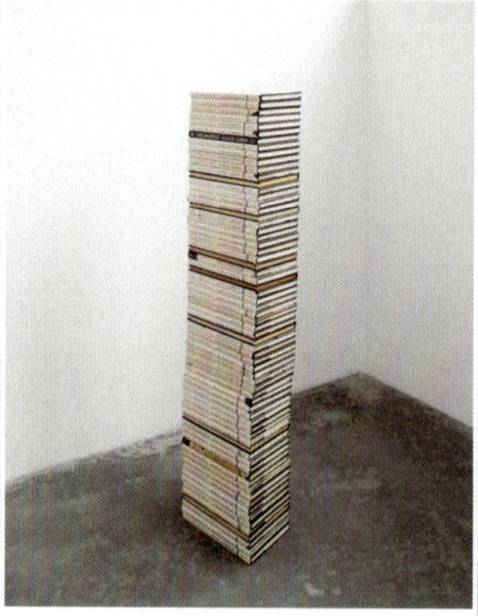

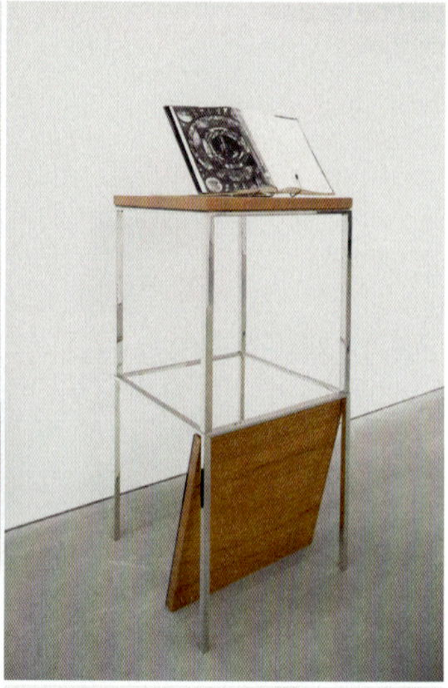

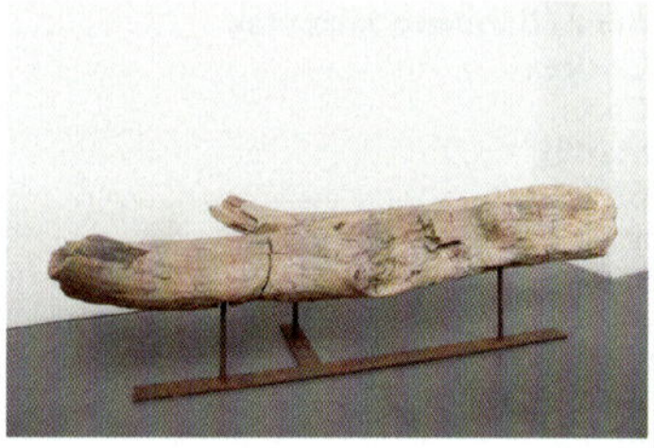

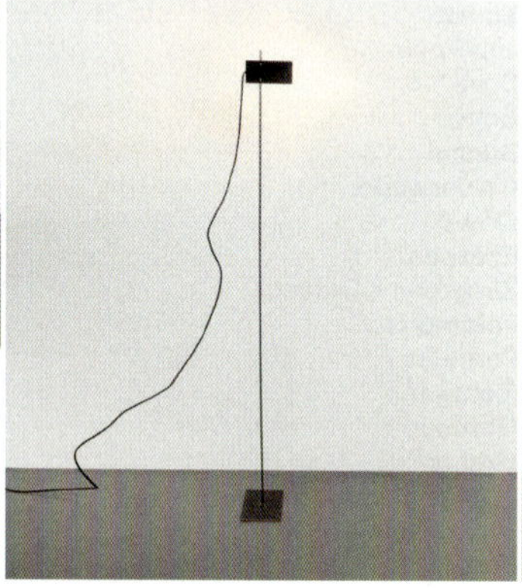

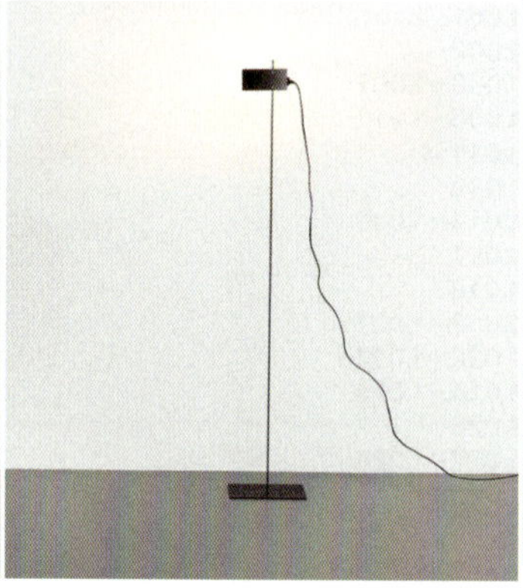

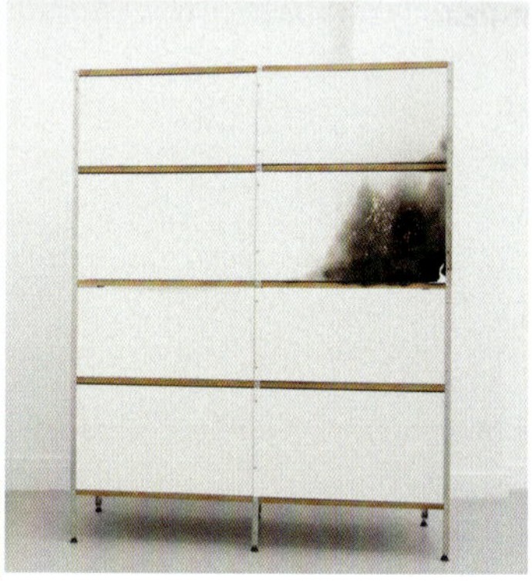

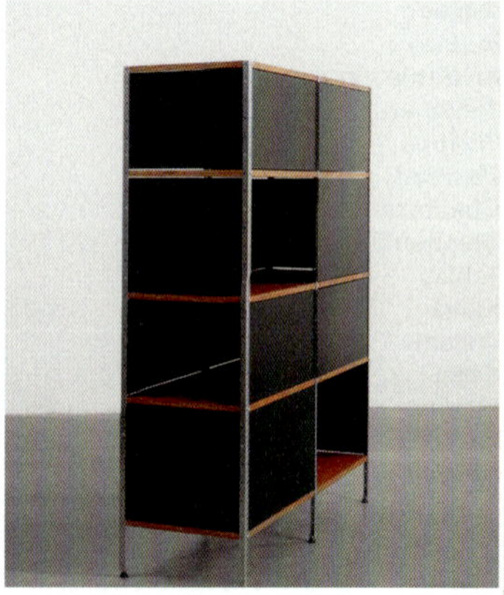

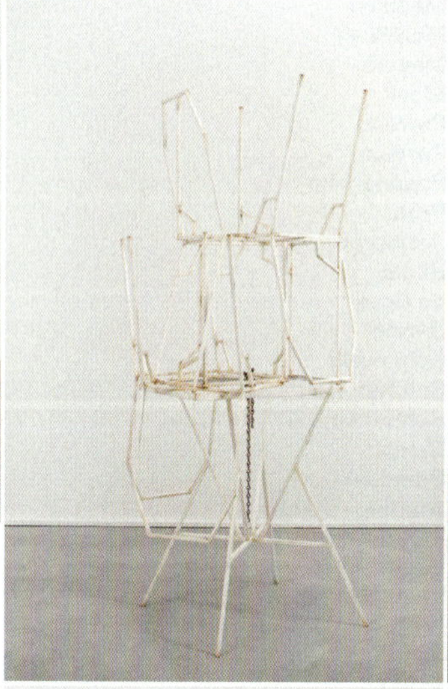

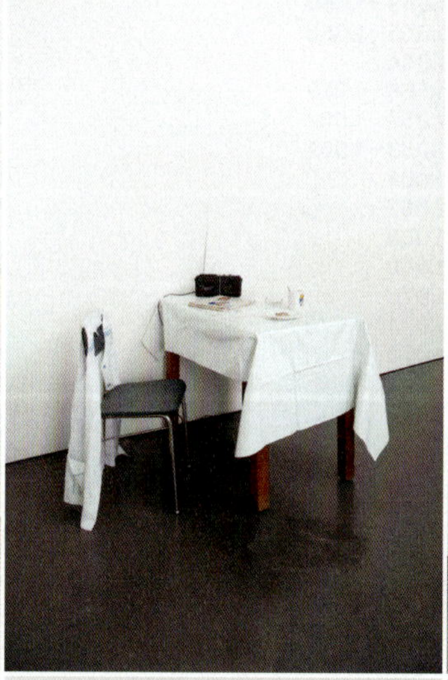

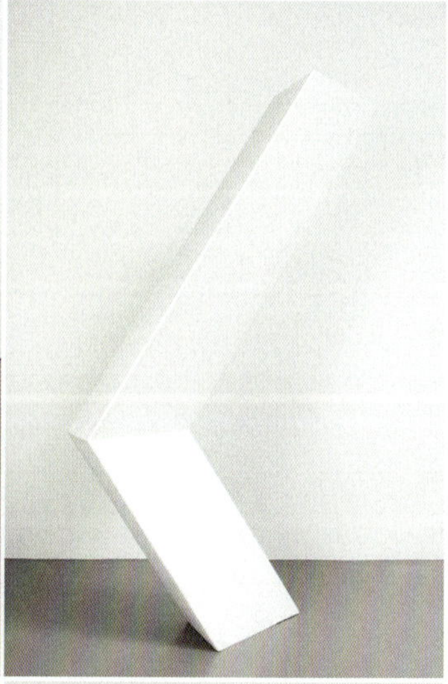

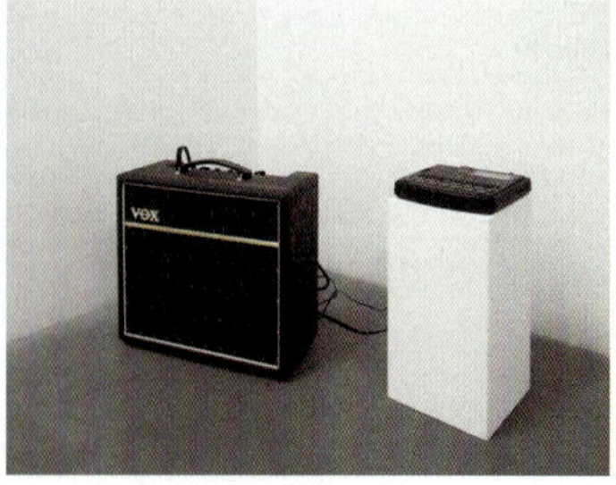

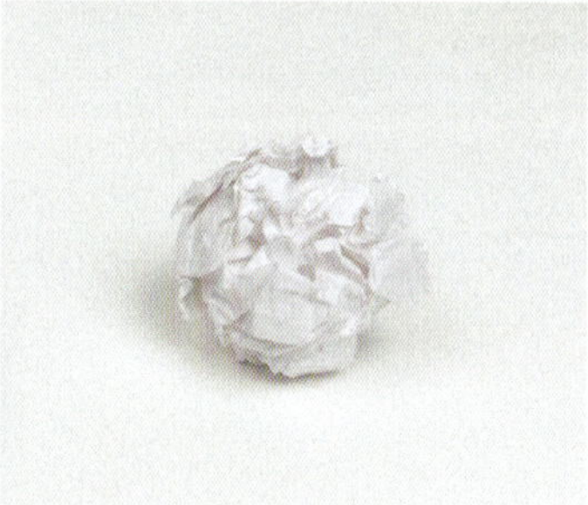

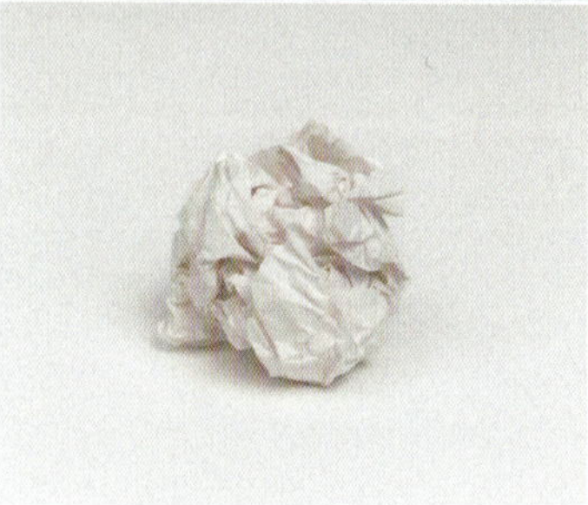

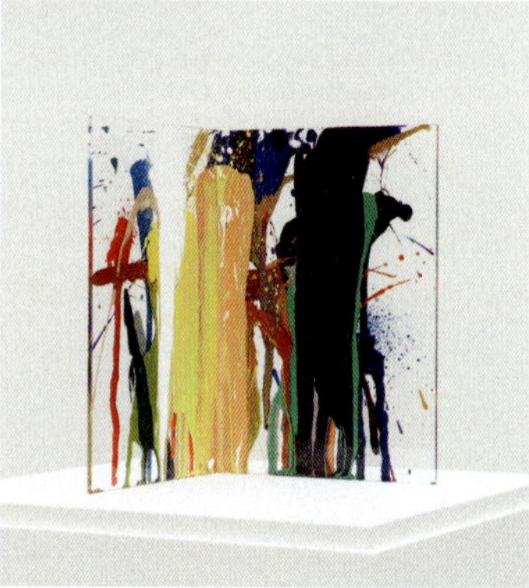

1.001
Blume, Anna / Bernhard Johannes

Ideoplastie (Aktionsvase), 1993,
Keramikvase mit eingebranntem
Schriftzug / Ceramic vase with baked
in text, 29 × 13 × 13 cm

1.002
von Bonin, Cosima

Gertrude Jekyll (#17), 2000, grüner
Loden, Holz, Schaumstoff / Green
loden, wood, foam, 70 × 60 × 60 cm

1.003
Bove, Carol

Tower of the Prophet, 2002,
68 gebrauchte Bücher (Kahlil
Gibrans *The Prophet*) / 68 used books
(Kahlil Gibran's *The Prophet*),
102 × 21,5 × 14,5 cm

1.004
Bove, Carol

Vegetables (Land and Sea), 2003, Holz,
Metalltischgestelle, Spiegel, Bücher,
Buchständer / Wood, metal table stands,
mirror, books, book stand,
121 × 46 × 46 cm

1.005
Bove, Carol

*The Rite of Universal Intercourse
(Driftwood Bench)*, 2004, vorge-
fundenes Treibholz, Stahl / Found
driftwood, steel, 94 × 310 × 106 cm

1.006
Bove, Carol

Ohne Titel / Untitled, 2010, Stahl,
lackiertes Messing, elektrische
Komponenten / Steel, painted brass,
electrical components,
165 × 30,5 × 15,2 cm

1.007
Bove, Carol

Ohne Titel / Untitled, 2010, Stahl,
lackiertes Messing, elektrische
Komponenten / Steel, painted brass,
electrical components,
165 × 15,2 × 30,5 cm

1.008
Boyce, Martin

White Disaster, 2000, verzinkter Stahl,
Sperrholz, lackiertes MDF / Galvanized
steel, plywood, painted MDF,
150 × 120 × 41 cm

1.009
Boyce, Martin

You Are Somewhere Inside, 2000,
verzinkter Stahl, Sperrholz, lackiertes
MDF / Galvanized steel, plywood,
painted MDF, 150 × 120 × 41 cm

1.010
Boyce, Martin

Satellite, 2014, lackierter und
angefärbter Stahl, gerostete
Kette / Lacquered and stained steel,
rusted chain, 160 × 80 × 90 cm

1.011
Büchel, Christoph

*Ohne Titel (Düsseldorf) / Untitled
(Düsseldorf)*, 2001/2006, Tisch, Stuhl,
Kittel, Plastiktischdecke, Radio,
Aschenbecher, Kippen, Tasse, Magazin
(Kreuzworträtsel), Tageszeitung, Teller,
Wechselgeld / Table, chair, working
vest, plastic table cover, radio, ashtray,
cigarette butts, cup, magazine
(crossword puzzle), daily newspaper,
plate, change, Maße variabel /
dimensions variable

1.012
Calderwood, Matt

Ohne Titel / Untitled, 2008,
gestrichenes Sperrholz / Painted
plywood, 200 × 40 × 100 cm

1.013
Creed, Martin

*Work No. 122: All the Sounds on a Drum
Machine*, 1995–2000, Drum-Machine,
Vox-Gitarrenverstärker, Kabel, Sockel /
Drum machine, Vox guitar amplifier,
cables, plinth, Maße variabel /
dimensions variable

1.014
Creed, Martin

*Work No. 88: A Sheet of A4 Paper
Crumpled into a Ball*, 1995, weißes A4
Papier / White A4 paper, Ø 5,1 cm

1.015
Creed, Martin

*Work No. 218: A Sheet of Paper
crumpled into a Ball*, 1999, weißes
US-Briefpapier / White US stationery,
Ø 5,5 cm

1.016
Creed, Martin

Work No. 2609, 2015, 28 Acrylfarben,
von Hand auf Plexiglas geworfen /
28 acrylic colours, hand thrown on
perspex, 21 × 15,3 × 21,5 cm

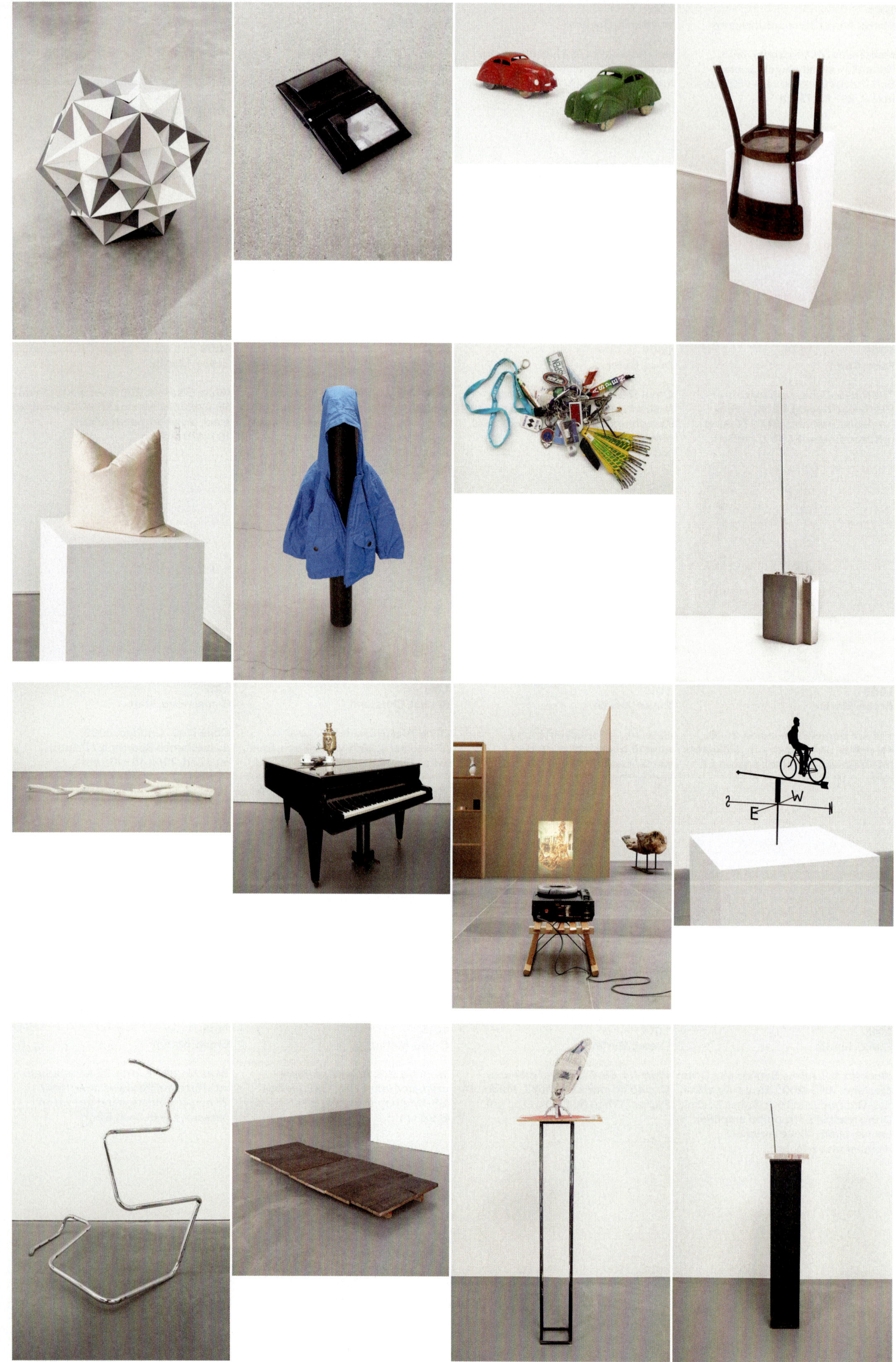

1.017
Elíasson, Ólafur

3D Fivefold Symmetry, 2000,
Karton / Cardboard, 50 × 50 × 50 cm

1.018
Elmgreen & Dragset

Gefundene Identität, 2009, Leder-
portemonnaie, mit verschiedenen
Gegenständen gefüllt / Leather wallet
filled with mixed media, 2 × 10,5 × 8 cm

1.019
Feldmann, Hans-Peter

Autos / Cars, 1999, zwei übermalte
Spielzeugautos / Two repainted toy
cars, je / each 4 × 11 × 5 cm

1.020
Feldmann, Hans-Peter

Erinnerung an meine Zeit als Kellner,
2012, Kneipenstuhl, Sockel / Pub
chair, plinth, 85 × 45 × 45 cm und / and
84 × 52 × 54 cm

1.021
Feldmann, Hans-Peter

Kissen, 2015, Kissen (Bezug aus
Seide, Füllung aus Federn und Daunen),
Sockel / Pillow (cover: silk, filling:
down & feathers), plinth, Kissen / pillow
45 × 45 × 28 cm, Sockel / plinth
85 × 45 × 45 cm

1.022
Fontaine, Claire

*Ohne Titel (Lost & Found) / Untitled
(Lost & Found)*, 2011, modifizierter
Straßenpoller, Hülse, Kinderanorak /
Modified street bollard, sleeve,
bolt, children's coat, Maße variabel /
dimensions variable

1.023
Fontaine, Claire

Passe-Partout (Aspen), 2000, Säge-
blätter, Fahrradspeiche, Mini Maglite,
Schlüsselringe, Schlüsseldraht /
Hacksaw blades, bicycle spoke, mini
maglite, key rings and wires, Maße
variabel / dimensions variable

1.024
Genzken, Isa

Mutzi, 1992, Beton, Antenne / Concrete,
antenna, 37 × 10 × 4 cm

1.025
Genzken, Isa

Lighted Branches, 2004, Holzast, fluo-
reszierende Farbe / Wooden branch,
fluorescent paint, 10 × 160 × 20 cm

1.026
Gordon, Douglas

Sketch for AK-47 Samovar, 2012,
AK-47-Maschinengewehr, metallener
Samowar, Tassen, Untertassen,
Flügel / AK-47 machine gun, metal
samowar, cups, saucers, piano,
Maße variabel / dimensions variable

1.027
Graham, Rodney

*Continuous Transformation of the Form
of a Child's Sled into that of Another*,
2000, 80 Dias, Diaprojektor, Kinder-
schlitten / 80 slides, slide projector,
children's sled, Maße variabel /
dimensions variable

1.028
Graham, Rodney

Weather Vane, 2002, schwarze Emaille
auf rostfreiem Stahl / Black enemaled
stainless steel, 40 × 53,7 × 53,7 cm

1.029
Guyton, Wade

Untitled Action Sculpture (Breuer),
2003, modifiziertes Stahlgestell eines
Stuhls von Marcel Breuer / Altered
steel frame of a chair by Marcel Breuer,
99 × 81 × 82 cm

1.030
Haugaard Madsen, Lone

Raum #231-Pynt (005), 2009, Holz,
Nägel / Wood, nails, 10 × 200 × 80 cm

1.031
Haugaard Madsen, Lone

Raum #239-1, 2009, Aluminium,
Stacheldraht, Papier, Holz, Farbkreide,
Eisensockel / Aluminum, barbed wire,
paper, wood, crayon, iron plinth,
35 × 23 × 7 cm, Eisensockel / iron plinth
103 × 15 × 15 cm

1.032
Haugaard Madsen, Lone

Raum #239-2, 2009, Eisen, Holz, Farbe /
Steel, wood, paint, 27,5 × 5 × 35 cm,
Holzsockel / wooden plinth 111 × 15 × 19 cm

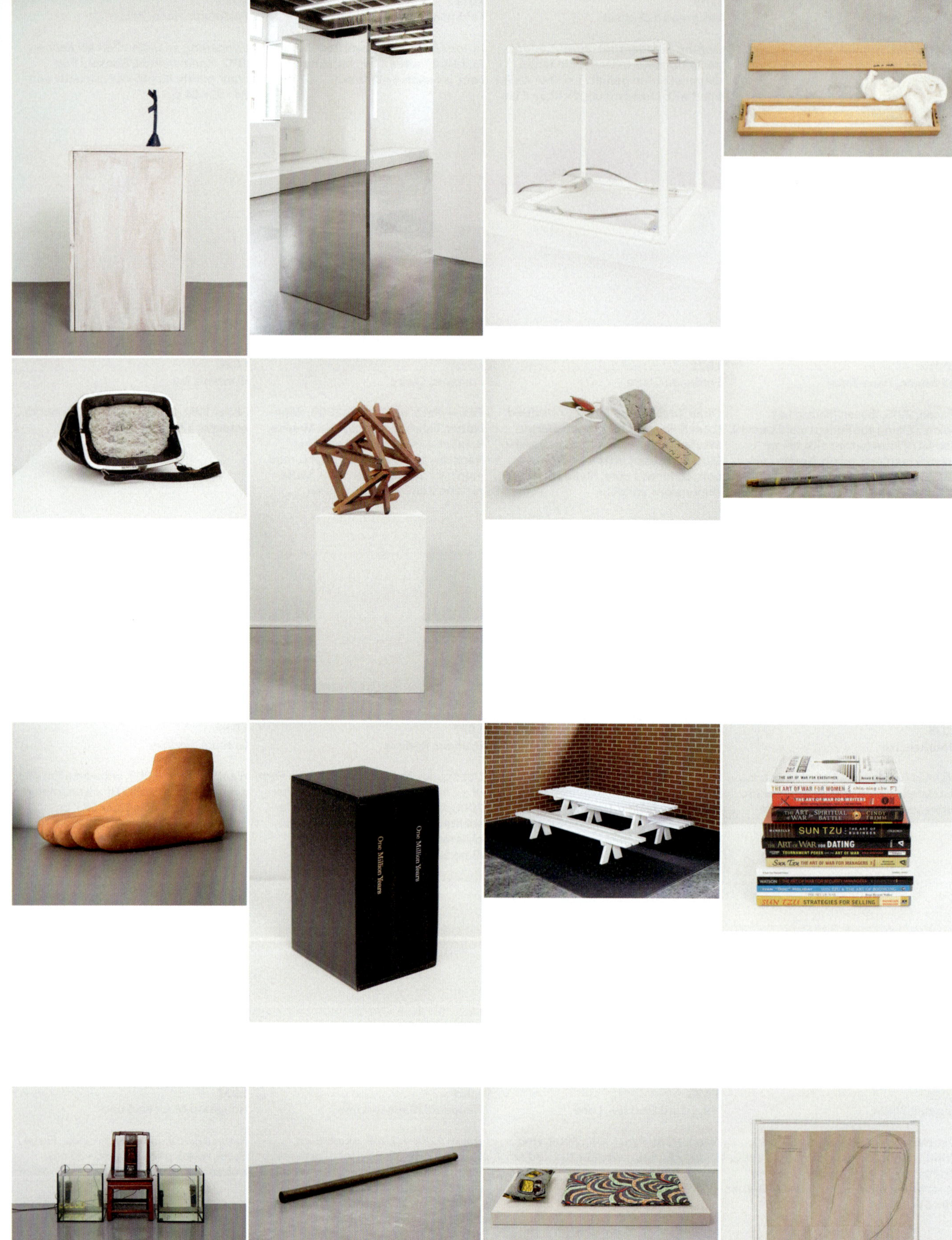

1.033
Haugaard Madsen, Lone

Raum #260-1, 2010, Holz, Bronze,
Farbe / Wood, bronze, paint,
32 × 7 × 6 cm, 103 × 65 × 20 cm

1.034
Hein, Jeppe

Mirror Angle, 2005, hochpolierter
Edelstahl (Super-Mirror), Aluminium /
Super mirror polished stainless steel,
aluminum, 230 × 100 × 100 cm

1.035
Hein, Jeppe

Small Neon Cube, 2006, Neonröhren,
elektrische Komponenten / Neon
tubes, electrical components,
30 × 30 × 30 cm

1.036
Herold, Georg

Latte in Watte, 1979/1989, Holzlatte,
Watte in Holzbox mit zwei Schlössern /
Batten, cotton wool in wooden box
with two locks, 7,4 × 90 × 31,6 cm

1.037
Herold, Georg

New York Hostess, 1986, Handtasche,
Beton / Handbag, concrete,
22 × 27 × 19 cm

1.038
Herold, Georg

Globus, 1986, Dachlatten, Holzschutz,
Spanplatte, Dispersion, Noppenfolie /
Battens, wood preserver, press board,
emulsion paint, bubble wrap,
64 × 60 × 47 cm, Sockel / plinth,
110 × 45 × 35,5 cm

1.039
Herold, Georg

*Ohne Titel (E. P. N. / WTC) / Untitled
(E. P. N. / WTC)*, 1987, Teesieb, Beton,
Plakette / Tea strainer, concrete,
plaque, 6 × 6 × 20 cm

1.040
Herold, Georg

Blind Order, 1990, gerollter Filz-Teppich,
Latten, Klebeband, Ziegelsteine, Farbe /
Rolled felt carpet, battens, tape, bricks,
paint, 15 × 303 × 27 cm

1.041
Hopf, Judith

Hand and Foot for Milan, 2018,
Terrakotta / Terracotta, 15 × 35 × 18 cm

1.042
Kawara, On

One Million Years, 1999, zwei Bücher,
Schuber / Two books, slipcase,
15 × 11,5 × 9 cm

1.043
Kern, Stefan

Sven, 1998, Aluminium, Lack /
Aluminum, lacquer, 59 × 150 × 216 cm

1.044
Laric, Oliver

Art of War, 2012, 13 Bücher (Sun Tzus
*The Art of War) / 13 Books (Sun Tzus'
The Art of War)*, Maße variabel /
dimensions variable

1.045
Laric, Oliver

Fish Spa, 2012, nachgeahmter
viktorianischer Chinoiserie-Stuhl,
zwei maßgefertigte Aquarien, Filter
und Heizungen, Reinigungslösung,
100 Handtücher, 60 junge Saugbarben
(Garra rufa) / Emulated Victorian
chinoiserie–chair, two custom made
aquariums, filters and heaters, cleans-
ing solution, 100 hand towels, 60 baby
garra-rufa-fish, 83 × 37 × 143 cm

1.046
Lieske, David

Form I (The Value of Things), 2008,
Bronze, 10 × 300 × 10 cm

1.047
Lieske, David

*Der afrikanische Stuhl von Marcel
Breuer und Gunta Stötzel aus der
Anfangszeit des Bauhauses, 80 Jahre
verschollen geglaubt nun aufgefunden
und nun erstmals präsentiert. (fig III)*,
2009, Sockel mit Buchleinen über-
zogen, Kinderbettdecke und -kissen,
Stoff / Pedestal coated with linen
bookcloth, children's cushion and
duvet, fabric, 26 × 160 × 80 cm

1.048
Lieske, David

*A Means to an End – To Make Ends Meet
(fig III) Edgar Varese Correspondence*,
2009, Original-Brief, Holz, Acrylglas,
Farbe, Dokumentationen, Briefum-
schlag / Original letter, wood, acrylic
glass, paint, documentations, envelope,
139 × 26,5 × 7 cm

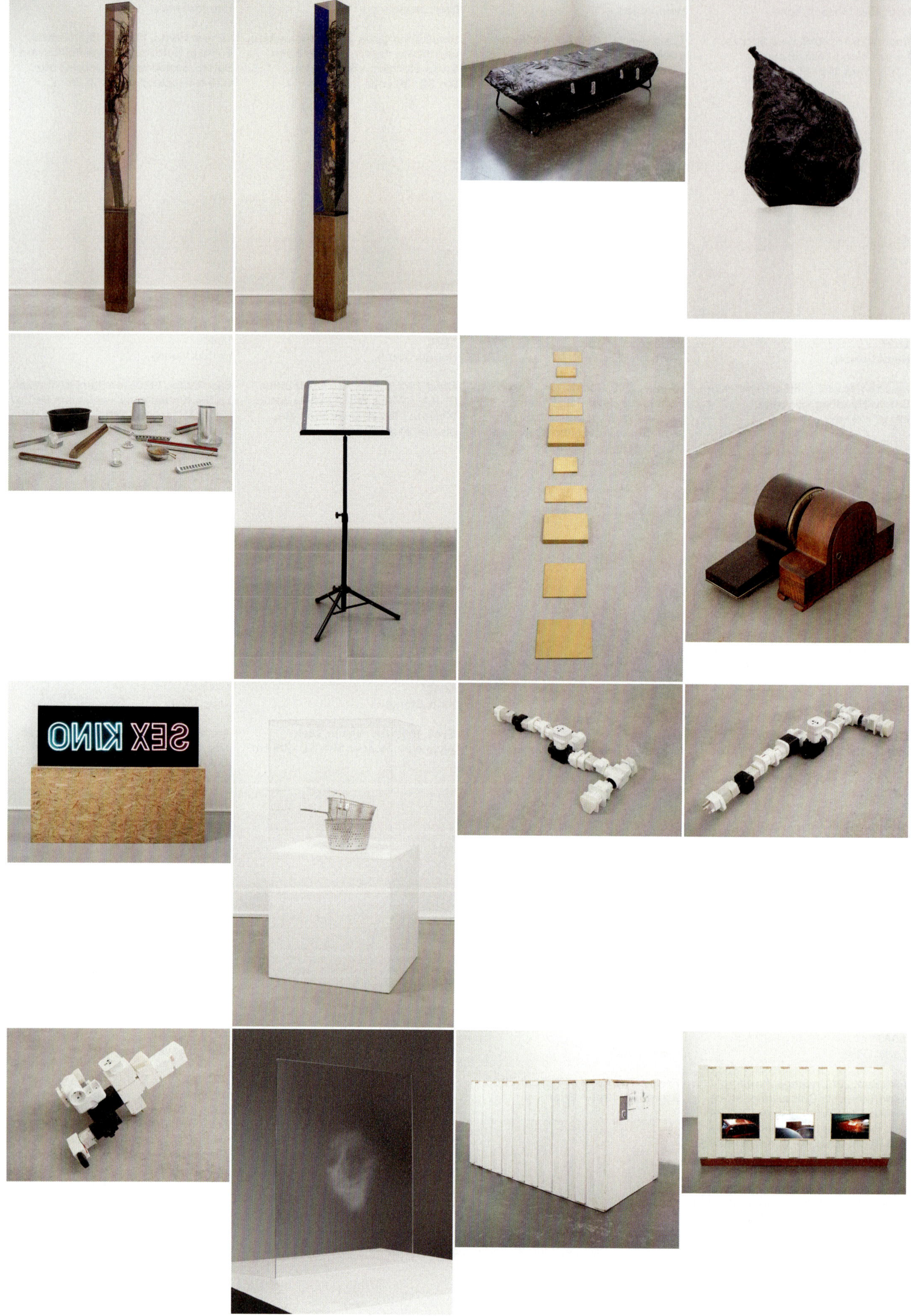

1.049
Madison, Tobias

*Gel Galaxy VC Digitalise Africa Now!
Dimension variable Beocenter 2*,
2010, künstliche Pflanzen, Acrylglas,
Metall, Holz, Farbe / Artificial plants,
acrylic glass, wood, metal, paint,
305 × 25 × 25 cm

1.050
Madison, Tobias

Ohne Titel / Untitled, 2010, künstliche
Pflanzen, Acrylglas, Metall, Holz,
Farbe / Artificial plants, acrylic glass,
wood, metal, paint, 305 × 25 × 25 cm

1.051
McMillian, Rodney

Ohne Titel / Untitled, 2002, Acryl
auf Bettwäsche, Feldbett / Acrylic on
bedsheet, cot, 43 × 90 × 200 cm

1.052
McMillian, Rodney

Balloon, 2004, Acryl auf ungebranntem
Ton, Draht, Sockel / Acrylic on unfired
clay, wire reinforcement, plinth,
83 × 57 × 57 cm, Sockel / plinth
156 × 26 × 26 cm

1.053
McMillian, Rodney

Untitled (Feeders), 2007, Fütterungs-
instrumente: Holz, Metall, Glas, Kunststoff / Feeders: wood, metal, glass,
plastic, Maße variabel / dimensions
variable

1.054
Meyers, Ari Benjamin

*The Lightning and Its Flash (Solo for
Conductor)*, 2011, Digitaldruck auf
Naturpapier, Fadenbindung,
Notenständer / Digital print on natural
paper, thread bound, music stand,
32 × 45 cm, 132 × 57 × 57 cm

1.055
Monk, Jonathan

*A Ten Year Project (4): 4 Sol Lewitts,
3 Ed Ruschas, 2 Lawrence Weiners
and a Robert Barry*, 2007, zehn
Messingplatten / Ten brass plates,
Maße variabel / dimensions variable

1.056
Monk, Jonathan

*A Ten Year Project (6): The Odd Couple
(Small German Version)*, 2009, zwei
Vintage-Tischuhren, Sockelplatte / Two
vintage carriage clocks, base plate,
Maße variabel / dimensions variable

1.057
Monk, Jonathan

A Ten Year Project (7): ONIK XES,
2010, Neonschild / Neon sign,
60 × 164,9 × 15 cm

1.058
Monk, Jonathan

*A Ten Year Project (10): What Remains
2013–2022*, 2013, Sockel mit Plexiglashaube, diverse Objekte / Pedestal
with perspex cover, various objects,
100 × 50 × 50 cm

1.059
Parreno, Philippe

AC/DC Snakes, 1995–2010,
Elektrostecker und Adapter / Electric
plugs and adapters, Maße variabel /
dimensions variable

1.060
Parreno, Philippe

AC/DC Snakes, 1995–2010,
Elektrostecker und Adapter / Electric
plugs and adapters, Maße variabel /
dimensions variable

1.061
Parreno, Philippe

AC/DC Snakes, 1995–2010,
Elektrostecker und Adapter / Electric
plugs and adapters, Maße
variabel / dimensions variable

1.062
Parreno, Philippe

Federico, 2008–2010, Ätzung
auf Glas / Acid engraving on glass,
32 × 22 × 0,3 cm

1.063
Pernice, Manfred

Bell II, 11, 1998, Spanplatte, Kunstharzlack, Fotokopien / Press board,
synthetic enamel, photocopies,
95 × 201,5 × 86,5 cm

1.064
Pernice, Manfred

Bell II, 14, 1998, Spanplatte, Kunstharzlack, Dias, Leuchtstoffröhren / Press
board, synthetic enamel, slides, fluorescent lighting, 102,5 × 201,5 × 86,5 cm

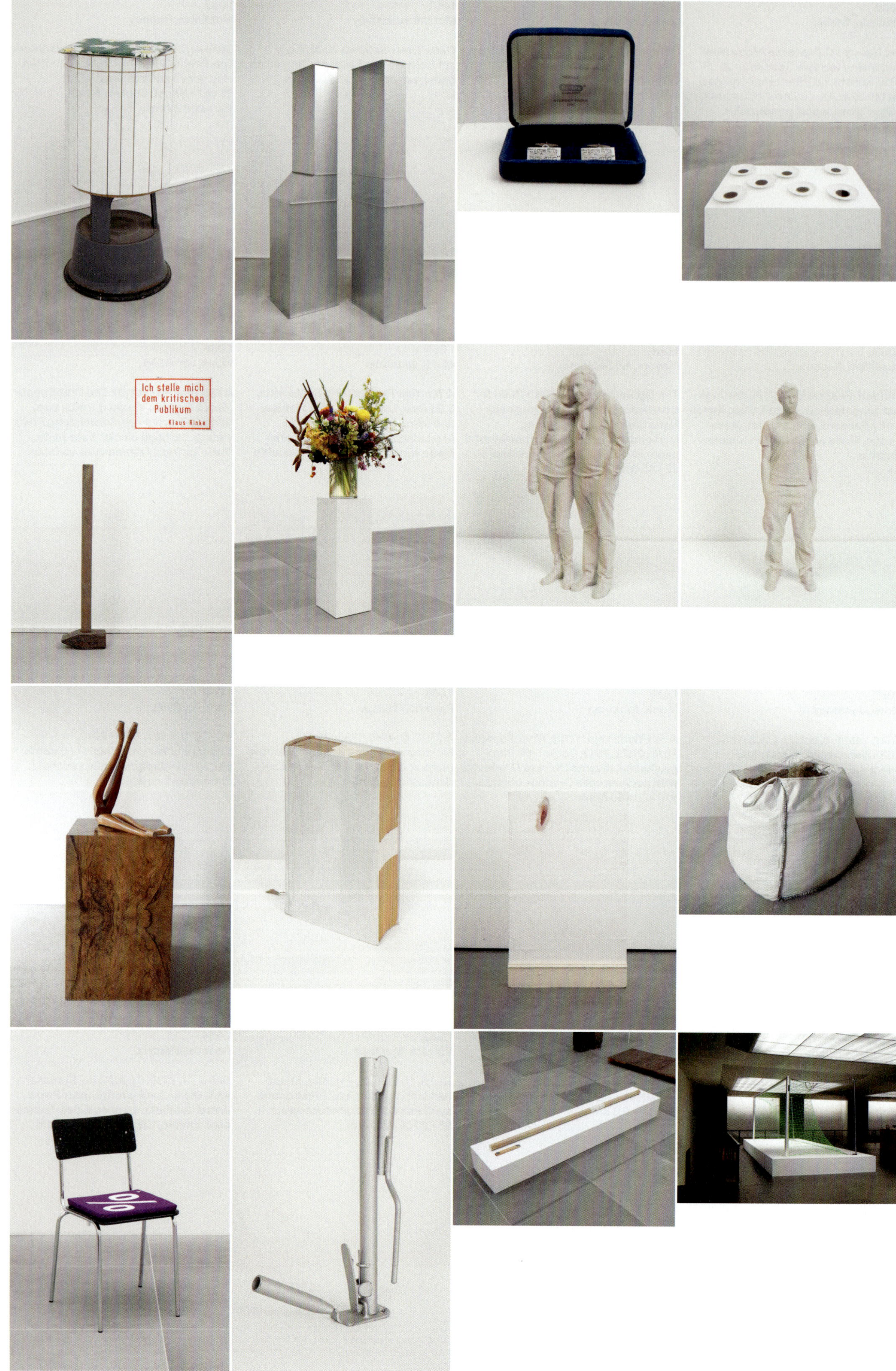
Ich stelle mich
dem kritischen
Publikum
Klaus Rinke

1.065
Pernice, Manfred

(AVA), 2008–2015, Blech, Kunststoff,
Holz, Stoff / Metal, plastic, wood, fabric,
112 × 41 × 41 cm

1.066
Posenenske, Charlotte

Vierkantrohre, Serie D, 1967/2016,
feuerverzinktes Stahlblech, Schrauben /
Hot-dip galvanized sheet steel, screws,
27 × 53 × 53 cm (2×), 96 × 53 × 53 cm (2×),
96 × 53 × 28 cm (2×)

1.067
Prina, Stephen

Haberdashery, 2002, zwei Paar Silber-
Manschettenknöpfe, Schmuck-
schachteln, Sockel, Acrylglashauben /
Two pairs of silver cufflinks,
jewelry boxes, plinths, acrylic covers,
32 × 22 × 0,3 cm

1.068
Rehberger, Tobias

Ohne Titel (Familie) / Untitled (Family),
1999, sieben Porzellanteller, Kürbis-
kernöl, Arsen, Sockel / Seven porcelain
plates, pumpkin seed oil, arsenic,
pedestal; Sockel / pedestal
130 × 80 × 30cm, sechs Porzellanteller /
six porcelain plates je / each 27 cm × 3 cm,
ein Porzellanteller / one porcelain plate
24 × 3 cm, Sockel / plinth 30 × 130 × 80 cm

1.069
Rinke, Klaus

*Ich stelle mich dem kritischen
Publikum*, 1969, Aluminium-Schild,
Vorschlaghammer / Aluminum sign,
sledge hammer, 20 × 30 cm,
73 × 17 × 7 cm

1.070
de Rooij, Willem

Bouquet V, 2010, interpretiert von
Herrn Kai am 20.10.2019 und 26.12.2019,
95 verschiedene Blumenarten, Vase,
Sockel, Text (Beschreibung des
Bouquets), Liste der botanischen
Begriffe / as interpreted by Herr Kai on
October 20th, 2019 and December
26th, 2019, 95 different kinds of flowers,
vase, plinth, text (descpription of the
bouquet), list of botanic terms, Maße
variabel / dimensions variable

1.071
Sander, Karin

Barbara & Axel Haubrok 1: 7,7.., 2010,
3D-Bodyscan der lebenden Personen,
3D-Druck, Rapid Prototyping, Gips-
material, Pigment, MDF-Sockel / 3D
body scan of living persons, 3D print,
rapid prototyping, plaster material,
pigment, MDF plinth, 26 × 13 × 9,5 cm,
130 × 18 × 18 cm

1.072
Sander, Karin

Konstantin Haubrok 1:7,7.., 2010,
3D-Bodyscan der lebenden Person,
3D-Druck, Rapid Prototyping, Gips-
material, Pigment, MDF-Sockel / 3D
body scan of living person, 3D print,
rapid prototyping, plaster material,
pigment, MDF plinth, 26 × 5 × 7 cm,
130 × 18 × 18 cm

1.073
Schinwald, Markus

Untitled (Legs) #08, 2009, Holz,
Metallscharnier, Sockel / Wood, metal
hinge, plinth, 58 × 58 × 15 cm,
Sockel / plinth 83 × 53 × 53 cm

1.074
Schmidt Heins, Barbara

Ohne Titel / Untitled, 1973, vorgefun-
denes Buch, Farbe, Klebeband /
Found book, paint, adhesive tape,
19,2 × 13,3 × 4,8 cm

1.075
Schneider, Gregor

Der deutsche Beitrag, 2001, Gips,
Stein, Muschel, Silikon / Plaster, stone,
shell, silicone, 104 × 64 × 13 cm

1.076
Sierra, Santiago

*1m³ Erde von der Iberischen Halbinsel /
1 m3 of Earth from Iberian Peninsula*,
2013, Plastik-Big-Bag, Erde / Plastic
Big Bag, soil, 100 × 100 × 100 cm

1.077
Slominski, Andreas

*Ohne Titel (Kaspar König Kaiser) /
Untitled (Kaspar König Kaiser)*, 2012,
Druck auf Kissenbezug, Füllung,
Hänger / Print on pillowcase, filling,
hanger loop, 3 × 35 × 35 cm

1.078
Slominski, Andreas

Gerät zum Knicken von Antennen,
2001, Metall / Metal, 65 × 6 × 21 cm

1.079
Slominski, Andreas

Zollstock, 1999, Holz, Metall / Wood,
metal, zusammengeklappt / Folded
1,7 × 24,2 × 2,9 cm, Papprolle / cardboard
tube 205 cm, Ø 5,8 cm

1.080
Slominski, Andreas

Ohne Titel / Untitled, 1988, Fußballtor:
Aluminium, Eisen, Netz / Soccer goal:
aluminum, iron, net, 244 × 732 × 250 cm

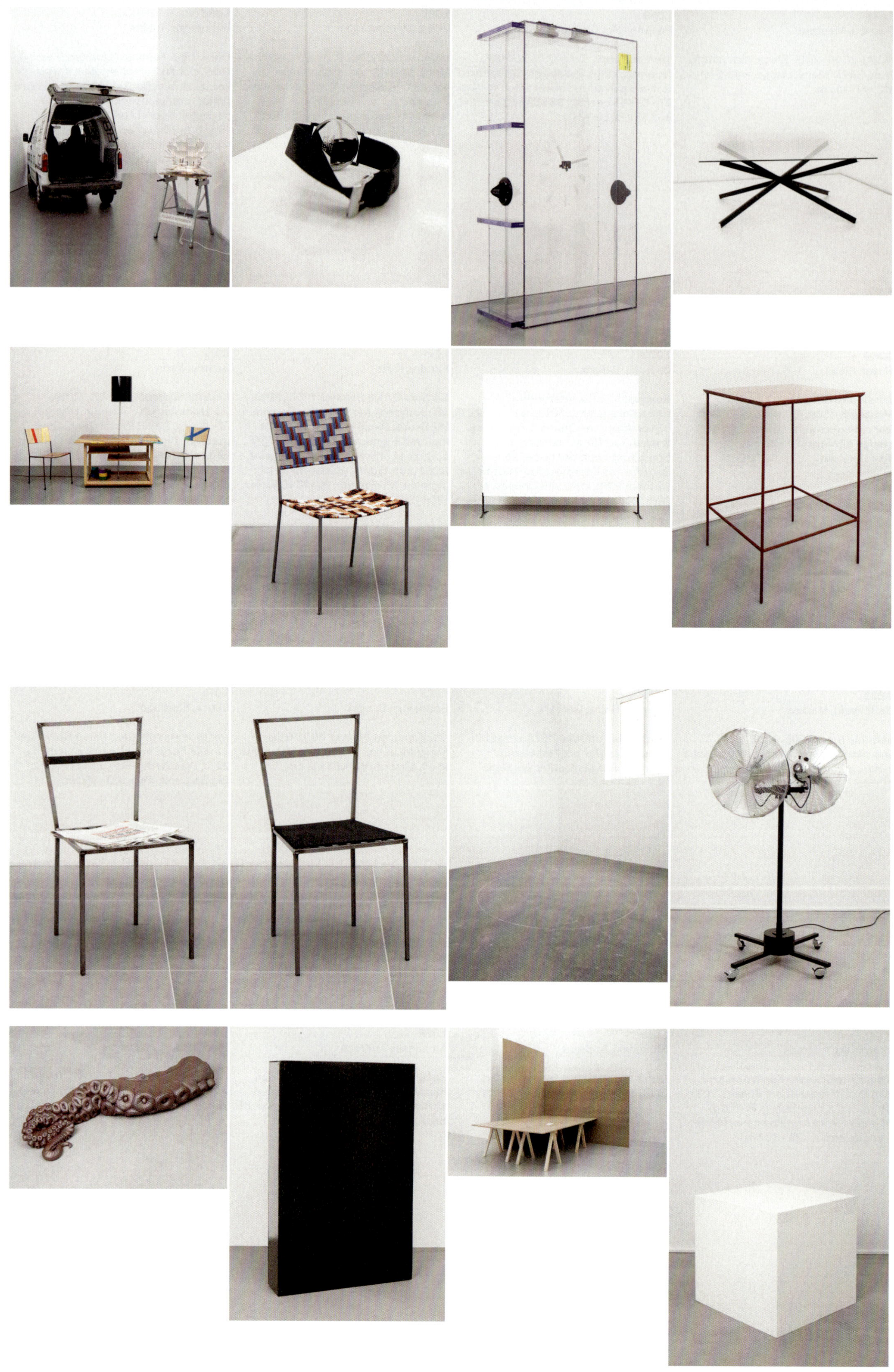

1.081
Starling, Simon

Waratah (Artichoke, Kogle, Zapfen, Pomme de Pin), 2001, Daihatsu Hi-Jet Transporter, Lampe von Poul Henningsen, Werktisch / Daihatsu Hi-Jet van, lamp by Poul Henningsen, workbench, Maße variabel / dimensions variable

1.082
Timme, Jan

Le Temps tordu, 2002, Herrenarmbanduhr, MDF, Zweikomponentenlack, Glas / Men's wrist watch, MDF, two component lacquer, glass, 137 × 20 × 20 cm

1.083
Timme, Jan

Complices Accomplis, 2001/2002/2009, Quarzuhrwerk, verchromtes Aluminiumblech, Walzblei, silberglänzende Plotterfolie, Glas, Polycarbonat, Edelstahlschrauben, Labels, vier Glasheber, Modell / Quartz movement, chromed aluminum sheet, lead sheet, shiny silver plotter film, glass, polycarbonate, stainless steel screws, labels, four glass lifters, model, 212 × 119 × 50 cm

1.084
Timme, Jan

Coffee Table Coffee Table 0, 2009, Glas, pulverbeschichteter Profilstahl, Weich-PVC / Glass, powder coated profiled steel, soft PVC, 37 × 100 × 100 cm

1.085
West, Franz

Creativity: Furniture Reversal, 1998, zwei Stühle, Tisch, Lampe, verschiedenfarbiges Tape, Video / Two chairs, table, lamp, tape in various colours, video, Maße variabel / dimensions variable

1.086
West, Franz

Onkel-Stuhl (ohne Armlehne) P818, 2008, Metall, Textilbänder / Metal, textile belts, 84,5 × 51 × 51 cm

1.087
West, Franz

Paravent (weiß), 2010, Metall, Holz, Acrylfarbe / Metal, wood, acrylic paint, 195 × 53 × 220 cm

1.088
West, Franz

Narcissus Table, 2003, lackierter Betonstahl, Spiegelglas / Painted steel rebar, mirrored glass, 113 × 80 × 80 cm

1.089
West, Franz / Esterházy, Mathis

Stuhl „Haus Lange", 1988, Stahl, Zeitung / Steel, newspaper, 84 × 45 × 45 cm

1.090
West, Franz / Esterházy, Mathis

Ohne Titel / Untitled, 1988/89, Stahl, schwarze Moosgummi-Auflage / Steel, black foam rubber support, 83 × 44,5 × 50 cm

1.091
Wilson, Ian

Ian Wilson, *Circle on the Floor #14*, 1968, weißer Kreidekreis auf dem Boden / White chalk circle on the floor, Ø 1,83 cm

1.092
Yang, Haegue

Windy Eclipse, 2013, Ventilatoren, Pulverbeschichtung, Stahlrohr, Gehäuse mit Drehbühne, Drehzahlregler, Dimmer, Lenkrollen / Fans, powder coating, steel tube, case with rotating platform, speed controller, dimmer, castors, 130 × 85 × 85 cm

1.093
Zink Yi, David

Ohne Titel / Untitled, 2018, gesintertes Steingut / Sintered stoneware, 15 × 83 × 40 cm

1.094
Zobernig, Heimo

Ohne Titel / Untitled, 1988, Kunstharzlack auf Karton / Synthetic resin enamel on cardboard, 150 × 100 × 25 cm

1.095
Zobernig, Heimo

Ohne Titel / Untitled, 1998, drei Spanplatten, vier Holzböcke, Buch (Franz Jungs *Der Weg nach unten*) / Three press boards, four wooden trestles, book (Franz Jung's *Der Weg nach unten*), 262 × 262 × 264 cm

1.096
Zobernig, Heimo

Ohne Titel / Untitled, 1990, Spanplatten, Farbe / Pressed boards, paint, 60 × 60 × 60 cm

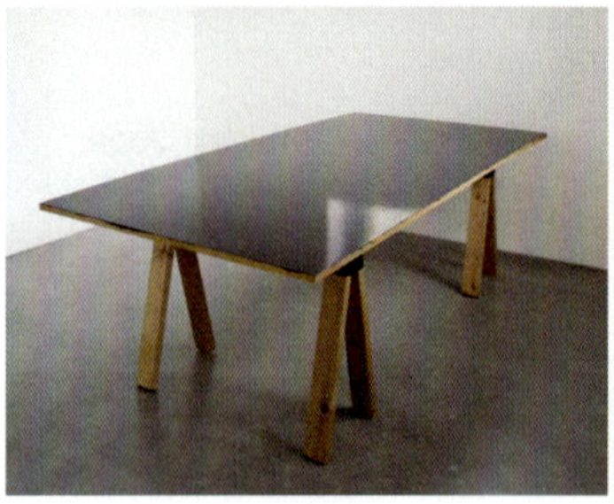

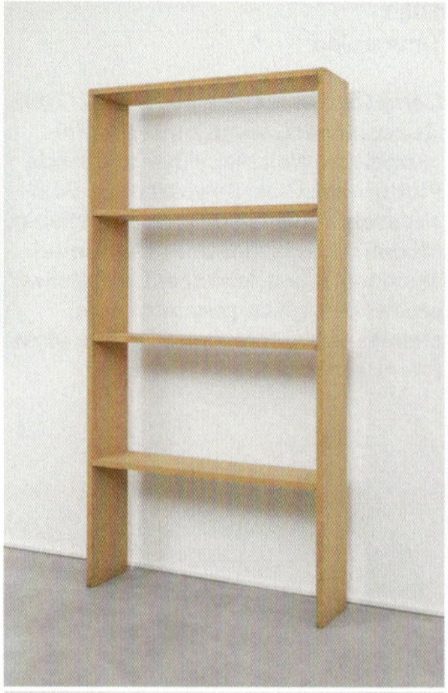

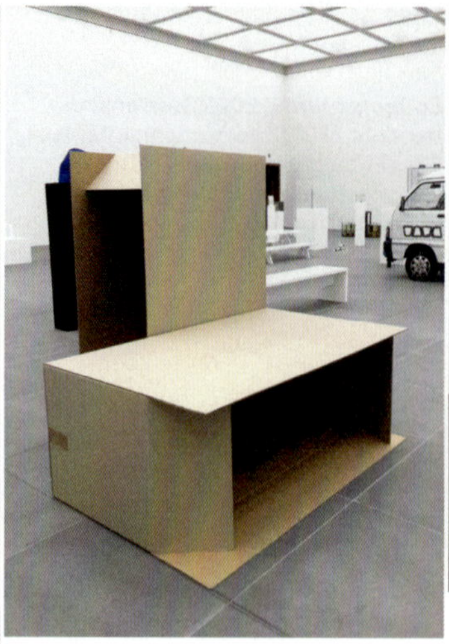

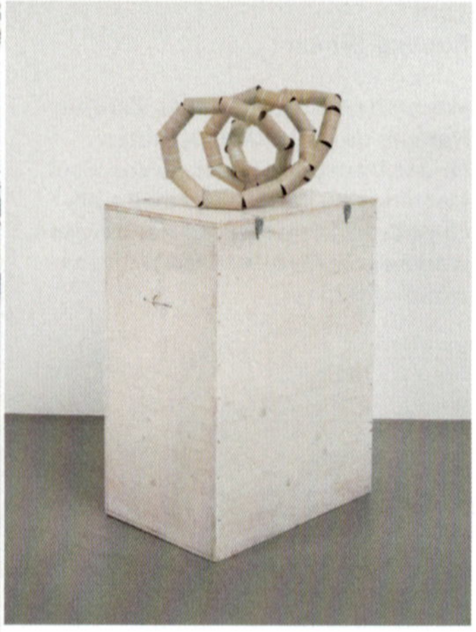

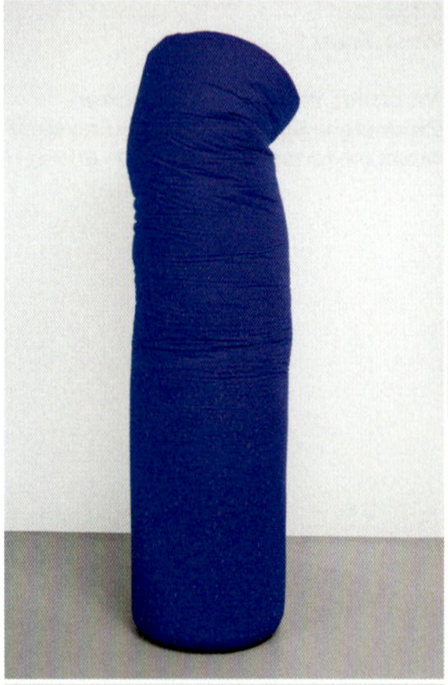

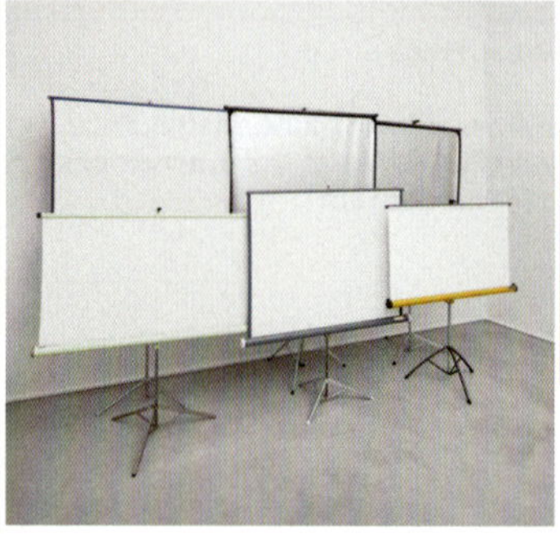

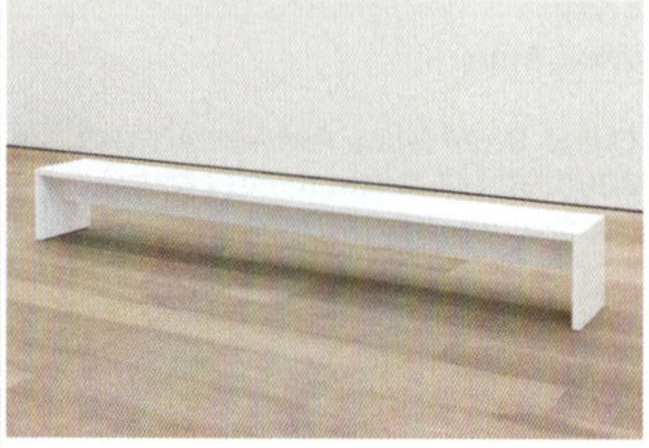

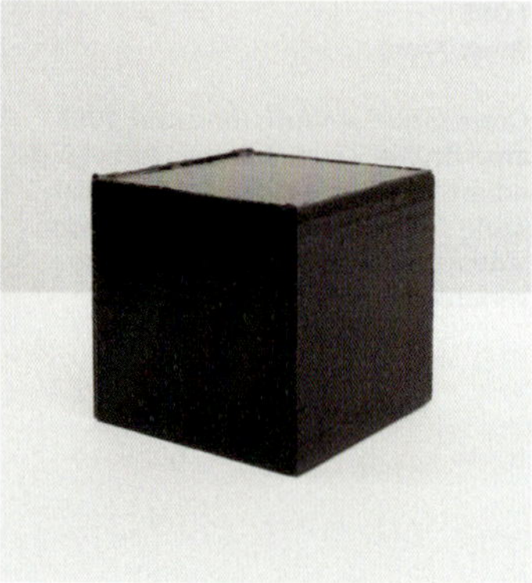

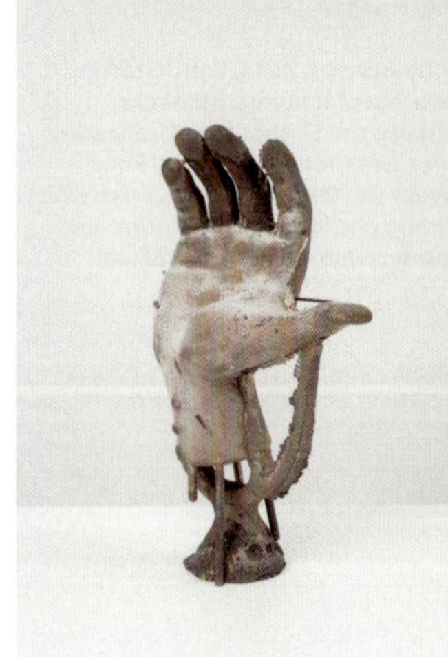

1.097
Zobernig, Heimo

Ohne Titel / Untitled, 1990, schwarz
lackierte Holzplatte, zwei Holzböcke /
Black lacquered wooden plate,
two wooden trestles, 70 × 240 × 120 cm

1.098
Zobernig, Heimo

Ohne Titel / Untitled, 1990, Spanplatten /
Pressed boards, 200 × 100 × 30 cm

1.099
Zobernig, Heimo

Ohne Titel / Untitled, 1993, Pappe,
Nassklebeband, zweiteilig / Cardboard,
wet adhesive tape, two parts,
161 × 161 × 161 cm

1.100
Zobernig, Heimo

Ohne Titel / Untitled, 2004, Karton,
Kleber, Transportkiste / Cardboard, glue,
crate, 34,5 × 49 × 35 cm, Verpackungs-
box / packaging 80 × 60 × 40 cm

1.101
Zobernig, Heimo

ohne Titel / Untitled, 2005, Bluebox-
Stoff Television CS Trevira, Polystyrol-
füllung / Bluebox fabric Trevira
Televsion CS, polystyrene filling,
250 × 64 × 64 cm

1.102
Zobernig, Heimo

ohne Titel / Untitled, 2005, sechs
aufrollbare Stativ-Projektionslein-
wände / Six roll-up projector screens,
Maße variabel / dimensions variable

1.103
Zobernig, Heimo

Ohne Titel / Untitled, 2008/2012,
Dispersion auf Spanplatte / Emulsion
paint on pressed boards,
45 × 45 × 350 cm

1.104
Zobernig, Heimo

Ohne Titel / Untitled, 2015, Kunstharzlack auf Karton / Synthetic resin
enamel on cardboard, 10 × 10 × 10 cm

1.105
Zobernig, Heimo

ohne Titel / Untitled, 2015, Bronze,
14 × 33 × 17 cm

1.106
Zobernig, Heimo

ohne Titel / Untitled, 2015, beschichtete
Spanplatte, lackierter Stahlrahmen,
Lenkrollen / Coated pressed board,
coated steel frame with castors,
292 × 202 × 80 cm

Ein besonderes Scharnier zwischen beiden Ausstellungsteilen bildet die Arbeit *The Lightning and Its Flash (Solo for Conductor)* von Ari Benjamin Meyers, die in Teil 1 allein in Form einer Partitur zu sehen ist, während sie in Teil 2 als Installation erscheint. Dazwischen liegt am Eröffnungsabend von Teil 2 die tatsächliche Performance: Meyers führt das Solo für einen Dirigenten vor seinem Publikum auf, das vor ihm anstelle eines Orchesters sitzt. Die von ihm dirigierte Musik entsteht allein in der Vorstellung der Zuhörenden. Das Werk ereignet sich in ca. 30 Minuten in der Interaktion. Einzig Meyers Gesten sind zu sehen, ansonsten ist es eine Erfahrung von Stille in der besten Tradition der Konzeptkunst. Das nachfolgende Foto zeigt den neutralen Moment, bevor der Künstler das Orchester in Vorbereitung auf die Aufführung arrangiert. Die Stühle, das Notenpult und das Podium werden nach der Aufführung als stummes Echo des Geschehenen an ihren Plätzen belassen. Eine Dokumentation der Performance findet sich auf der Website der Haubrok Foundation. haubrok.org

ARI BENJAMIN MEYERS

A special hinge of sorts between the two parts of the exhibition is formed by the work *The Lightning and Its Flash (Solo for Conductor)* by Ari Benjamin Meyers, which is represented in part 1 in the form of a score, while in part 2 it appears as an installation. The actual performance takes place exactly in between, on the opening night of part 2: Meyers performs the solo for a conductor in front of the audience who are facing him rather than an orchestra. The music he conducts is created solely in the imagination of the listeners. The work unfolds in ca. 30 minutes of interaction. Only Meyers' gestures are visible, otherwise it is an experience of silence in the best tradition of conceptual art. The following photo shows the neutral moment before the artist arranges the orchestra in preparation for the performance. After the performance the chairs, music stand and podium are left in place as a silent echo of what has transpired. A documentation of the performance is available on the Haubrok Foundation website. haubrok.org

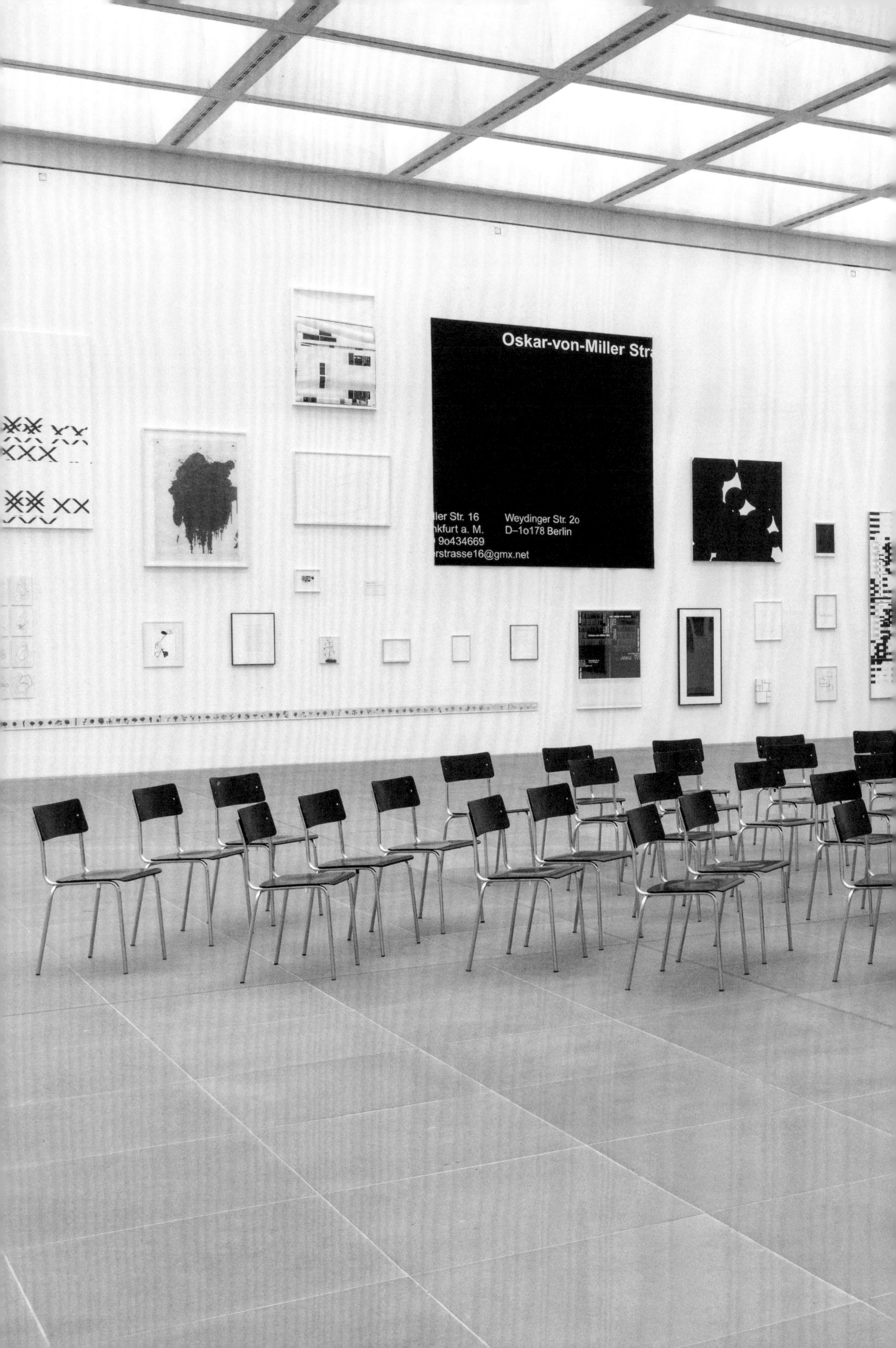

Oskar-von-Miller Stra
...ler Str. 16   Weydinger Str. 2o
...nkfurt a. M.   D–1o178 Berlin
...9 9o434669
...erstrasse16@gmx.net

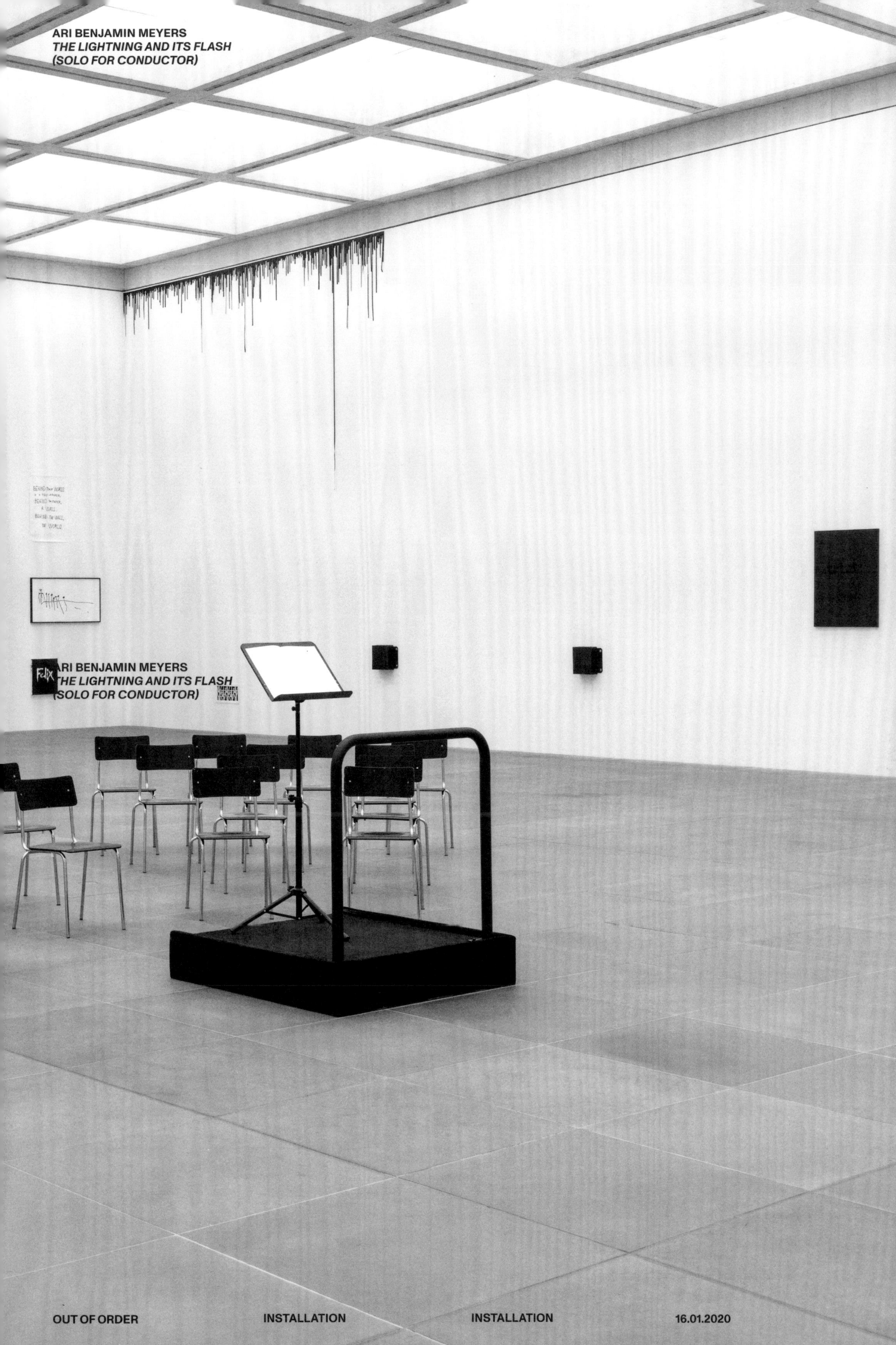

ARI BENJAMIN MEYERS
THE LIGHTNING AND ITS FLASH
(SOLO FOR CONDUCTOR)

ANLEITUNG Teil 2 der Ausstellung versammelt „hängende" Arbeiten. Die folgenden Ansichten zeigen alle vier Wände der Ausstellungshalle im Uhrzeigersinn, begleitet von einem einführenden Text von Axel Haubrok.

MANUAL Part 2 of the exhibition presents "hanging" works. The following exhibition views cover all four walls of the hall clockwise with an introduction by Axel Haubrok.

Während sich der erste Teil der Ausstellungsreihe *Out of Order* schwerpunktmäßig mit Readymades, Skulpturen und installativen Arbeiten auseinandersetzt, konzentriert sich der zweite Teil auf klassische Bilder. Diese zeigen jedoch in den seltensten Fällen Gegenständliches, sondern sprechen viel mehr in starkem Maße über sich selbst und ihre Materialität.

Anlässlich unserer Ausstellung in den Deichtorhallen sagte der Sammler Harald Falckenberg 2012 in Hamburg-Harburg, ich sei „farbenblind". Vielleicht ist da sogar etwas dran, obwohl ich schon rot von grün unterscheiden kann. Es gibt tatsächlich nur wenig farbige Arbeiten in unserer Sammlung. Was lag also näher als in Teil 2 unserer Ausstellung in Nürnberg vollständig auf Farbe zu verzichten und nur schwarz/weiße Arbeiten zu zeigen. Nach dieser Entscheidung ging alles ganz schnell: Die selbstverständliche Sortierfolge geht von schwarz nach weiß. Von Wand zu Wand.

Die nächste Frage war die nach der Hängung der Arbeiten. Werke können klassisch auf ihre Mitte gehängt, an ihrer oberen oder an ihrer unteren Kante ausgerichtet werden. Damit standen auch gleich die Hängungsprinzipien für die ersten drei Wände fest. Für die vierte Wand ist die Wahl auf die Petersburger „wandfüllende" Hängung gefallen. Denn diese Art der Hängung hat den großen Vorteil, dass die Zahl der Arbeiten, die auf einer Wand gezeigt werden kann, nahezu unbegrenzt ist. Das heißt alle Arbeiten, die wir zeigen wollen, können auch gezeigt werden. Oder anders herum: Wir konnten festlegen, welche Arbeiten wir nach Nürnberg bringen, ohne vorher die genaue Positionierung aller Werke festzulegen. Das erleichterte das Prozedere erheblich.

Eine Besonderheit ergab sich bei dem Teil der Arbeiten, der „klassisch" gehängt werden sollte. Unser wunderbares Triptychon von Florian Pumhösl hat eine fest definierte Hängevorschrift sowohl was die Höhe als auch was den Abstand der Arbeiten voneinander betrifft.

Solch eine sensible Arbeit kann man natürlich nicht willkürlich dem einen oder anderen Hänge-Prinzip unterwerfen. Der Künstler setzt sich in sehr starkem Maße mit der Präsentation seiner Werke im Raum auseinander. So hat er bereits 2015 eine Ausstellung mit Zeichnungen, von denen einige auch in unserer jetzigen Ausstellung gezeigt werden, bei uns in der FAHRBEREITSCHAFT kuratiert. Was lag also näher, als Florian Pumhösl zu fragen, ob er die Wand mit seinen Arbeiten nicht auch im neuen Museum in Nürnberg inszenieren wolle. Ich habe mich sehr gefreut, dass er sofort zugesagt hat. Ich bin ein wenig stolz darauf und finde es sehr interessant, dass wir nun eine Ausstellung auf die Beine gestellt haben, bei der drei Wände nach unseren eigenen Kriterien sortiert wurden und die vierte Wand von einem herausragenden Künstler kuratiert wurde. Das ist auch ein weiteres Beispiel dafür, weshalb es solch einen Spaß macht, als Sammler mit hervorragenden Künstlern zusammenarbeiten zu dürfen.

Die beiden Teile von *Out auf Order* sind zwar eigenständig, aber sie sind auch eng miteinander verbunden. Bei beiden sind die Arbeiten nach konsequenten Prinzipien sortiert und positioniert. Und in beiden findet man – zumindest zum Teil – dieselben Künstler_innen wieder. Und das, obwohl sich die Arbeiten in ihrer Erscheinungsform deutlich voneinander unterscheiden. Beide Ausstellungsteile haben etwas gemeinsam: Es geht nicht (nur) um das optische Erscheinungsbild der Werke, sondern viel mehr um den Kontext, den Hintergrund und den Zusammenhang der Arbeiten untereinander. Es geht um Parallelen.

Bei Teil 2 von *Out of Order* haben wir versucht, eine möglichst konsequente Auswahl der Arbeiten aus der Sammlung zu treffen. Wir haben bewusst darauf verzichtet, Fotos und reine Abbildungen von erkennbaren Gegenständen, Landschaften oder Menschen nach Nürnberg mitzubringen, obwohl solche Arbeiten auch in der Sammlung vertreten sind. Stattdessen haben wir uns auf schwarz/weiße, monochrome oder abstrakte Arbeiten konzentriert.

Aber keine Regel ohne Ausnahme: Es lag einfach zu nah, das Bouquet von Willem de Rooij als einen besonderen Anker beider Ausstellungen zu nehmen. Während im ersten Teil von *Out auf Order* das physische bunte Blumenbouquet den zentralen Ausgangspunkt bildet, zeigen wir im zweiten Teil einen ebenfalls bunten Strauß, den er noch mit seinem Partner Jeroen de Rijke konzipiert hatte, allerdings als Schwarzweißfoto. Auf ihm werden alle Blüten

AXEL HAUBROK

While the first part of the exhibition series *Out of Order* focuses on readymades, sculptures, and installation works, the second part is dedicated to pictorial works in the classical understanding—even though they are rarely figurative, and tend to speak about themselves and their materiality to a great extent instead.

On the occasion of our exhibition at Deichtorhallen in Hamburg-Harburg in 2012, collector Harald Falckenberg stated that I was "color blind". Maybe there is some truth to that, even though I can distinguish between red and green. Indeed, there are hardly any chromatic works in our collection. So what could have been more obvious than to do without color in part 2 of our exhibition, and only present black/white works. Once this decision had been made, everything came together quickly: the natural sequence of arrangement proceeds from black to white. From wall to wall.

The next question was how to hang the works. Works can be classically centered, or aligned with their upper or their lower edge. Thus, the principles for arrangement for the first three walls were established. For the fourth wall, we chose a "wall filling" salon-style hang. This kind of arrangement has the great advantage that the number of works shown on one wall is almost limitless, which meant that we could present all the works we wanted to. Or, in other words: we were able to decide which works we would bring to Nuremberg without having to determine their exact position beforehand. This simplified the process considerably.

One exception occurred among the works intended for "classical" arrangement. Our wonderful triptych by Florian Pumhösl has clear specifications regarding both the height and the distance at which the works are to be hung.

A work as sensitive as the one by Florian Pumhösl cannot, of course, be arbitrarily subjected to the one or other hanging arrangement; the artist is very much concerned with the presentation of his works in space. In 2015, for example, he curated an exhibition of drawings, some of which are also shown in our current exhibition, at FAHRBEREITSCHAFT. So what could have been more obvious than to ask Florian Pumhösl whether he would like to stage the wall with his works at the Neues Museum in Nuremberg. I was very pleased that he accepted immediately. I am also a little proud of it and find it very interesting that we have now put together an exhibition in which three walls were arranged according to our own criteria and the fourth was curated by an outstanding artist. This is another example of why it is so much fun to work with extraordinary artists as a collector.

The two parts of *Out auf Order* are independent, but they are also closely linked. In both, the works are arranged and positioned according to consistent principles. And in both you will encounter—at least in some cases—the same artists, even though the works clearly differ from one another in their appearance. Both parts of the exhibition have something in common: it's not (only) about the visual appearance of the works, but much more about the contexts, the backgrounds, and the connections between them. It is all about parallels.

In part 2 of *Out of Order* we have tried to make our selection of works from the collection as consistent as possible. We deliberately refrained from bringing photographs and pure illustrations of recognizable objects, landscapes or people to Nuremberg, although such works are also held in the collection. Instead, we focused on black/white, monochrome or abstract works.

But no rule without exception: it was simply too obvious to choose Willem de Rooij's bouquet as a special anchor for both exhibitions. While in the first part of *Out of Order* the physical colorful bouquet of flowers is the central starting point, in the second part we present an equally colorful bouquet, which he had conceived with his partner Jeroen de Rijke, but as a b/w photo. In it, all the flowers of the bouquet are shown individually in black and white and are arranged from dark to light.

Another example of an artist appearing in both exhibitions is Rodney McMillian, whose bed, feeders, and portrait of Michael Jackson are shown in the first exhibition. Part 2 features a black wall work by him.

Also represented in both exhibitions are Martin Boyce and Martin Creed, two artists from Glasgow who work conceptually in very different ways. Martin Boyce's work in the second part includes a text work with a self-developed typeface. A folded sheet of paper by Martin Creed furthermore makes a nice reference to the two crumpled sheets of paper (US Letter and DIN A4) exhibited in the first part. Wade Guyton is also back. The first exhibition features the destroyed Breuer chair. In part 2 several of his wall works, for whose

des Bouquets einzeln in Schwarzweiß abgebildet und die Blüten von dunkel nach hell sortiert.

Ein weiteres Beispiel für einen Künstler, der in beiden Ausstellungen auftaucht, ist Rodney McMillian, von dem in der ersten Ausstellung das Bett, die Feeders und das Portrait von Michael Jackson gezeigt werden. In Teil 2 ist eine schwarze Wandarbeit von ihm zu sehen.

Ebenfalls in beiden Ausstellungen vertreten sind Martin Boyce und Martin Creed, zwei Künstler aus Glasgow, die konzeptuell in sehr unterschiedlicher Weise arbeiten. Von Martin Boyce hängt im zweiten Teil unter anderem eine Text-Arbeit mit einer selbst entwickelten Schrift. Von Martin Creed ist ein gefaltetes Blatt Papier zu sehen, das einen schönen Bezug herstellt zu den zwei zerknüllten Blättern Papier (US Letter und DIN A4), aus dem ersten Teil.

Auch Wade Guyton ist wieder dabei. In der ersten Ausstellung gibt es den zerstörten Breuer-Stuhl. In Teil 2 ist er mit mehreren Wandarbeiten zu sehen, bei deren Entstehung der Zufall eine große Rolle spielt. Zur Gestaltung seiner Arbeiten werden herkömmliche Drucker, Scanner und Kopierer verwendet. Er setzt so „normale" Reproduktionstechnik ein, deren exaktes Ergebnis er aber nicht im Voraus bestimmen kann.

Ich möchte noch ein letztes Beispiel für eine Künstlerin geben, die in beiden Ausstellungen vertreten ist: Lone Haugaard Madsen, eine dänische Künstlerin, die in Wien lebt. Sie nutzt gefundenes Material, um es in neuem Kontext zu zeigen. Durch ihre Arbeitsweise entstehen lyrisch anmutende Arbeiten und Räume aus gefundenen Resten. Aber wir zeigen auch in Teil 2 „wirkliche" Readymades, wie zum Beispiel die Gummipuffer von Park McArthur. Die Luftauslässe in den Wänden von Martin Boyce stellen in diesem Zusammenhang eine Besonderheit dar, da sie zum einen eine faktische Funktion zu haben scheinen, zum andern jedoch sicherlich rein künstlerisch gestaltete Arbeiten sind, bei denen die Formensprache von Martin deutlich erkennbar ist.

In *Out of Order* Teil 2 sind darüber hinaus mehrere Text-Arbeiten zu sehen. Wenn man Texte liest, ist es eigentlich eine Selbstverständlichkeit, dass sie nichts abbilden, sondern vielmehr Inhalte transportieren sollen. Es entstehen geistige Bilder. Sie können zum einen Hinweise auf Zusammenhänge oder ihren eigenen Kontext geben, sie können aber auch ganz einfach Lyrik sein. Ein gutes Beispiel hierfür ist die Arbeit von Andreas Slominski *Die Erde, zur gleichen Zeit halb so klein und doppelt so groß.*

Eine zentrale Arbeit von *Out of Order* Teil 1 ist der Kreidekreis von Ian Wilson, mit dem sich der Künstler im Jahr 1968 aus der bildenden Kunst verabschiedet hat. Seitdem ist Wilson dazu übergegangen, nur noch Diskussionen über die Bedeutung bestimmter Aspekte der Kunst durchzuführen, die er allein durch die Schaffung von klassischen Werken nicht anstoßen könnte. Unsere Ausstellungstätigkeit in der FAHRBEREITSCHAFT, die 2018 leider untersagt wurde, durften wir mit einer Diskussion von Ian Wilson über das Absolute in der Kunst eröffnen. In Teil 2 ist das Zertifikat zu sehen, das die Durchführung dieser Diskussion belegt.

Über die beiden Ausstellungen wird damit ein großer Bogen durch unsere konzeptuell ausgerichtete Sammlung geschlagen.

AXEL HAUBROK

creation chance plays a major role, can be seen. Conventional printers, scanners, and copiers are used to create his works. He uses "normal" reproduction technology without, however, being able to determine the exact results in advance.

I would like to give a final example of an artist who is represented in both exhibitions: Lone Haugaard Madsen, a Danish artist based in Vienna. She uses found materials which she presents in a new context. Her working method results in lyrical works and spaces constructed of found remnants. However, we also show "real" readymades in part 2, such as Park McArthur's rubber loading dock bumpers. The air outlets in Martin Boyce's walls are a special feature in this context, as on the one hand they seem to have a factual function, while on the other they are certainly purely artistic works in which Martin's use of forms is clearly recognizable.

Out of Order part 2 furthermore features several text works. When reading texts, it is naturally understood that they are not meant to depict anything, but rather to convey contents. Mental images are created. On the one hand, they can indicate connections or their own context, but they can also simply be poetry. A good example of this is Andreas Slominski's *Die Erde, zur gleichen Zeit halb so klein und doppelt so groß.*

Ian Wilson's chalk circle, with which the artist made his farewells from the visual arts in 1968, is a central work in *Out of Order* part 1. Wilson has moved on to exclusively conducting discussions about the significance of certain aspects of art that he could not have initiated by merely creating classical works. Our exhibition activities at FAHRBEREITSCHAFT, which were unfortunately prohibited in 2018, were opened with a discussion by Ian Wilson about the absolute in art. In part 2 you can see the certificate documenting that this discussion took place.

In this way, the two exhibitions draw an overarching line across our conceptually oriented collection.

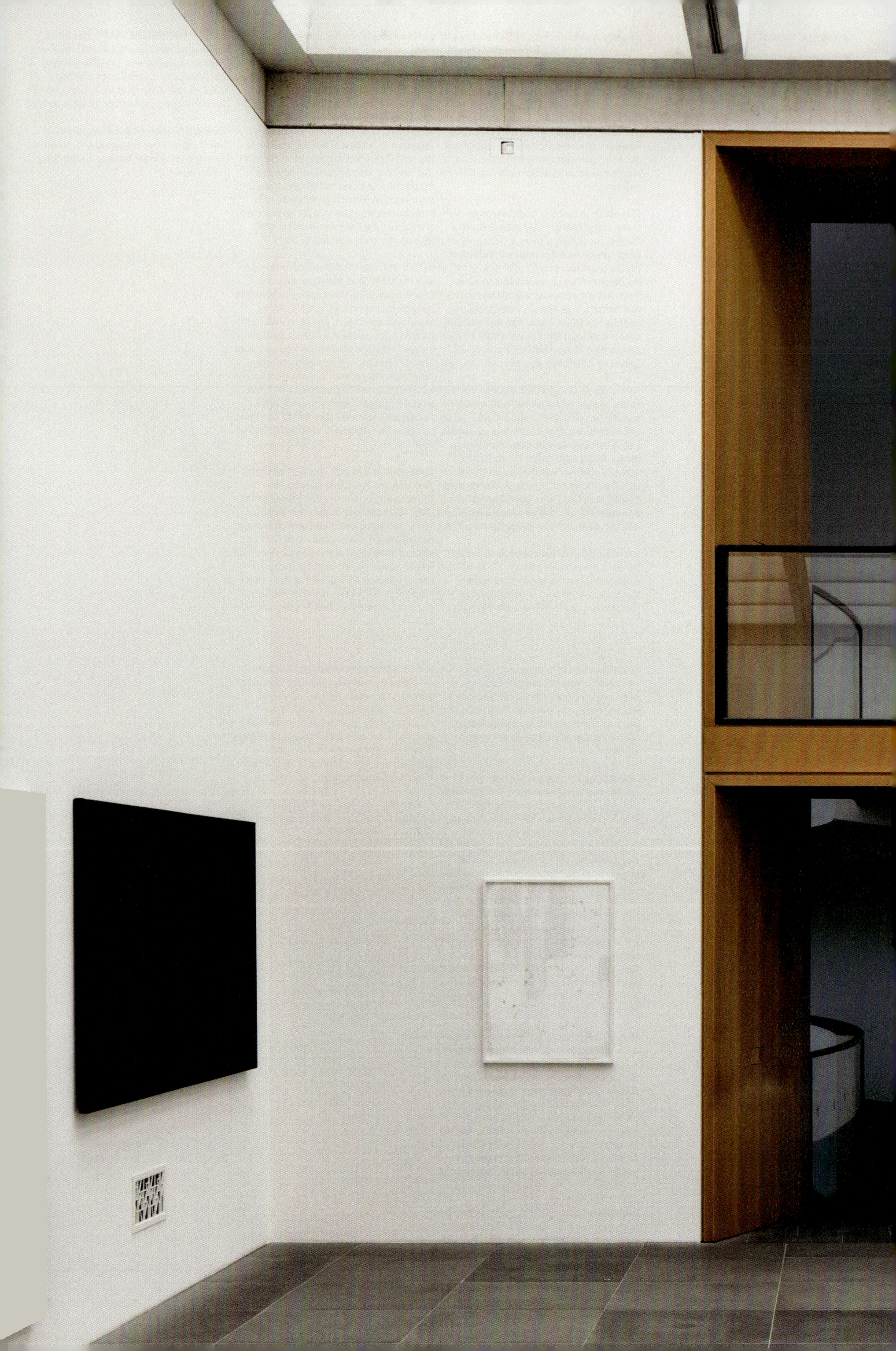

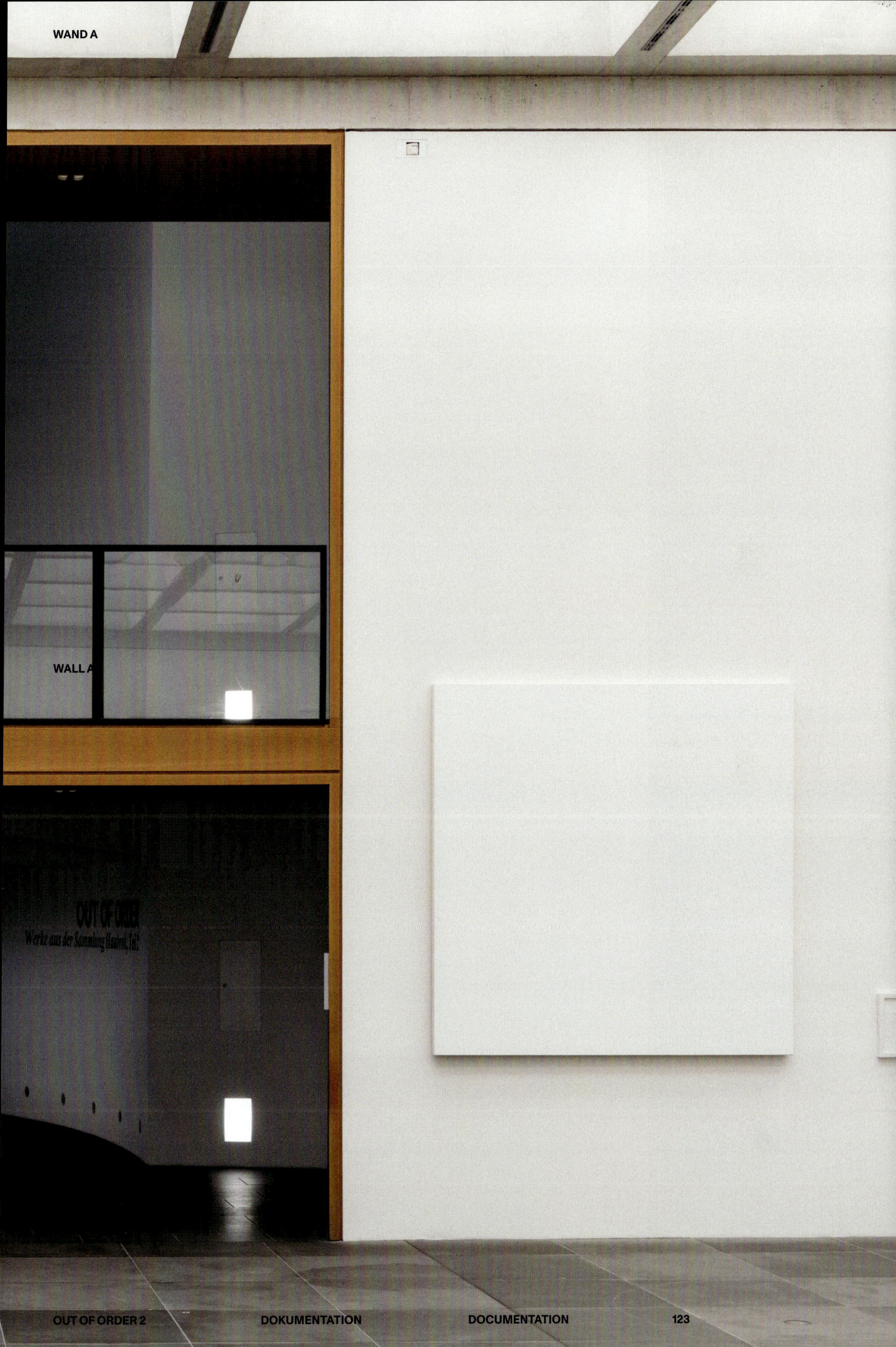
WALL A
OUT OF ORDER
Werke aus der Sammlung Haubrok, Teil 2

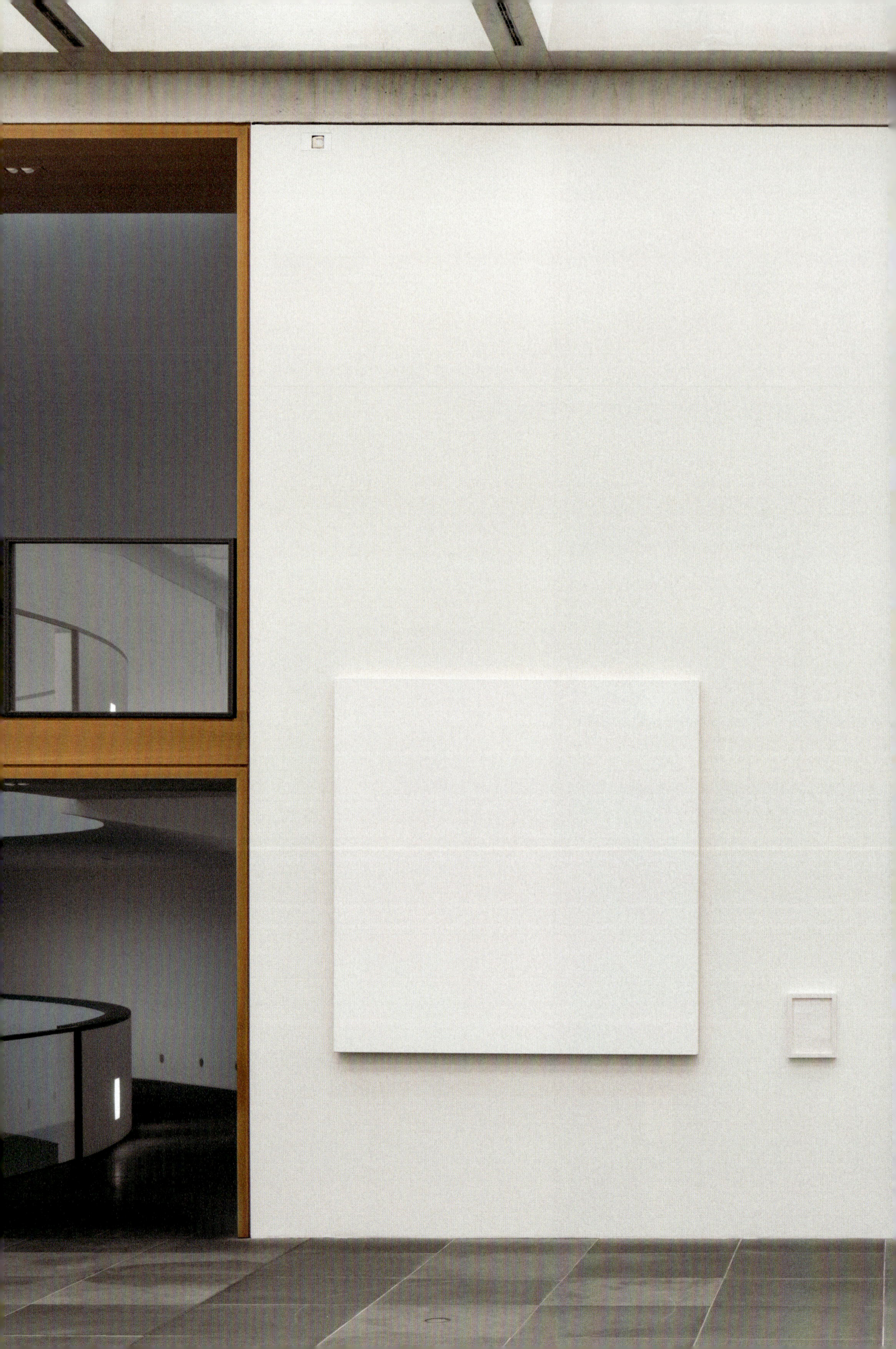

WALL A

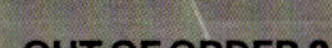

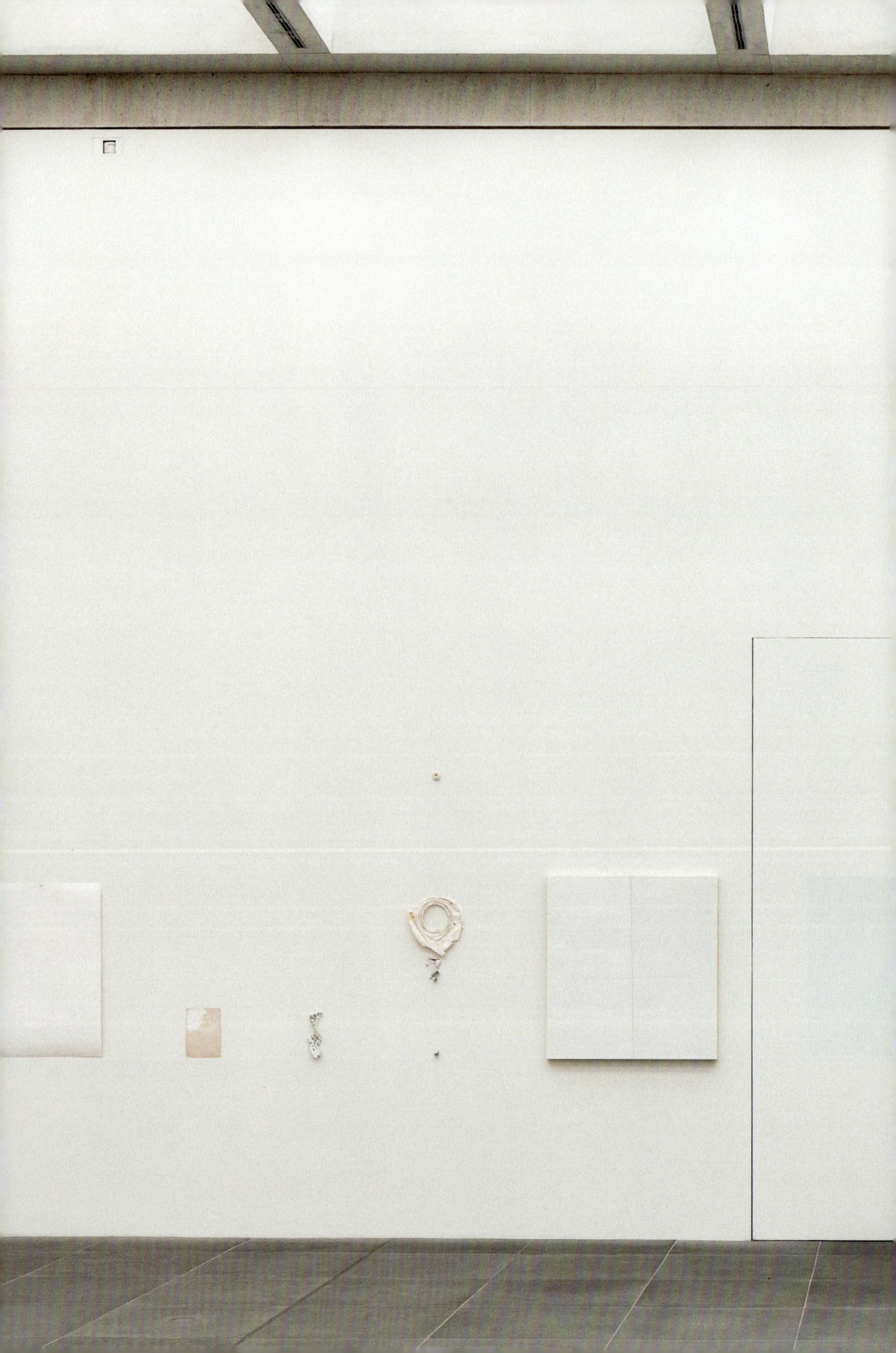

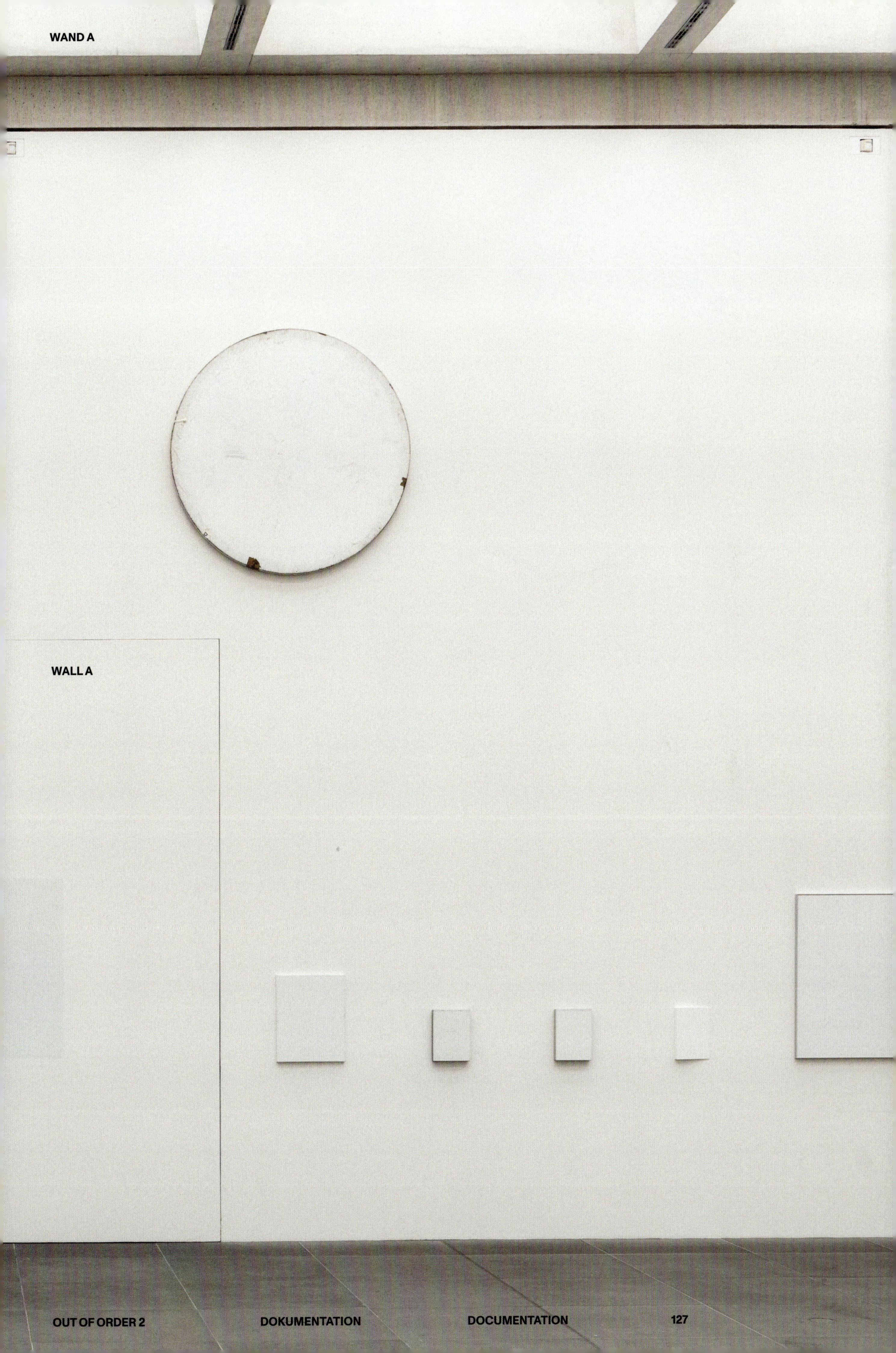

WALL A

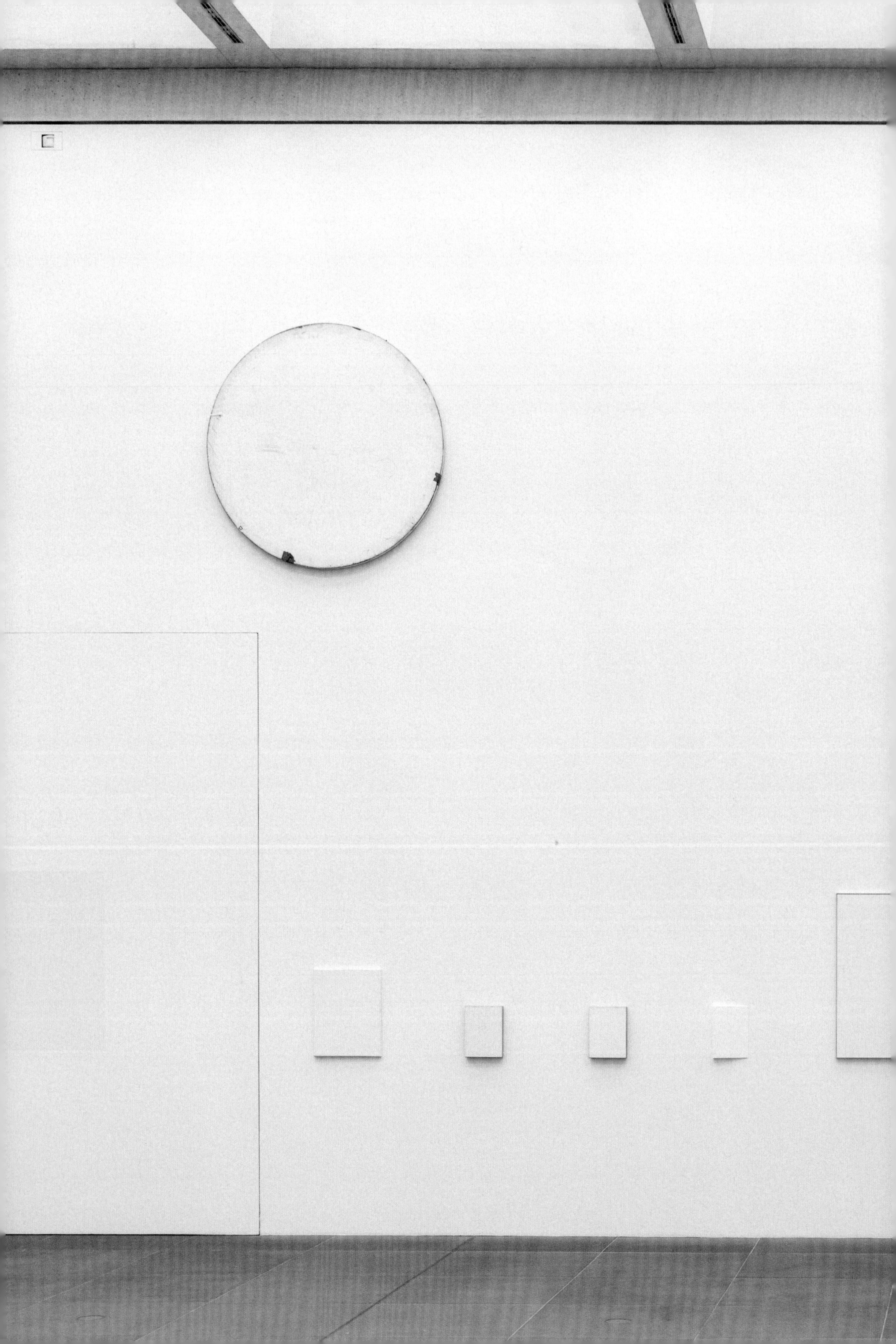

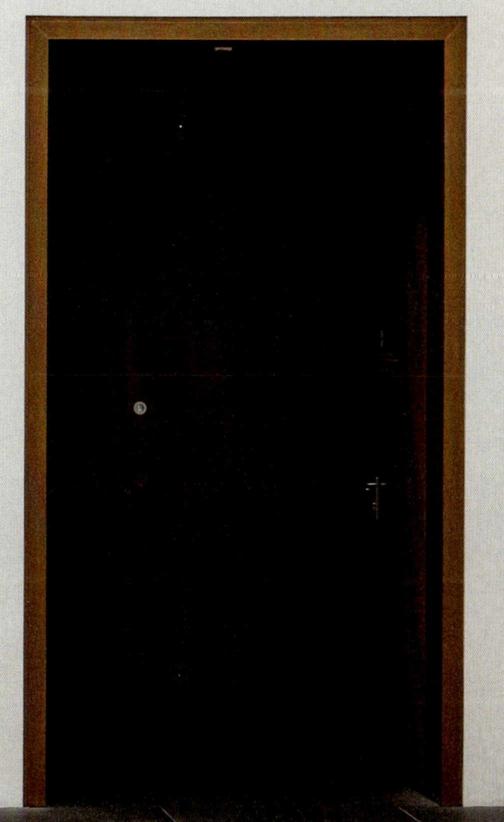

WALL A

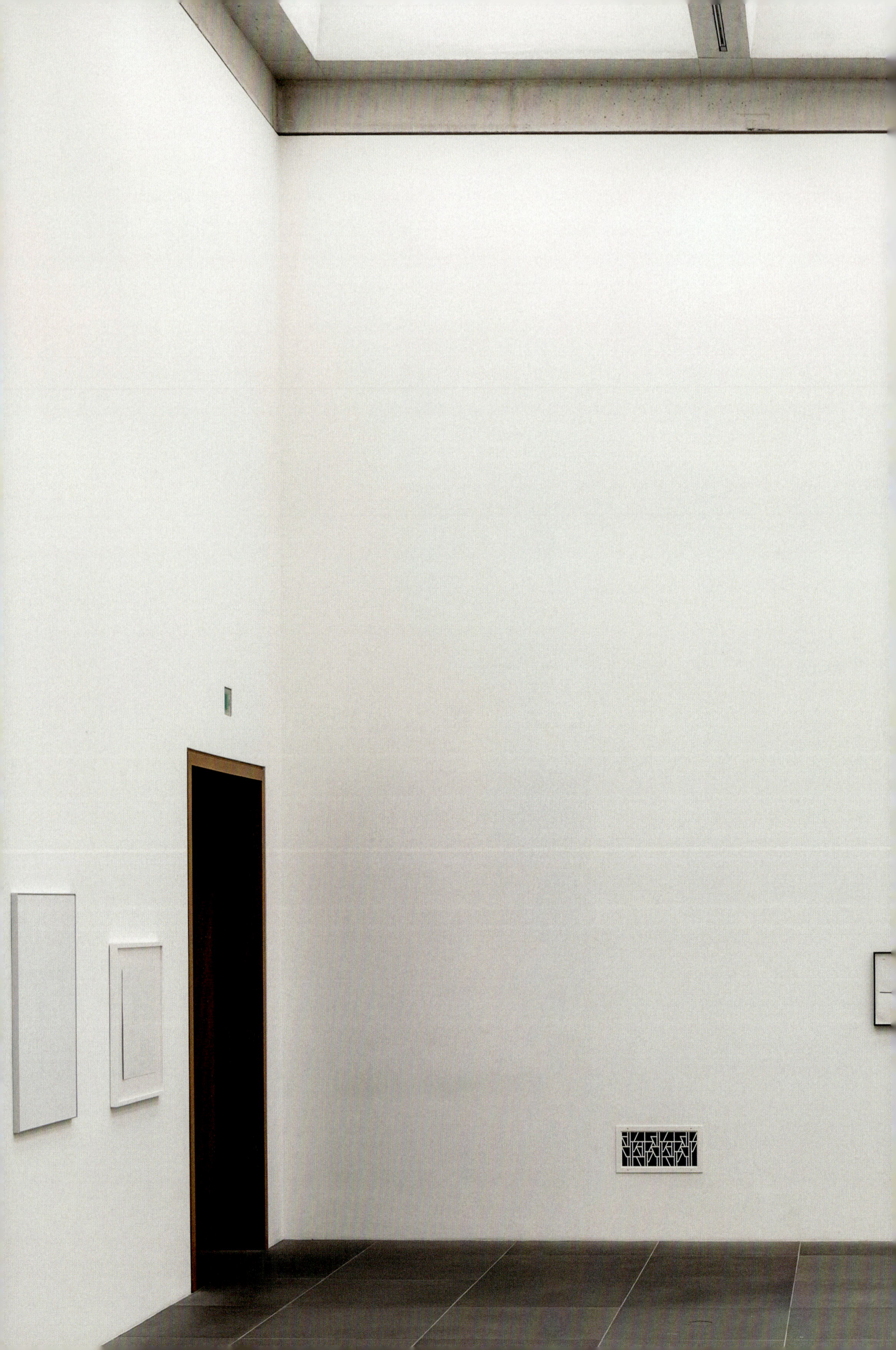

WALL B

WALL B

WALL B

WALL B

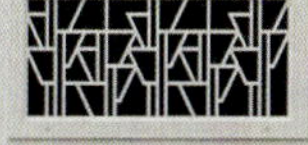

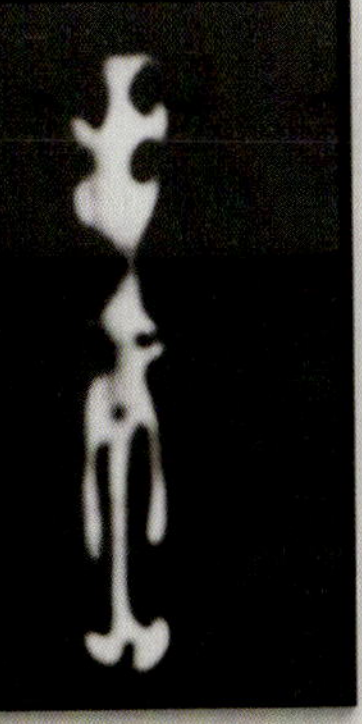
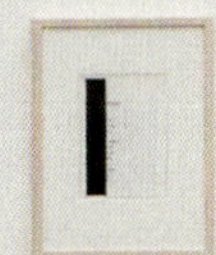
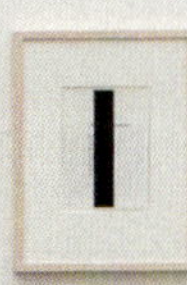
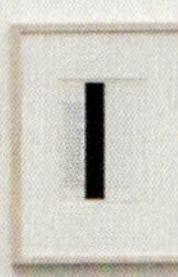
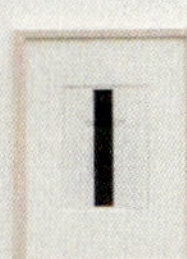
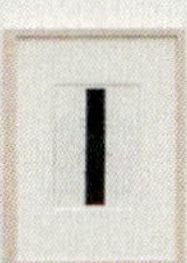
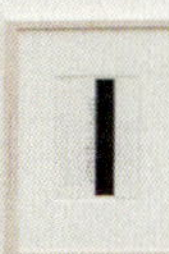

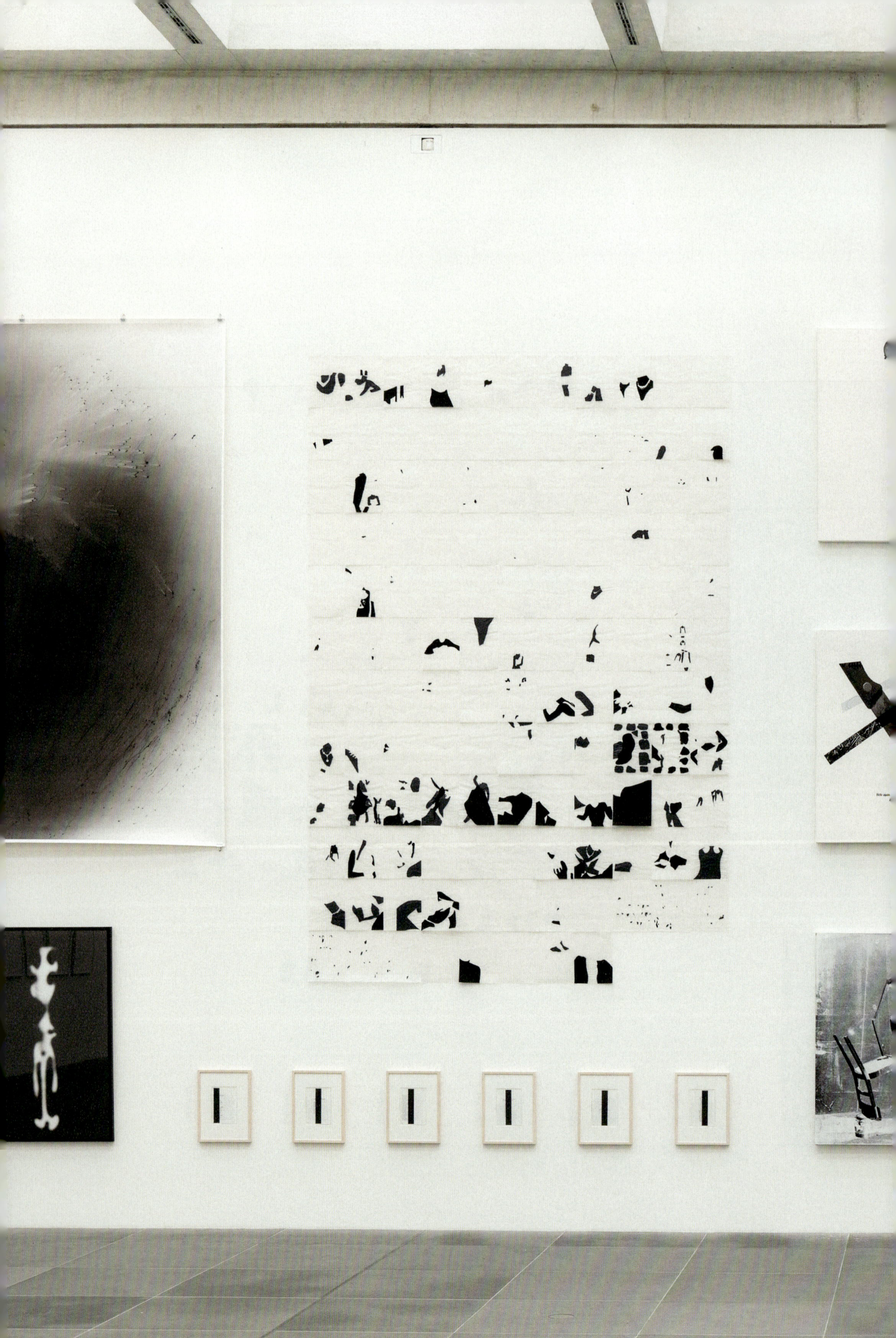

WALL C

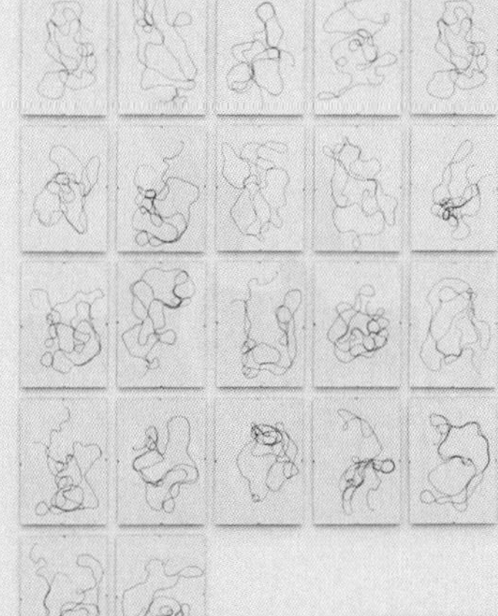

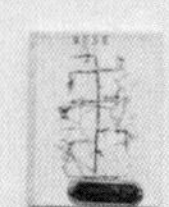

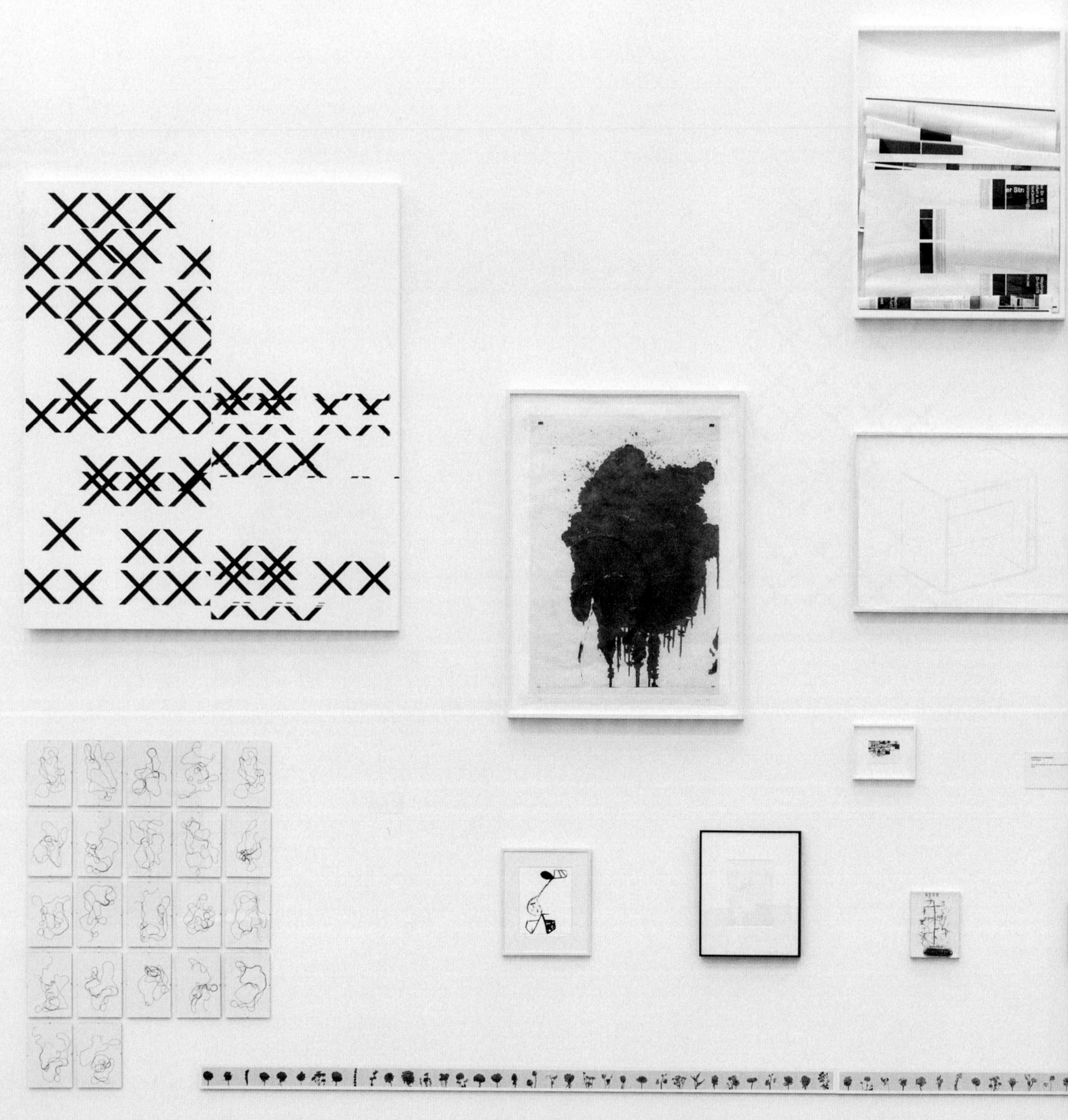

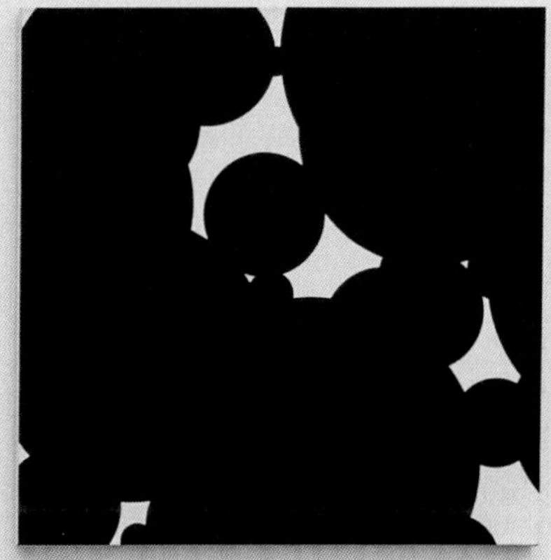

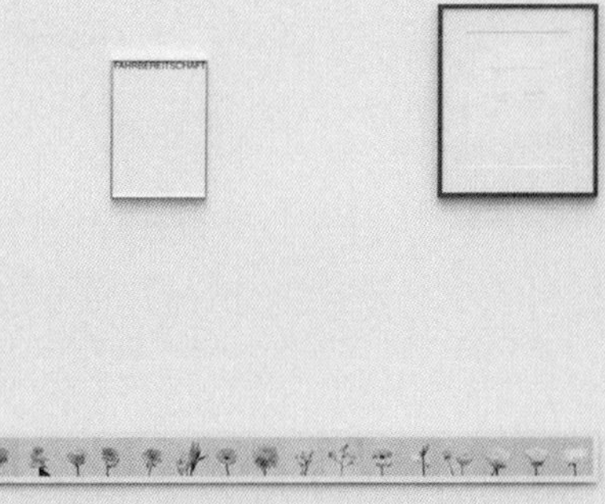

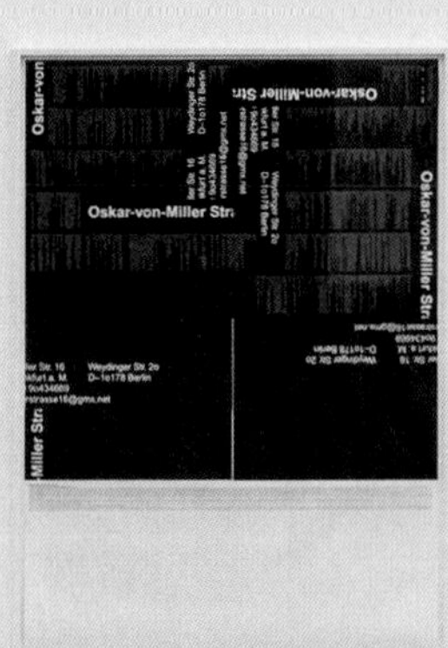

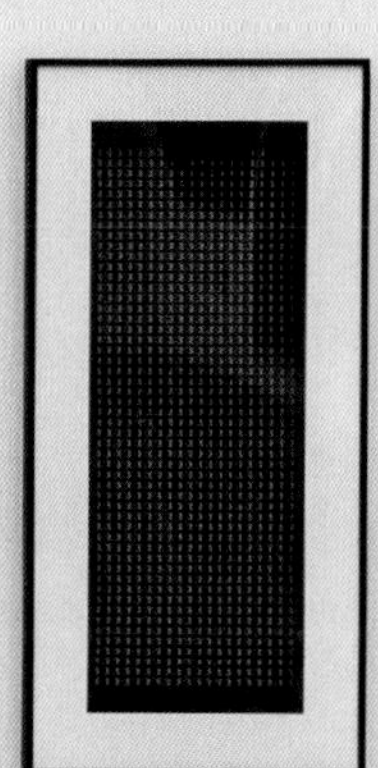

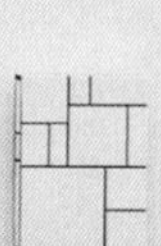

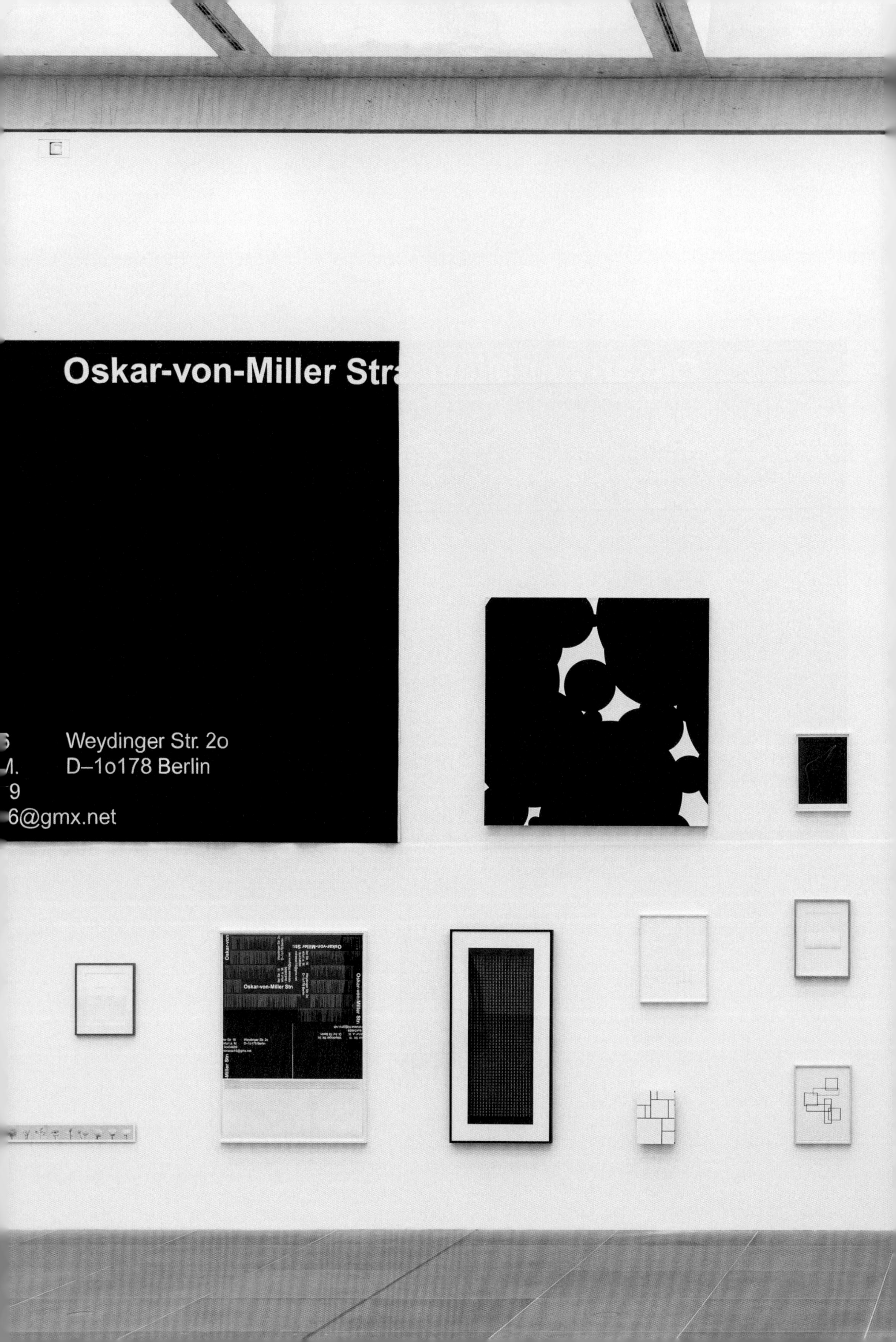

Oskar-von-Miller Stra

Weydinger Str. 2o
D–1o178 Berlin
9
6@gmx.net

WALL C

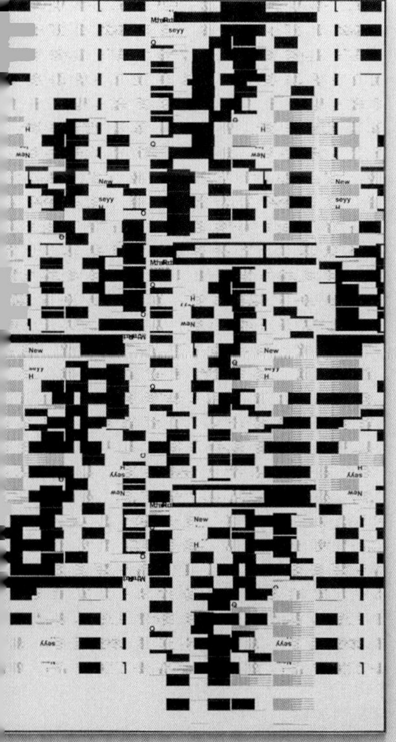

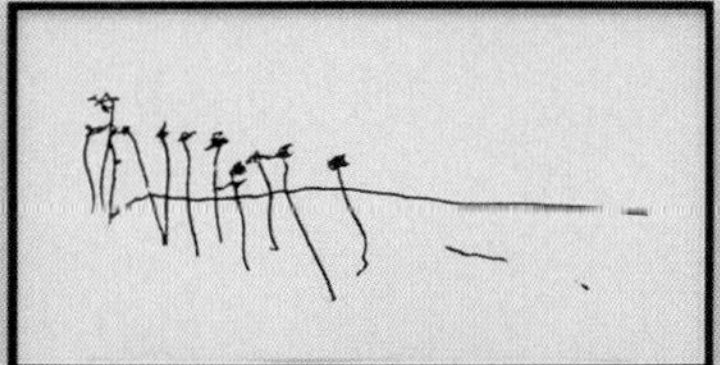
BEHIND these WORDS
is A PIECE of PAPER.
BEHIND the PAPER,
A WALL.
BEHIND THE WALL,
THE WORLD.

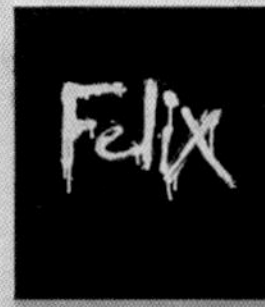
Felix

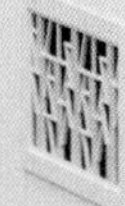

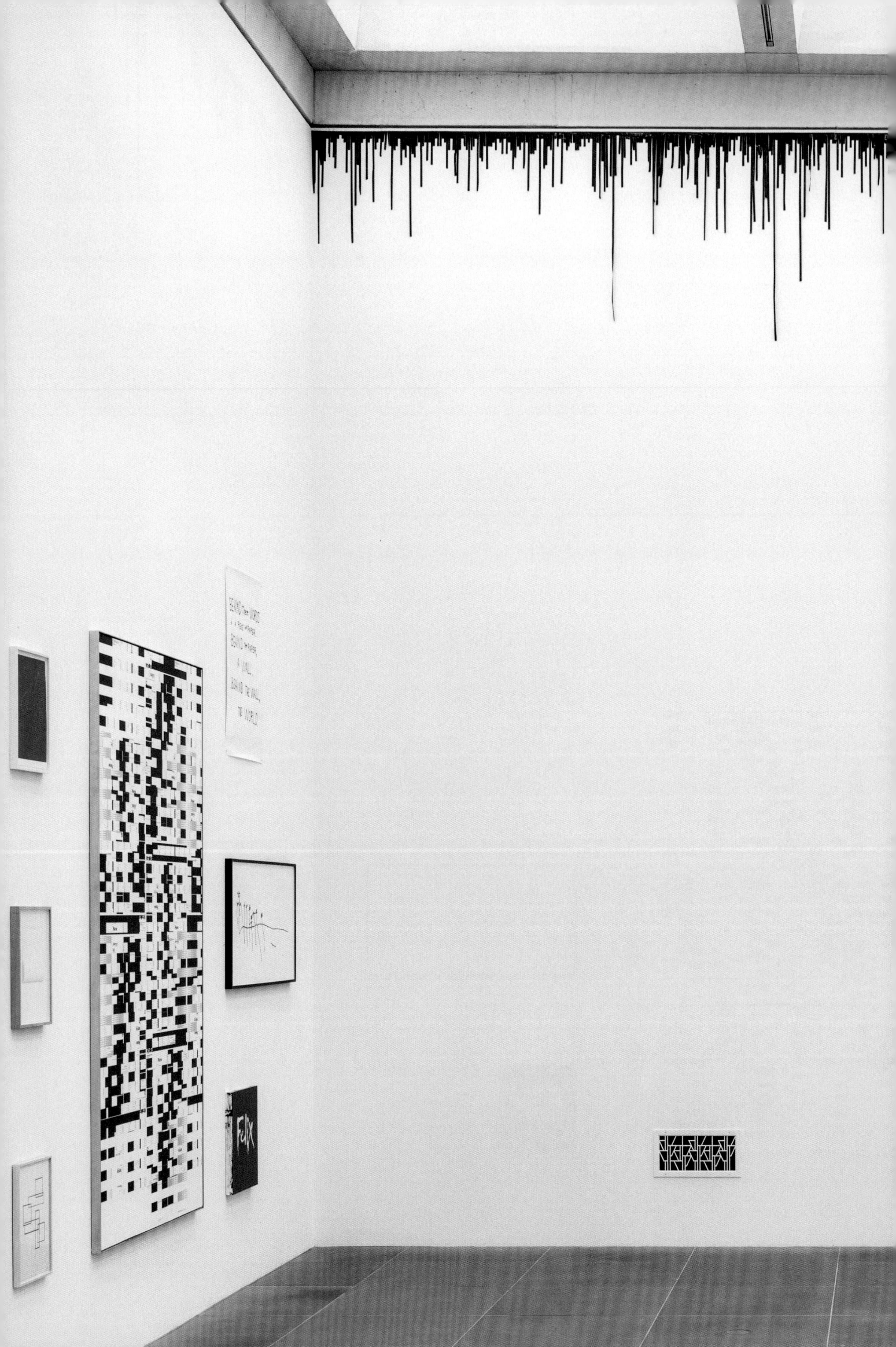

WALL D

WALL D

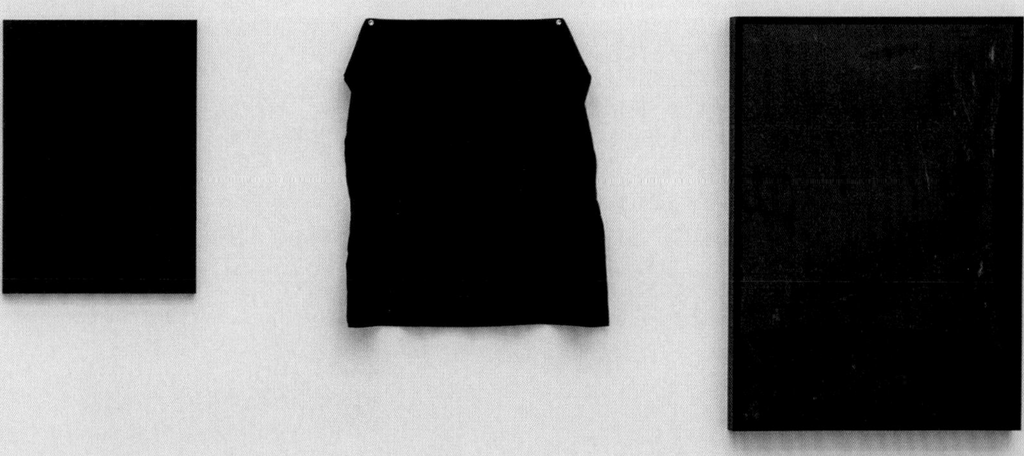

WALL D

WALL D

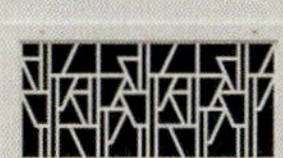

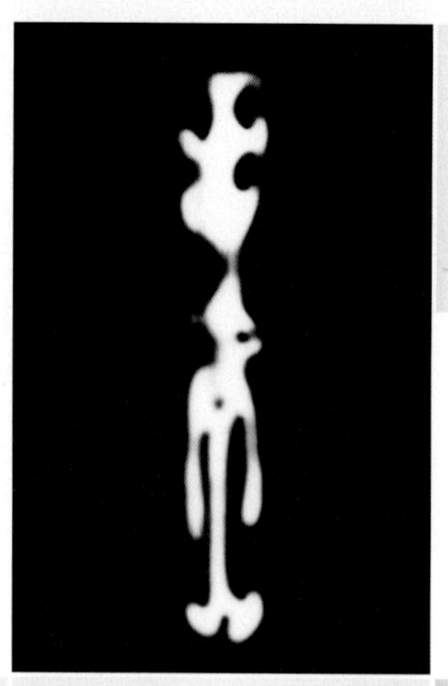
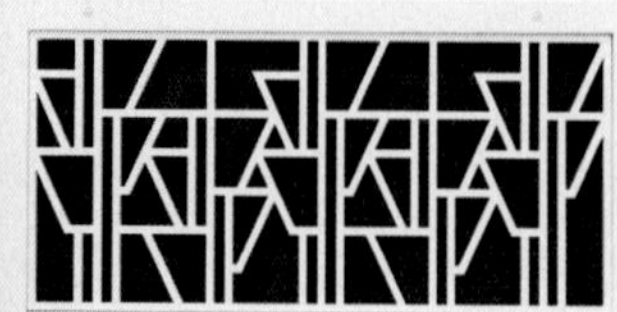
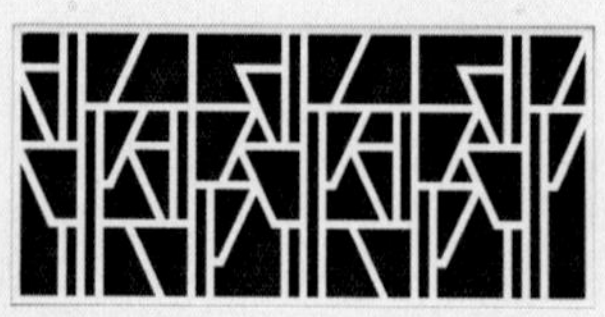
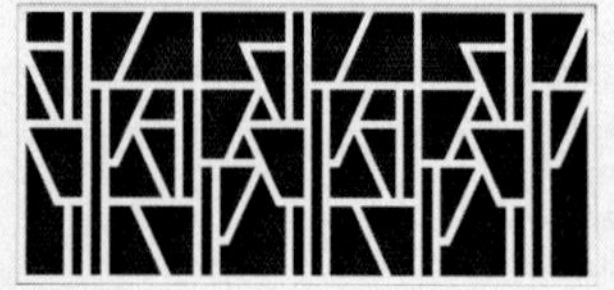
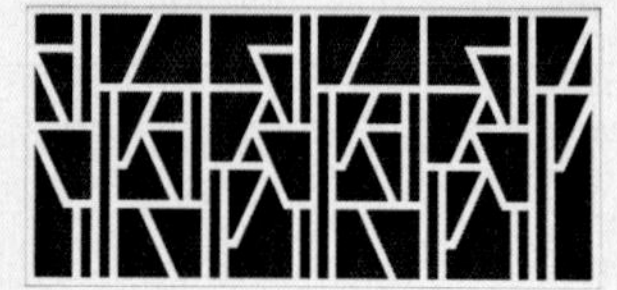
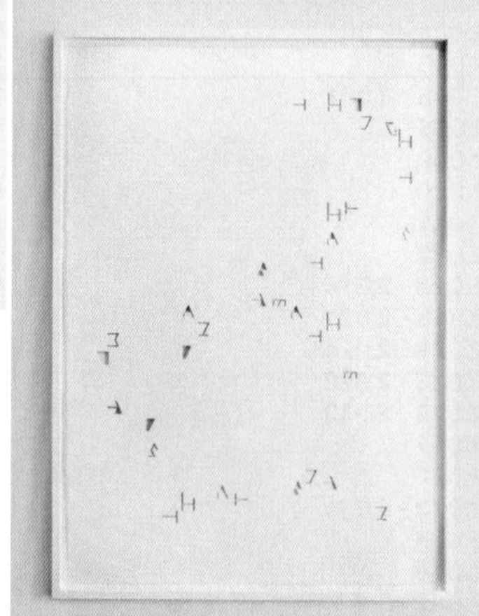
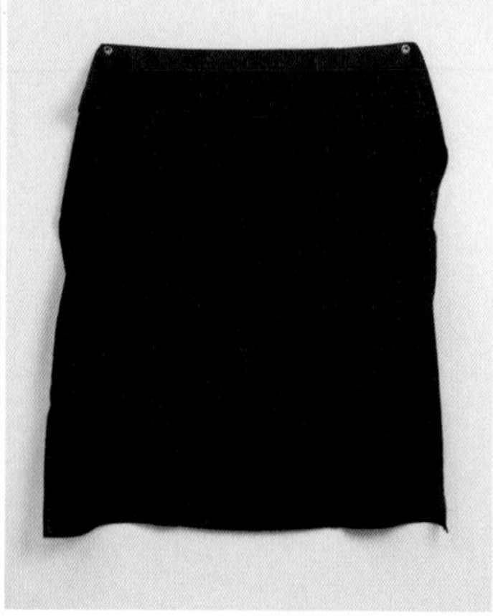

BEHIND these WORDS
is A PIECE of PAPER.
BEHIND the PAPER,
A WALL.
BEHIND THE WALL,
THE WORLD.

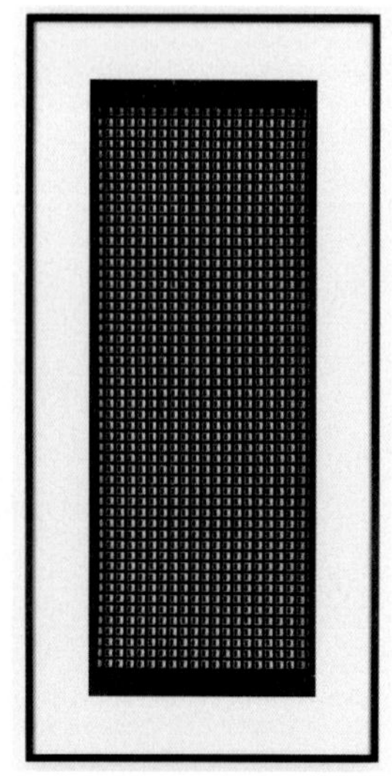
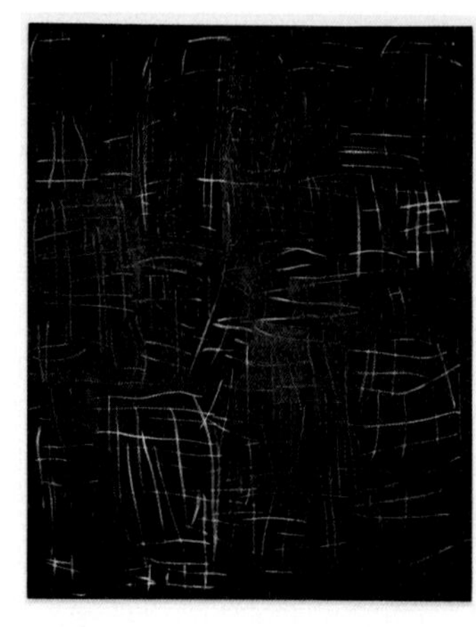

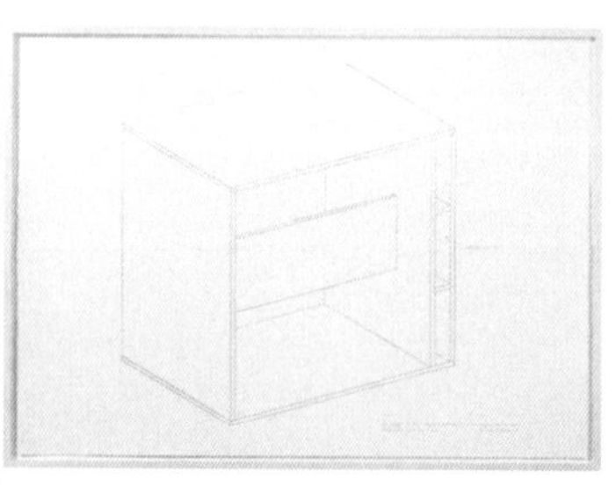

2.001
Artschwager, Richard

blp, 1967 / 2020, Vinylfolienplot / Vinyl film decal, 32,5 × 12,3 cm

2.002
Boyce, Martin

Phantom Limb 2003 (Sister), 2003, Fotografie / Photograph, 125 × 82 × 3 cm

2.003-1
Boyce, Martin

Sounds and Silences Wrought into Iron and Air, 2011, lackierter Stahl / Painted steel, 27 × 51,7 × 3 cm

2.003-2
Boyce, Martin

Sounds and Silences Wrought into Iron and Air, 2011, lackierter Stahl / Painted steel, 27 × 51,7 × 3 cm

2.003-3
Boyce, Martin

Sounds and Silences Wrought into Iron and Air, 2011, lackierter Stahl / Painted steel, 27 × 51,7 × 3 cm

2.003-4
Boyce, Martin

Sounds and Silences Wrought into Iron and Air, 2011, lackierter Stahl / Painted steel, 51,7 × 27 × 3 cm

2.004
Boyce, Martin

Thoughts that breathe, 2011, lasergeschnittenes Papier / Laser cut paper, 96 × 69 cm

2.005
Burr, Tom

Put Down, 2016, Künstlerfahne (Acryl auf schwarzem Sailtex, Aluminiumösen) / Artist flag (acrylic on black Sailtex, aluminum eyelets), 105 × 105 cm

2.006
Codax, Henry

Ohne Titel (weiß) / Untitled (White), 2011, Acryl auf Leinwand / Acrylic on canvas, 218 × 218 cm

2.007
Codax, Henry

Ohne Titel (schwarz) / Untitled (Black), 2014, Acryl auf Leinwand / Acrylic on canvas, 218 × 218 cm

2.008
Creed, Martin

Work No. 1262, 2011, Gefaltetes A4-Papier / Folded A4 paper, 29,7 × 21 cm

2.009
Durham, Jimmie

The World, 2017, Siebdruck auf C-Mat-150-Gramm-Papier / silkscreen print on c-mat 150 gr., 94 × 68 cm

2.010
Evans, Cerith Wyn

Katagami Screen 4, 2015, Papierschablone, Maulbeerpapier, Persimonen-Lack, Seidenfaden, Künstlerrahmen / paper stencil, mulberry paper, persimmon lacquer, silk thread, artist frame, 124,5 × 62 × 4 cm

2.011
Förg, Günther

Ohne Titel / Untitled, 1996, schwarzes Gesso, Kreide auf Leinwand / Black gesso, crayon on canvas, 200 × 160 cm

2.012
Garcia-Torres, Mario

N.D. / n.d., 2016, Graphit auf Plastilita auf Leinwand / Graphite on plastilita on canvas, 25 × 20 cm

2.013
Graham, Rodney

Concordance to the Standard Edition: Six Reference Desks in Oak, Volume 4 (M-P), 1992, Bleistift auf Papier / Pencil on paper, 77 × 107 cm

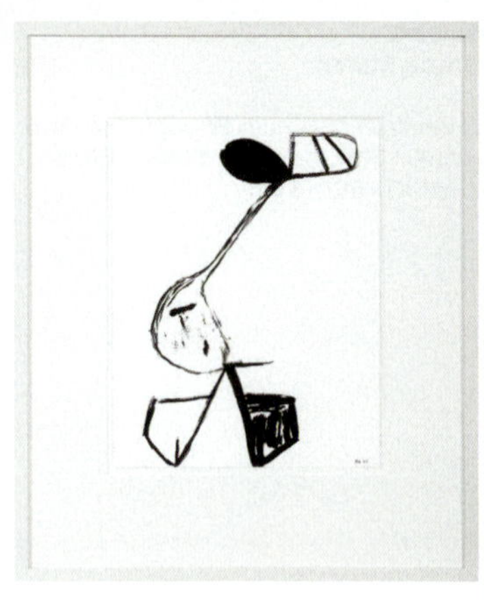

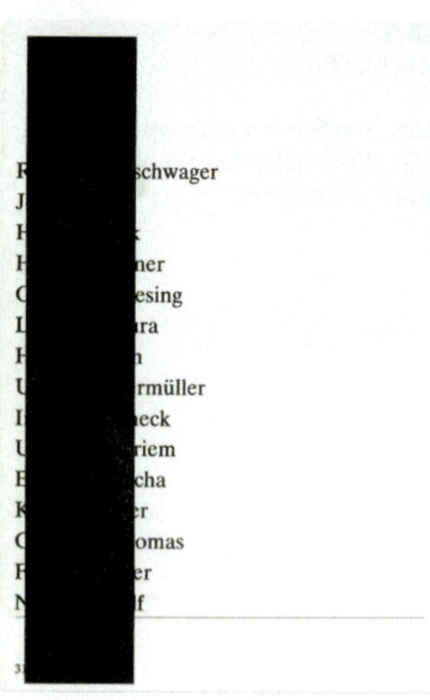
…schwager
J…
H…
H… …esing
C… …
L… …ra
H… …n
U… …rmüller
I… …beck
Joel …
Pet… …riem
Davi…
E… …cha
K… …er
C… …omas
F… …er
N… …f
3…

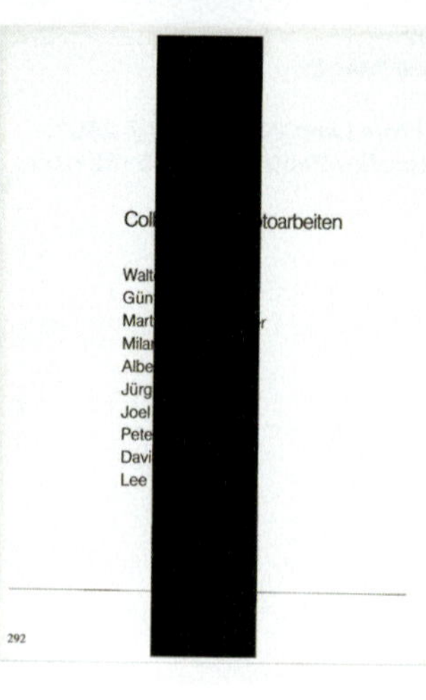
Col… …toarbeiten
Walt…
Gün…
Mart… …er
Milan…
Albe…
Jürg…
Joel…
Pete…
Davi…
Lee …
292

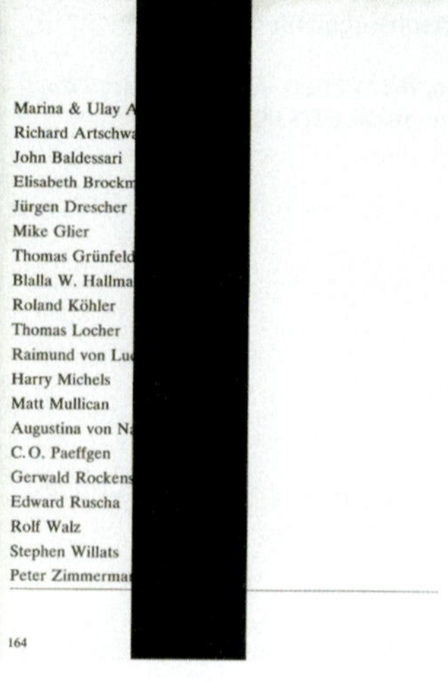
Marina & Ulay A…
Richard Artschwa…
John Baldessari
Elisabeth Brockm…
Jürgen Drescher
Mike Glier
Thomas Grünfeld…
Blalla W. Hallma…
Roland Köhler
Thomas Locher
Raimund von Lue…
Harry Michels
Matt Mullican
Augustina von Na…
C.O. Paeffgen
Gerwald Rockens…
Edward Ruscha
Rolf Walz
Stephen Willats
Peter Zimmerma…
164

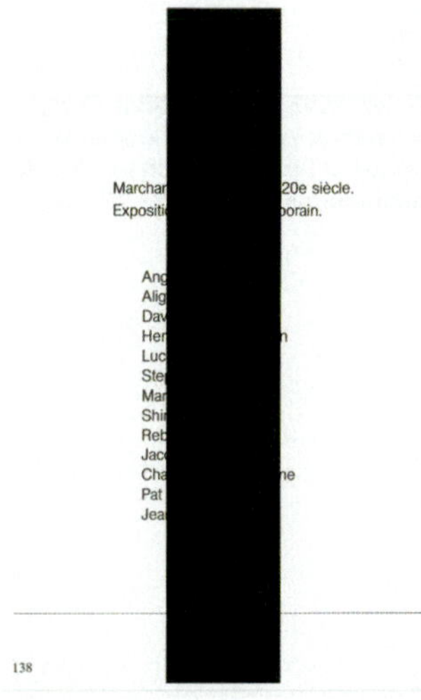
Marchan… …20e siècle.
Expositio… …porain.

Ang…
Alig…
Davi…
Herr… …n
Luc…
Step…
Mar…
Shi…
Reb…
Jac…
Cha… …ne
Pat…
Jea…
138

P… …
Ge… …ne
En… …er
Th… …er

H… …
Ba… …ch
Anto… …mann
T… …
T… …e

Si… …dt
402

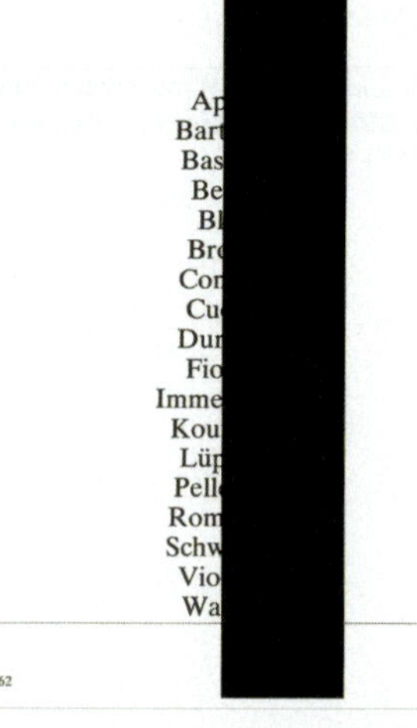
Ap…
Bar…
Bas…
Be…
Bl…
Bro…
Con…
Cue…
Dur…
Fio…
Imme…
Kou…
Lüp…
Pell…
Rom…
Schw…
Vio…
Wa…
362

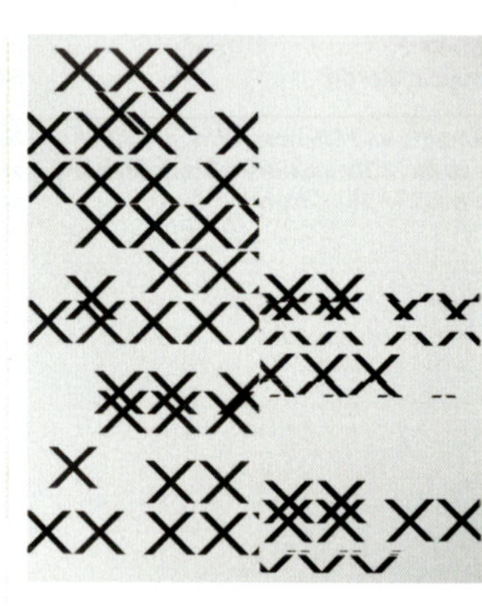

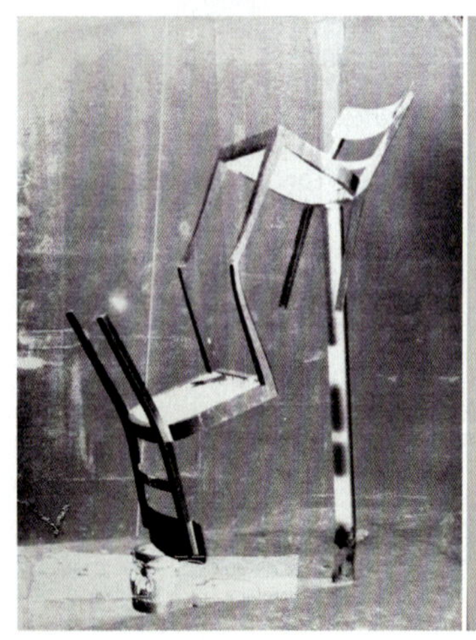

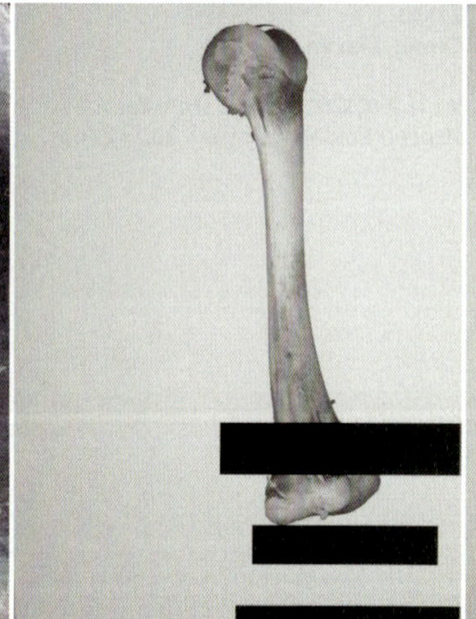

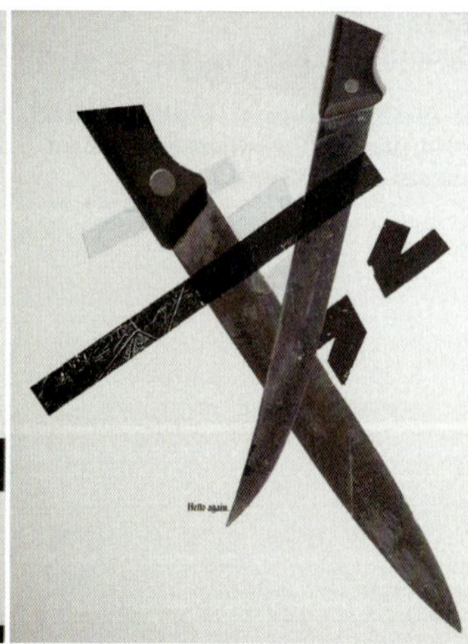
Hello again.

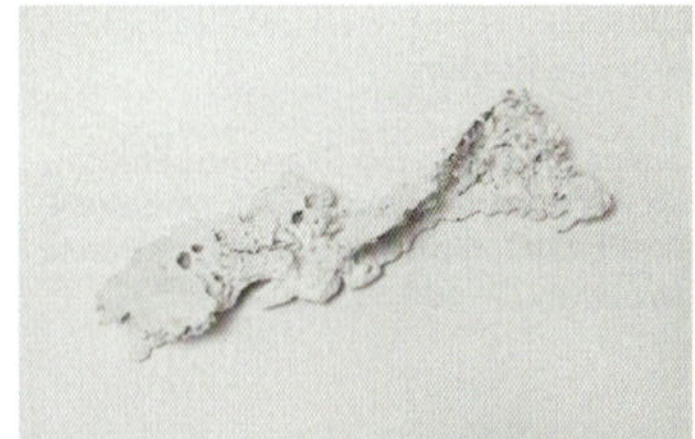

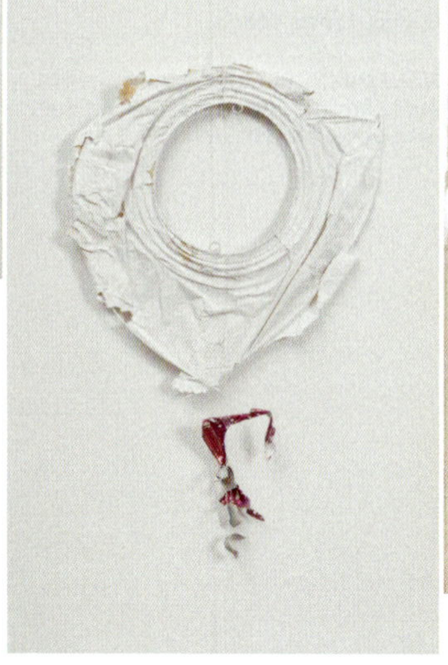

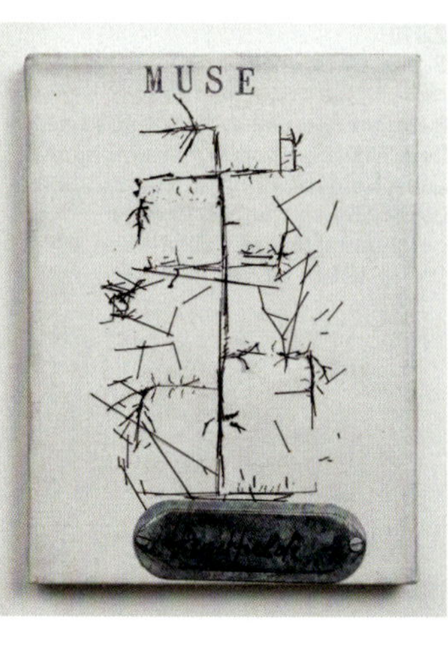
MUSE

2.014
Graham, Rodney

Ohne Titel / Untitled, 2003, Tintenstrahldruck auf Buchseite / Inkjet
print on book page, 21×14,7 cm

2.015
Guyton, Wade

Acria #8, 2003, Tintenstrahldruck
auf Buchseite / Inkjet print on book
page, 21×14,7 cm

2.016
Guyton, Wade

Acria #12, 2003, Tintenstrahldruck
auf Buchseite / Inkjet print on book
page, 21×14,7 cm

2.017
Guyton, Wade

Acria #17, 2003, Tintenstrahldruck auf
Buchseite / Inkjet print on book page,
21×14,7 cm

2.018
Guyton, Wade

Acria #19, 2003, Tintenstrahldruck
auf Buchseite / Inkjet print on book
page, 21×14,7 cm

2.019
Guyton, Wade

Acria #24, 2003, Tintenstrahldruck
auf Buchseite / Inkjet print on book
page, 21×14,7 cm

2.020
Guyton, Wade

Acria #25, 2003, Tintenstrahldruck
auf Buchseite / Inkjet print on book
page, 21×14,7 cm

2.021
Guyton, Wade

Ohne Titel / Untitled, 2006, Epson-
UltraChrome-Tintenstrahldruck auf
Leinwand / Epson UltraChrome inkjet
print on linen, 203×175 cm

2.022
Guyton \ Walker

Domaine White, 2004, Siebdruck und
Tintenstrahldruck auf Leinwand /
Silkscreen and inkjet print on canvas,
121,9×91,4 cm

2.023
Guyton \ Walker

Ohne Titel (Knochen) / Untitled (Bone),
2005, Siebdruck und Tintenstrahldruck
auf Leinwand / Silkscreen and inkjet
print on canvas, 121,9×91,4 cm

2.024
Guyton \ Walker

Ohne Titel (Ketel I) / Untitled (Ketel I),
2005, Siebdruck und Tintenstrahldruck
auf Leinwand / Silkscreen and inkjet
print on canvas, 121,9×91,4 cm

2.025
Haugaard Madsen, Lone

Raum #241-1 Zeichnung, 2009,
Papier / Paper, 100×70cm

2.026
Haugaard Madsen, Lone

Raum #260-33, 2010, Übermalte
Bronze / Overpainted bronze,
27×10×4 cm

2.027
Haugaard Madsen, Lone

Raum #260-4, 2010, Lampenschirm-
stück, Schokoladenpapier, Eisen-
behälter, Faden, Farbe / Part of a
lampshade, chocolate wrapping paper,
metal container, thread, paint,
165×40 cm

2.028
Haugaard Madsen, Lone

Ohne Titel / Untitled, 2011, Acryl auf
Papier / Acrylic on paper, 29,7×21 cm

2.029
Herold, Georg

Ohne Titel / Untitled, 1988, Faden,
Metallplatte, Markierstift, Schrauben
und Tinte auf Leinwand / Thread,
metallic plate, marker pen, screws
and ink on canvas, 38,6×23 cm

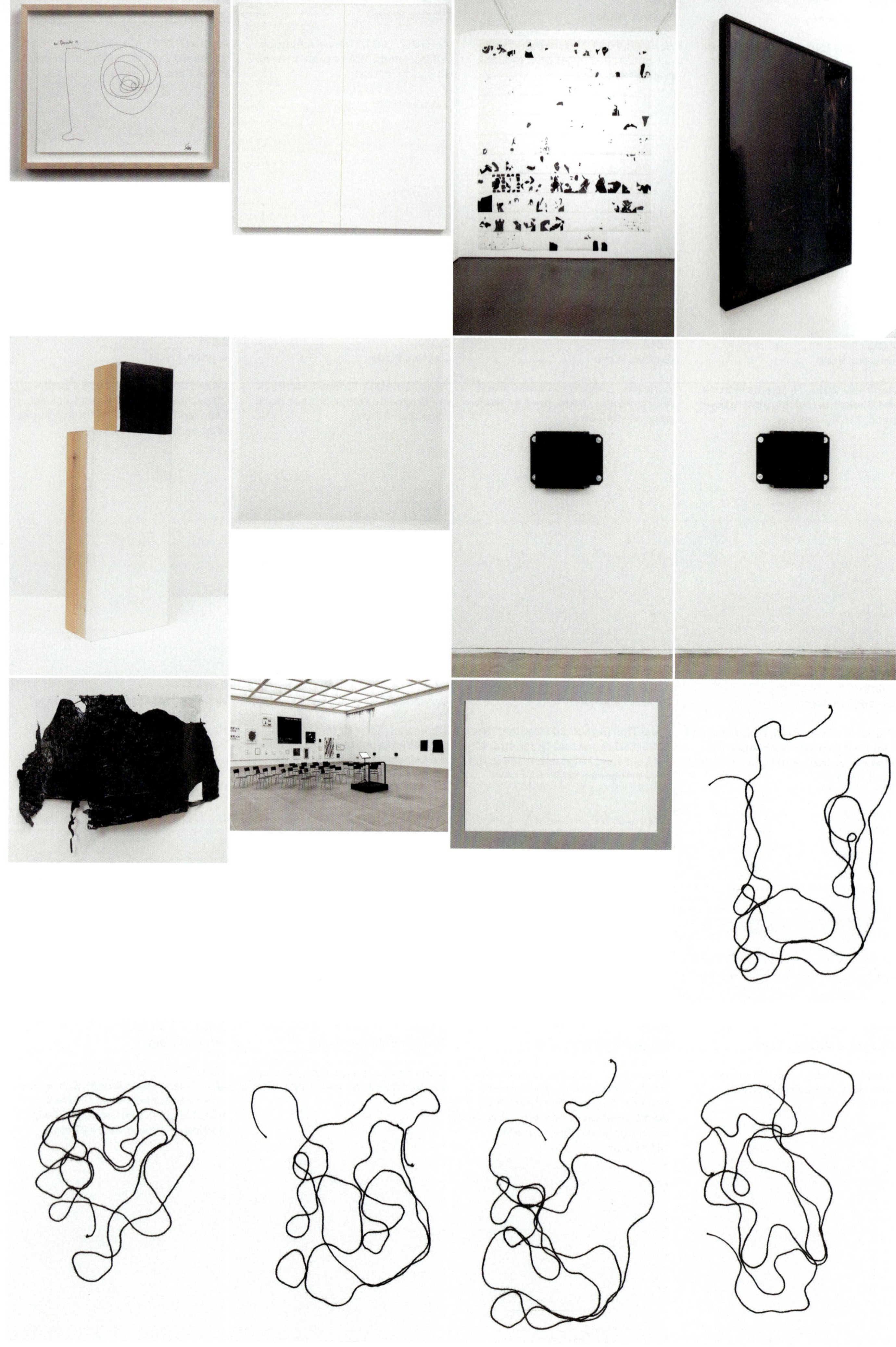

2.030
Herold, Georg

No Desaster III, 1988, Filzstift auf
Papier / Felt-tip on paper, 21×28 cm

2.031
Innes, Callum

Agitated Vertical White, 1995, Öl auf
Leinwand / Oil on canvas, 105×100 cm

2.032
Jacir, Emily

*From Paris to Riyadh (Drawings for my
mother) Juin / juillet 1990*, 1999–2001,
Filzstift auf Velin, Marker on Vellum,
360×252 cm

2.033
Knoebel, Imi

Ohne Titel / Untitled, 1990, Gouache,
schwarze Folie, Collage / Gouache,
black foil, collage, 140×100 cm

2.034
Knoebel, Imi

Pinguin, 1992, Acryl auf Holz / Acrylic
on wood, 40×15×7,6 cm

2.035
Lyall, Scott

Pedagogical Fidelity (pf3), 2004–2007,
Digitalfoto auf Vinyl / Digital photograph on vinyl, 107×127 cm

2.036-1
McArthur, Park

Passive Vibration Durometer Facts 8,
2018, 2 laminierte Rampenstoßfänger
aus Gummi, Eisenwaren / 2 laminated
rubber loading dock bumpers, hardware,
30,48×40,64×12,07 cm

2.036-2
McArthur, Park

Passive Vibration Durometer Facts 8,
2018, 2 laminierte Rampenstoßfänger
aus Gummi, Eisenwaren / 2 laminated
rubber loading dock bumpers, hardware,
30,48×40,64×12,07 cm

2.037
McMillian, Rodney

*Ohne Titel (aus der Serie „The Clam-
petts") / Untitled (from the Series
"The Clampetts")*, 2010, Latex, Papier,
Baumwolle, Maschendraht / Latex,
paper, canvas, chicken wire, 88×160 cm

1.054
Meyers, Ari Benjamin

*The Ligthning and Its Flash (Solo for
Conductor) (Installation Version)*,
2011, Digitaldruck auf Naturpapier,
Fadenbindung, Notenständer,
Dirigentenpodest, Stühle / Digital
print on natural paper, thread bound,
conductor's podium, chairs, Maße
variabel / dimensions variable

2.038
Monk, Jonathan

My Height in HB Pencil, 2002, Bleistift
auf Postkarte / Pencil on postcard,
10×15 cm

2.039-1
Monk, Jonathan

22 Portraits of Axel Haubrok, 2006,
Fotokopien / Photocopies, 29,7×21 cm

2.039-2
Monk, Jonathan

22 Portraits of Axel Haubrok, 2006,
Fotokopien / Photocopies, 29,7×21 cm

2.039-3
Monk, Jonathan

22 Portraits of Axel Haubrok, 2006,
Fotokopien / Photocopies, 29,7×21 cm

2.039-4
Monk, Jonathan

22 Portraits of Axel Haubrok, 2006,
Fotokopien / Photocopies, 29,7×21 cm

2.039-5
Monk, Jonathan

22 Portraits of Axel Haubrok, 2006,
Fotokopien / Photocopies, 29,7×21 cm

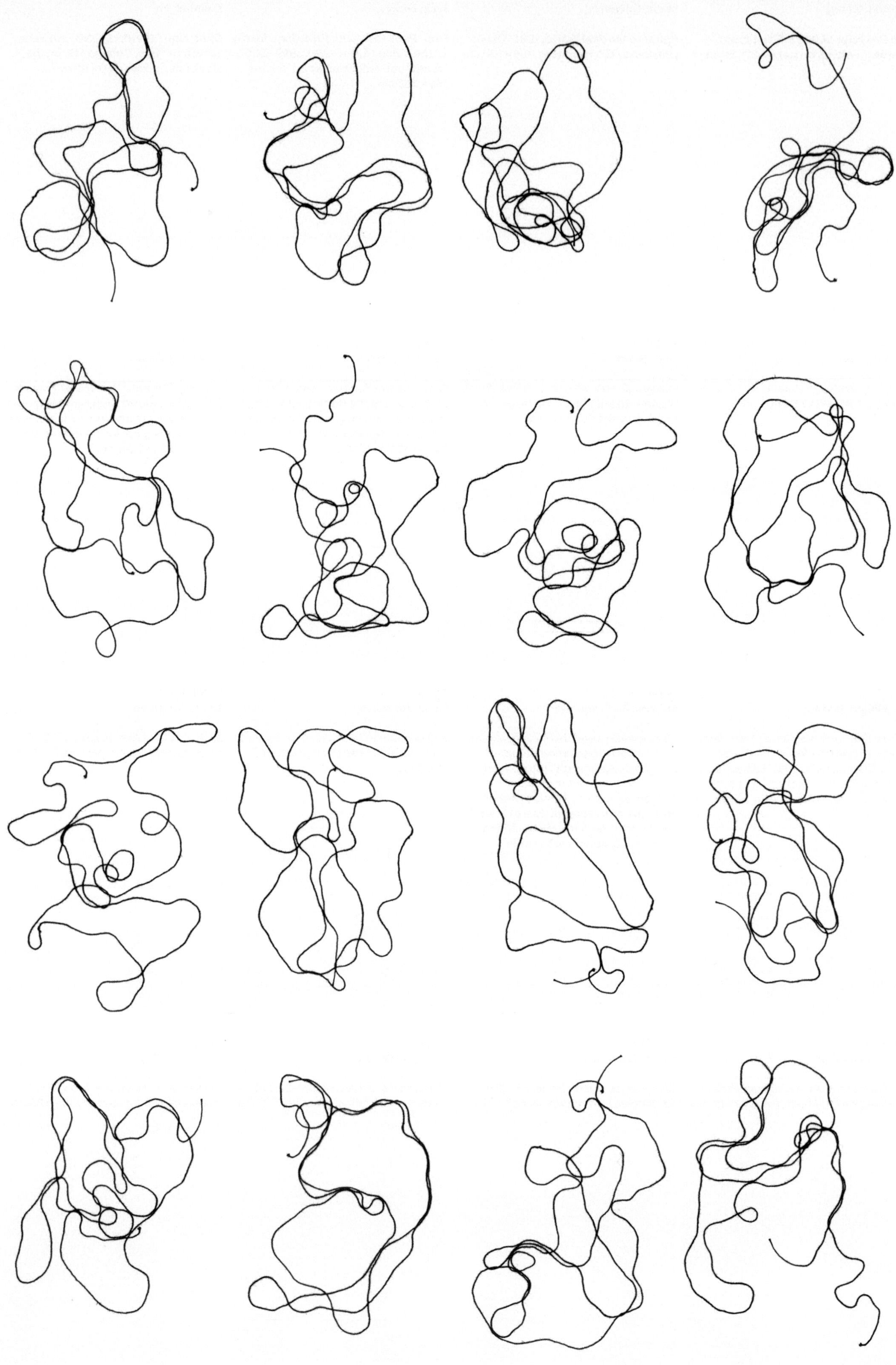

2.039-6
Monk, Jonathan

22 Portraits of Axel Haubrok, 2006,
Fotokopien / Photocopies, 29,7 × 21 cm

2.039-7
Monk, Jonathan

22 Portraits of Axel Haubrok, 2006,
Fotokopien / Photocopies, 29,7 × 21 cm

2.039-8
Monk, Jonathan

22 Portraits of Axel Haubrok, 2006,
Fotokopien / Photocopies, 29,7 × 21 cm

2.039-9
Monk, Jonathan

22 Portraits of Axel Haubrok, 2006,
Fotokopien / Photocopies, 29,7 × 21 cm

2.039-10
Monk, Jonathan

22 Portraits of Axel Haubrok, 2006,
Fotokopien / Photocopies, 29,7 × 21 cm

2.039-11
Monk, Jonathan

22 Portraits of Axel Haubrok, 2006,
Fotokopien / Photocopies, 29,7 × 21 cm

2.039-12
Monk, Jonathan

22 Portraits of Axel Haubrok, 2006,
Fotokopien / Photocopies, 29,7 × 21 cm

2.039-13
Monk, Jonathan

22 Portraits of Axel Haubrok, 2006,
Fotokopien / Photocopies, 29,7 × 21 cm

2.039-14
Monk, Jonathan

22 Portraits of Axel Haubrok, 2006,
Fotokopien / Photocopies, 29,7 × 21 cm

2.039-15
Monk, Jonathan

22 Portraits of Axel Haubrok, 2006,
Fotokopien / Photocopies, 29,7 × 21 cm

2.039-16
Monk, Jonathan

22 Portraits of Axel Haubrok, 2006,
Fotokopien / Photocopies, 29,7 × 21 cm

2.039-17
Monk, Jonathan

22 Portraits of Axel Haubrok, 2006,
Fotokopien / Photocopies, 29,7 × 21 cm

2.039-18
Monk, Jonathan

22 Portraits of Axel Haubrok, 2006,
Fotokopien / Photocopies, 29,7 × 21 cm

2.039-19
Monk, Jonathan

22 Portraits of Axel Haubrok, 2006,
Fotokopien / Photocopies, 29,7 × 21 cm

2.039-20
Monk, Jonathan

22 Portraits of Axel Haubrok, 2006,
Fotokopien / Photocopies, 29,7 × 21 cm

2.039-21
Monk, Jonathan

22 Portraits of Axel Haubrok, 2006,
Fotokopien / Photocopies, 29,7 × 21 cm

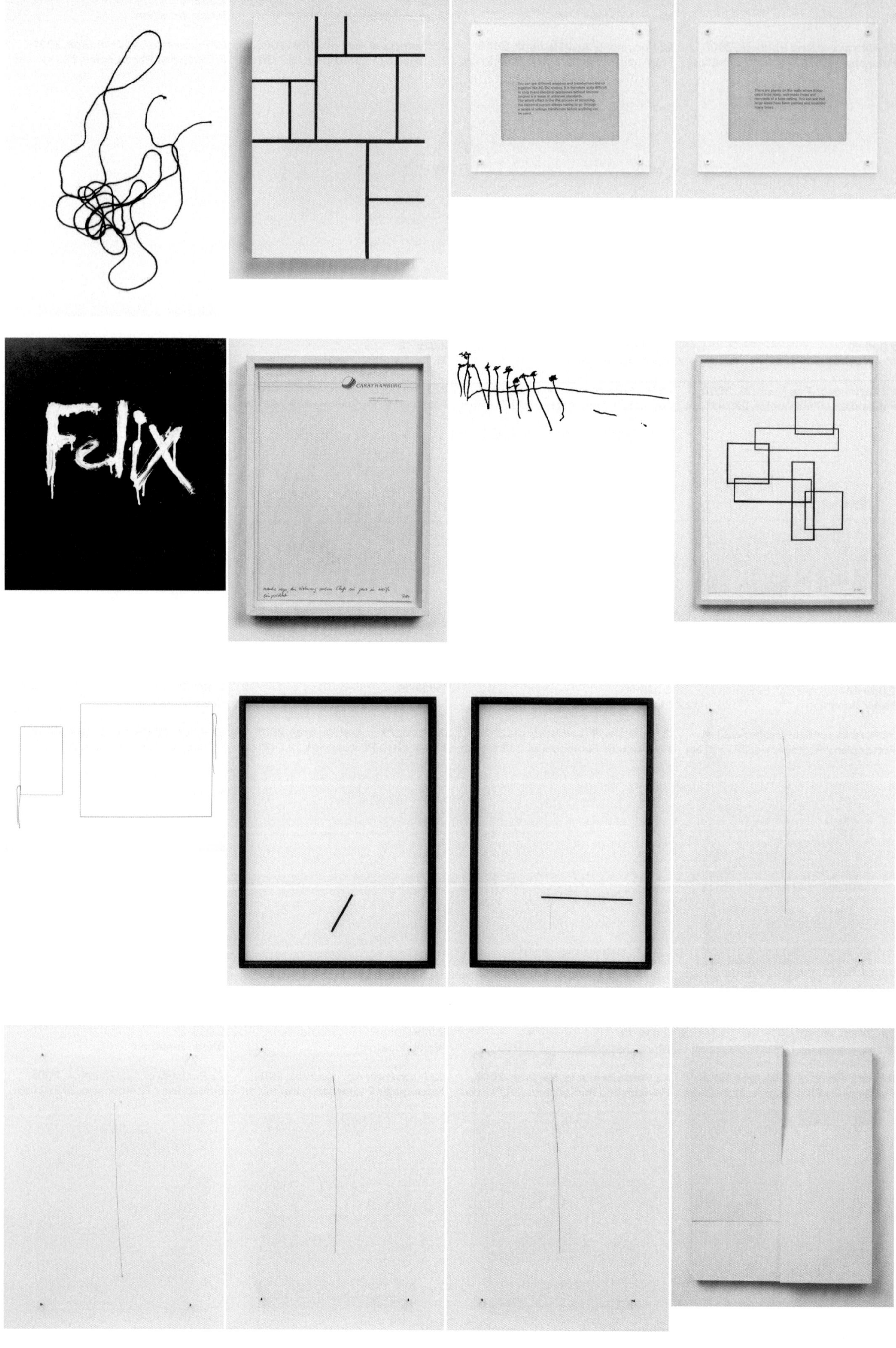

2.039-22
Monk, Jonathan

22 Portraits of Axel Haubrok, 2006,
Fotokopien / Photocopies, 29,7 × 21 cm

2.040
Mullan, Simon

Fritz, 2016, Fliesen, Fugenmörtel auf
FCKW-frei extrudiertem Polystyrol-
hartschaumstoff / Tiles, grout on CFC-
free extruded polystyrene rigid foam,
31,2 × 22,2 × 4,8 cm

2.041-1
Parreno, Philippe

Flickering Labels, 2013/2019, zwei
elektronische Papier-Displays / Two
electronic paper diplays, 15 × 18 × 0,5 cm

2.041-2
Parreno, Philippe

Flickering Labels, 2013/2019, zwei
elektronische Papier-Displays / Two
electronic paper diplays, 15 × 18 × 0,5 cm

2.042
Pensato, Joyce

Felix, 2018, Lack auf Holz / Lacquer
on wood, 51 × 45,8 cm

2.043
Piller, Peter

*Bürozeichnung „Man sagt, die
Wohnung des Chefs sei ganz in weiß
eingerichtet"*, 2000, Filzstift auf
Briefpapier / Marker on stationery,
29,4 × 21 cm

2.044
Piller, Peter

Ohne Titel / Untitled, 2019, Siebdruck
auf Papier / Silkscreen on paper,
60 × 120 cm

2.045
Pozárek, Václav

Kolonien, 2005, Bleistift, Tusche,
Deckweiß auf Papier / Pencil, ink,
opaque white on paper, 41,7 × 29,5 cm

2.046
Prina, Stephen

*Untitled / Exquisite Corpse: The
Complete Paintings of Manet, 213 of
556, Intérieur (Jeune femme dans un
intérieur), [Indoor Scene (Indoor Scene
with Young Woman)], 1873, Formerly in
Stockholm, Private Collection*, 2012,
schwarze Schnur und Messing-
Rosettenstifte / Black cord and brass
escutcheon pins, links / left 46,2 × 29
cm, rechts / right 75,4 × 92,5 cm

2.047
Pumhösl, Florian

Aushang (#1), 2007, Kunstharzlack
hinter Glas / Synthetic enamel behind
glass, 42,8 × 32 cm

2.048
Pumhösl, Florian

Aushang (#2), 2007, Kunstharzlack
hinter Glas / Synthetic enamel behind
glass, 42,5 × 29,4 cm

2.049-1
Pumhösl, Florian

Diminution Serie 2, 2010, Acryllack
hinter 2-mm-Floatglas /
Acrylic lacquer behind 2 mm float
glass, je / each 66,5 × 45 cm

2.049-2
Pumhösl, Florian

Diminution Serie 2, 2010, Acryllack
hinter 2-mm-Floatglas /
Acrylic lacquer behind 2 mm float
glass, je / each 66,5 × 45 cm

2.049-3
Pumhösl, Florian

Diminution Serie 2, 2010, Acryllack
hinter 2-mm-Floatglas /
Acrylic lacquer behind 2 mm float
glass, je / each 66,5 × 45 cm

2.049-4
Pumhösl, Florian

Diminution Serie 2, 2010, Acryllack
hinter 2-mm-Floatglas /
Acrylic lacquer behind 2 mm float
glass, je / each 66,5 × 45 cm

2.050
Pumhösl, Florian

Studie zu Relief (f. Dresdner Raum),
2017, Gips / Plaster, 30 × 23 cm

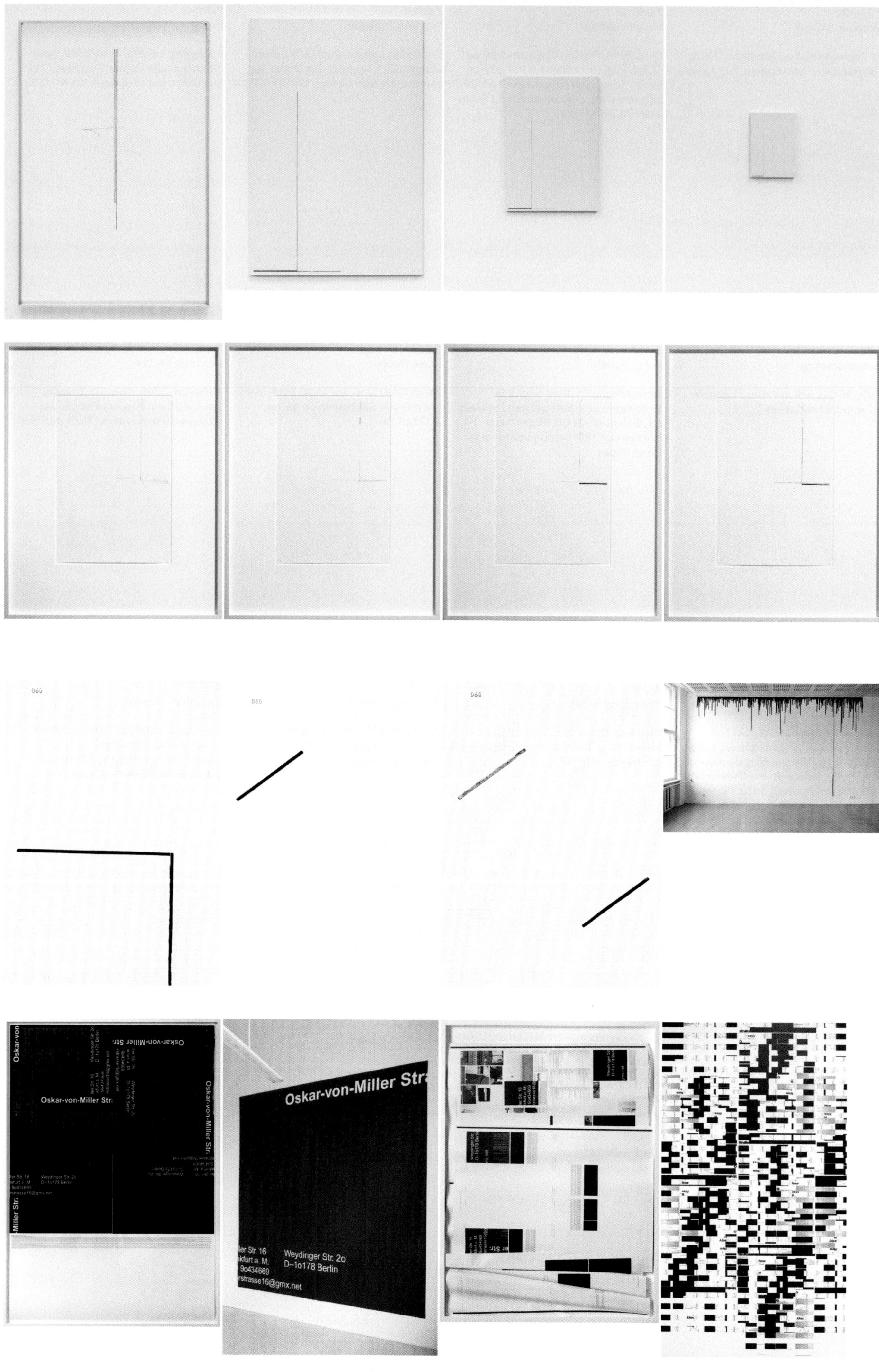

2.051
Pumhösl, Florian

„Strohgeige", 2011, Acryllack hinter
2-mm-Floatglas, Aluminiumrahmen /
Acrylic lacquer behind 2 mm floating
glass, aluminum frame, 66,5 × 45 cm

2.052-1
Pumhösl, Florian

Cliché 15, 2012, Stempeldruck mit
Ölfarbe auf keramischem Gips,
dreiteilig / Stamp print with oil paint
on ceramic plaster, three parts,
146,5 × 102,5 × 2 cm

2.052-2
Pumhösl, Florian

Cliché 15, 2012, Stempeldruck mit
Ölfarbe auf keramischem Gips,
dreiteilig / Stamp print with oil paint
on ceramic plaster, three parts,
73,4 × 51,4 × 2 cm

2.052-3
Pumhösl, Florian

Cliché 15, 2012, Stempeldruck mit
Ölfarbe auf keramischem Gips,
dreiteilig / Stamp print with oil paint
on ceramic plaster, three parts,
36,6 × 25,6 × 2 cm

2.053
Pumhösl, Florian

Monotypien zur „Räumlichen Sequenz",
2012/2013, Ölfarbe auf Werkdruck-
papier / Oil on book paper, 36 × 25 cm

2.054
Pumhösl, Florian

Monotypien zur „Räumlichen Sequenz",
2012/2013, Ölfarbe auf Werkdruck-
papier / Oil on book paper, 36 × 25 cm

2.055
Pumhösl, Florian

Monotypien zur „Räumlichen Sequenz",
2012/2013, Ölfarbe auf Werkdruck-
papier / Oil on book paper, 36 × 25 cm

2.056
Pumhösl, Florian

Monotypien zur „Räumlichen Sequenz",
2012/2013, Ölfarbe auf Werkdruck-
papier / Oil on book paper, 36 × 25 cm

2.057-1
Pumhösl, Florian

Vervielfältigung von Bild No. 27, 2011,
Linoldrucke, gestempelt, Mappe /
Linoleum prints, stamped, folder,
36,6 × 27 cm

2.057-2
Pumhösl, Florian

Vervielfältigung von Bild No. 29, 2011,
Linoldrucke, gestempelt, Mappe /
Linoleum prints, stamped, folder,
36,6 × 27 cm

2.057-3
Pumhösl, Florian

Präsent des Künstlers, 2011,
Linoldrucke, gestempelt, Mappe /
Linoleum prints, stamped, folder,
36,6 × 27 cm

2.058
Reeves, Daragh

Everybody Wants a Piece of Dracula,
2003, VHS-Band (*Dracula*, 1931, Regie
Tod Browning), Papier, Klebstoff / VHS
tape (*Dracula*, 1931, director Tod
Browning), paper, glue, 600 × 350 cm

2.059
Riedel, Michael / Loesch, Dennis

*Verdoppelung und was dazwischen
oder nicht Die Oskar-von-Miller-Straße
16 in der Weydinger Straße 20*,
2007, Offsetdruck / Offset print,
118,9 × 84,1 cm

2.060
Riedel, Michael / Loesch, Dennis

*Oskar-von-Miller-Straße (2007–2009,
Berlin)*, 2007–2009, Stoff / Fabric,
287 × 287 cm

2.061
Riedel, Michael

Printed and Unprinted Posters, 2008,
42 Offsetdrucke auf Papier mit
zugehöriger Postkarte, Künstlerrahmen / 42 offset prints on paper with
accompanying postcard, artist frame;
Rahmen / frame 98,4 × 72,7 × 3,8 cm,
jedes Poster / each poster 90,2 × 64,5
cm, Postkartenrahmen / postcard
frame 24,8 × 29,2 × 2,5 cm, Postkarte /
postcard 10,8 × 15,2 cm

2.062
Riedel, Michael

Untitled (Random Bars Horizontal),
2014, Tintenplot auf Aluminiumwaben-
platte / Ink Plot on honeycomb panel,
255 × 144 cm

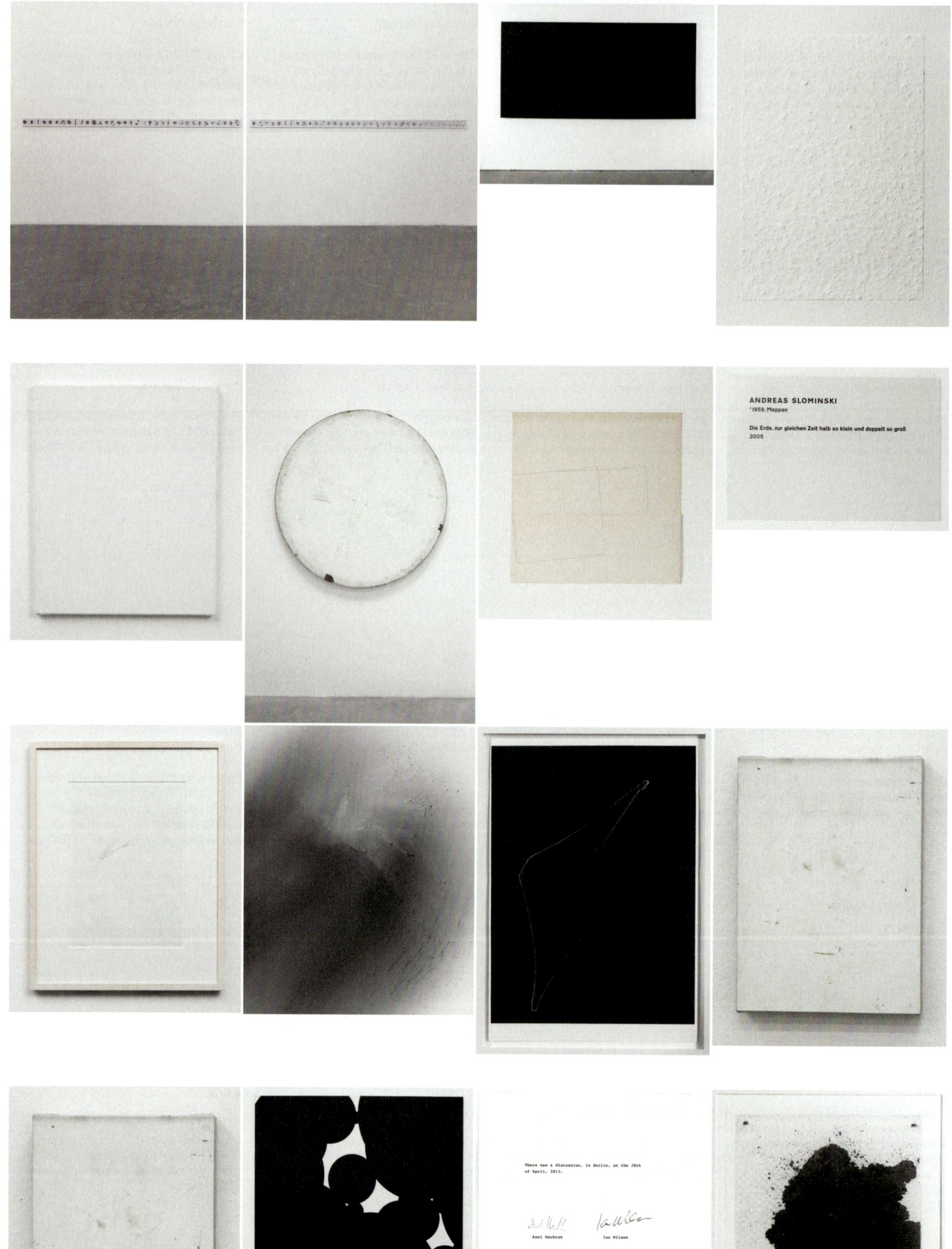
ANDREAS SLOMINSKI
*1959, Meppen
Die Erde, zur gleichen Zeit halb so klein und doppelt so groß
2005
There was a discussion, in Berlin, on the 26th
of April, 2013.
Axel Haubrok
Ian Wilson

2.063-1
de Rijke, Jeroen / de Rooij, Willem

Grey Scale; Bouquet VI, 2005, Digitaler C-Print; zweiteilig / Digital c-print; two parts, 595 × 11cm

2.063-2
de Rijke, Jeroen / de Rooij, Willem

Grey Scale; Bouquet VI, 2005, Digitaler C-Print; zweiteilig / Digital c-print; two parts, 595 × 11cm

2.064
de Rooij, Willem

Black to Black, 2011, Baumwollfaden, Acrylfaden aufgezogen auf Holz, mit Leinen hinterlegt / Cotton thread, acrylic thread, 135 × 280 × 5 cm

2.065
Sander, Karin

Tapetenstück, 1995, Raufasertapete Sprint / Woodchip wallpaper Sprint, 29,7 × 21 cm

2.066
Sander, Karin

Gebrauchsbild (Fahrbereitschaft), 2013, Baumwollgewebe auf Keilrahmen, Grundierung weiß, leicht saugend / Stretched canvas, white primer, slightly absorbent, 50 × 40 cm

2.067
Sander, Karin

Mailed Painting 109 (Bonn - Düsseldorf - Berlin - Dresden - Berlin - Nürnberg), 2020, Baumwollgewebe auf Keilrahmen in Standardgröße, weiße Universalgrundierung / Stretched canvas, standard format, white universal primer, Ø 140 cm

2.068
Schmidt Heins, Gabriele

Ohne Titel / Untitled, 1973/1976, Bleistift auf Papier / Pencil on paper, 42 × 29,7 cm

2.069
Slominski, Andreas

Die Erde zur gleichen Zeit halb so klein und doppelt so groß, 2005/2014, Aluminiumschild / Aluminum sign, 16,8 × 25,7 cm

2.070
Slominski, Andreas

Ohne Titel / Untitled, 2008, Kugelschreiber auf Papier / Ballpen on paper, 29,2 × 21,7 cm

2.071
Tillmans, Wolfgang

Blushes #67 2000-185, 2000, Tintenstrahldruck auf Papier / Inkjet print on paper, 300 × 242 cm

2.072
Tillmans, Wolfgang

Ohne Titel 6 / Untitled 6, Fotokopie / Xerox copy print, 40 × 30 cm

2.073-1
Walker, Kelley

4870 Series, 2009, Vierfarbsiebdruck auf Leinwand, zweiteilig / Four-colour screen print on canvas, two parts, 29,2 × 21,6 cm

2.073-2
Walker, Kelley

4870 Series, 2009, Vierfarbsiebdruck auf Leinwand, zweiteilig / Four-colour screen print on canvas, two parts, 29,2 × 21,6 cm

2.074
Welling, James

Ohne Titel Nr. 41 / Untitled No. 41, 1986 Alkyd auf Leinwand / Alkyd on canvas 132 × 133 cm

2.075
Wilson, Ian

The Pure Awareness of the Absolute in Art / A Discussion 15:00, April 28, 2013 Zertifikat der Diskussion, Papier / Discussion, certificate, paper, 29,7 × 21 cm

2.076
Wool, Christopher

Ohne Titel / Untitled, Siebdruck auf Japanpapier / Silkscreen print on Japanese paper, 133 × 97 cm

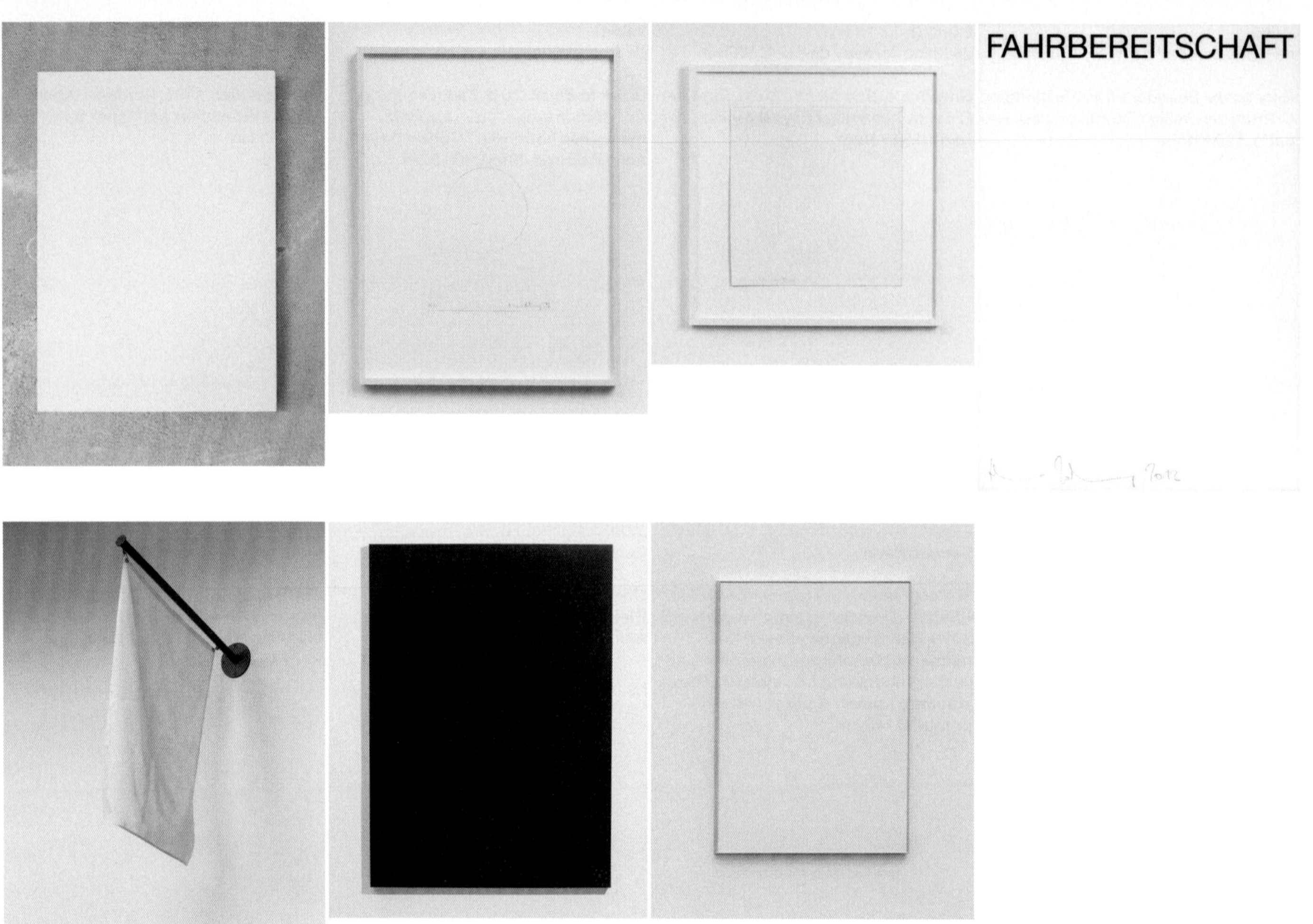

2.077
Yang, Haegue

Whatever Being DIN A 4, 2006, weiß
gestrichenes Holz / Wood, painted
white, 29,2 × 21,7 × 3,0 cm

2.078
Zobernig, Heimo

Ohne Titel / Untitled, 1993,
Fotokopie / Photocopy, 29,7 × 21 cm

2.079
Zobernig, Heimo

Ohne Titel Nr. 7 / Untitled No. 7,
1999/2012, Dispersion, Acryl auf
grundierter Leinwand / Emulsion
and acrylic paint on primed canvas,
50 × 50 cm

2.080
Zobernig, Heimo

FAHRBEREITSCHAFT, 2013, Papier /
Paper, 29,7 × 21 cm

2.081
Zobernig, Heimo

Ohne Titel / Untitled, 2015, Sailtex,
Polyester, Aluminiumösen / Sailtex,
polyester, aluminum eyelets,
105 × 70 cm

2.082
Zobernig, Heimo

Ohne Titel / Untitled, 2016, zweilagiger
Siebdruck auf C-Mat 150-Gramm-
Papier / Two-layer silkscreen print on
c-mat paper, 150 gr., 94 × 68 cm

2.083
Zobernig, Heimo

Ohne Titel / Untitled, 2017, zweilagiger
Siebdruck auf C-Mat-150-Gramm-
Papier / Two-layer silkscreen print on
c-mat paper, 150 gr., 94 × 68 cm

**NEUES MUSEUM
STAATLICHES MUSEUM FÜR
KUNST UND DESIGN NÜRNBERG**
Luitpoldstraße 5
90402 Nürnberg
www.nmn.de

Direktorin	Director	Eva Kraus
Stellvertretende Direktoren	Deputy Directors	Eva Martin, Thomas Heyden
Sekretariat / Assistenz der Direktorin	Secretariat / Assistant to the Director	Elfie Höfling, Sophia Rösch
Kuratoren	Curators	Thomas Heyden, Kristin Schrader
Registrare	Registrars	Susanne Teichmann, Marlen Bonke
Sammlungsdokumentation	Documentation and collections management	Birgit Suk, Marlen Bonke
Presse und Öffentlichkeitsarbeit	Press and PR	Eva Martin, Mario Rau, Laura Thumer, Jennifer Kraus, Csilla Wenczel
Kunstvermittlung	Museum education program	Claudia Marquardt, Ulrike Rathjen
Ausstellungstechnik	Exhibition technicians	Werner Henne, Jutta Birle, Jürgen Schuster
Verwaltung	Administration	Angela Götz
Kasse	Cash desk	Csilla Wenczel
Haustechnik	Facility management	Christian Schuster, Erich Dietz
EDV	EDV	Torsten Stamm

HAUBROK FOUNDATION
Herzbergstraße 40–43
10365 Berlin
www.haubrok.org

Direktorin	Executive Director	Karin von Hülsen
Registrar und Ausstellungstechnik	Registrar and exhibition technician	Frank Hauschildt
Sammlungsmanagement	Collection management	Nora Kapfer
Kommunikation und Design	Communication and design	Konstantin Haubrok

AUSSTELLUNG / **EXHIBITION**

Kurator	Curator	Axel Haubrok
Kuratorische Mitarbeit	Curatorial collaboration	Frank Hauschildt
Projektleitung	Project managment	Kristin Schrader, Karin von Hülsen
Sammlungsmanagement	Collection management	Frank Hauschildt, Nora Kapfer
Registrar	Registrar	Susanne Teichmann
Restauratorin	Conservator	Eva Pridöhl
Ausstellungstechnik	Exhibition technicians	Werner Henne, Jutta Birle, Jürgen Schuster, Markus Burkhard, Carlos Cortizo, Lisa Wieczorek
Presse und Öffentlichkeitsarbeit	Press and PR	Eva Martin, Mario Rau, Laura Thumer, Jennifer Kraus, Csilla Wenczel
Kunstvermittlung	Museum education program	Claudia Marquardt, Ulrike Rathjen
Führungen	Guided tours	Gerhard Mayer, Jan Burmester
Leihgeber der Ausstellung	Lender for the exhibition	Haubrok Foundation

KATALOG / **CATALOG**

Redaktion	Editors	Eva Kraus, Kristin Schrader, Axel Haubrok
Projektmanagement	Project management	Kristin Schrader, Karin von Hülsen
Übersetzung / Lektorat	Translation / Copy editing	Lisa Contag
Konzept und Gestaltung	Concept and Design	Daily Dialogue: Maximilian Schachtner, Malin Schoenberg, Raphael Wicki
Fotografie	Photography	Annette Kradisch, Ludger Paffrath
Ausstellungsansichten	Installation shots	Hannes Rohrer
Lithografie	Lithography	Michael Wong
Gesamtherstellung	Production	Longo S.p.A. / AG, Bozen

ISBN 9 783903 320536

Die Deutsche Nationalbibliothek verzeichnet diese Publikation in der Deutschen Nationalbibliografie; detaillierte bibliografische Daten sind im Internet abrufbar über dnb.de

Die Deutsche Nationalbibliothek lists this publication in the Deutsche Nationalbibliografie; detailed bibliographic data are available on the internet at dnb.de

Erschienen im	Published by	VfmK Verlag für moderne Kunst GmbH Schwedenplatz 2/24, 1010 Wien / Vienna
Vertrieb	Distribution	Europa / Europe: LKG, www.lkg-va.de UK: Cornerhouse Publications, www.cornerhousepublications.org USA: D.A.P., www.artbook.com

© 2020

Alle Rechte vorbehalten:	All rights reserved:
Neues Museum, Staatliches Museum für Kunst und Design Nürnberg	Neues Museum, State Museum for Art and Design Nuremberg
Haubrok Foundation	Haubrok Foundation
Verlag für moderne Kunst Wien	Verlag für moderne Kunst Wien
die Künstlerinnen und Künstler und die Autorinnen und Autoren	the artists and authors
Courtesy der Nachlass von Charlotte Posenenske und Mehdi Chouakri Gallery, Berlin	Courtesy the Estate of Charlotte Posenenske and Mehdi Chouakri Gallery, Berlin

© VG Bild-Kunst, Bonn 2020

Für die abgebildeten Werke von	For the reproduction of works by	Richard Artschwager, Anna und Bernhard Johannes Blume, Martin Creed, Michael Elmgreen & Ingar Dragset, Hans-Peter Feldmann, Claire Fontaine, Günther Förg, Isa Genzken, Douglas Gordon, Georg Herold, Judith Hopf, Imi Knoebel, Peter Piller, Karin Sander, Markus Schinwald, Gregor Schneider, Santiago Sierra, Simon Starling, Mathis Esterházy, Heimo Zobernig

Der vorliegende Band erscheint anlässlich der Ausstellung *Out of Order. Werke aus der Sammlung Haubrok. Teil 1 und 2* Neues Museum, Staatliches Museum für Kunst und Design Nürnberg Teil 1: 25.10.19 – 06.01.20, Teil 2: 17.01.20 – 01.03.20

The catalog is published on the occasion of the exhibition *Out of Order. Works from the Haubrok Collection. Part 1 and 2* Neues Museum, State Museum for Art and Design Nuremberg Part 1: 10/25/2019 – 01/06/2019, Part 2: 01/17/2020 – 03/01/2020